BAUSTEINE INFORMATIK

Herausgegeben von StD Dietrich Pohlmann

Eckart Modrow

Dateien
Datenbanken
Datenschutz

Lehr- und Übungsbuch
- Grundlagen
- Programmierbeispiele
- Aufgaben

Zweite, durchgesehene Auflage.
Mit 61 Struktogrammen,
150 Aufgaben sowie
28 Abbildungen.
Dümmlerbuch 4644

FERD. DÜMMLERS VERLAG · BONN

Zu diesem Lehr- und Übungsbuch gibt es folgende Disketten:

Programme des Buches:
- Version APPLE PASCAL für APPLE II und Kompatible.   Dümmlerbuch 4645
- Version TURBO-PASCAL für MS-DOS-Rechner.   Dümmlerbuch 4646

Ausgearbeitete Projekte:
- Version APPLE PASCAL für APPLE II und Kompatible.   Dümmlerbuch 4647
- Version TURBO-PASCAL für MS-DOS-Rechner.   Dümmlerbuch 4648

BAUSTEINE INFORMATIK

die erfolgreiche Schulbuchreihe jetzt komplett für die Klassen 11–13

11. Kl. | **Problem → Algorithmus → Lösung**   NEU

Lehr- und Übungsbuch für die Sekundarstufe II. Von V. HEIDEMANN/M. FOEGEN. 128 Seiten. Zahlr. Abbildungen und Programme. DM 19,80. 2. Aufl. Juni 1989.
(Dümmlerbuch 4266)

Zu diesem Buch gibt es folgende Ergänzungsmaterialien:

Sprache	Programmhefte: Je DM 8,80	Disketten (5,25''):	Je DM 36,–
TURBO-PASCAL/ QUICK PASCAL	Turbo Vers. 3.0, 48 S. (4267)	Turbo Vers. 3.0–5.0 MS-DOS Quick Pascal	(4268)
COMAL	48 Seiten (4269)	MS-DOS	(4270)
		C 64/128	(4272)
ELAN		EUMEL-Rechner	(4273)
TURBO-BASIC/QUICK BASIC		MS-DOS	(4640)

Anhand von zwanzig ausführlich behandelten Beispielen werden die wesentlichen sprachlichen Werkzeuge zur Formulierung von Algorithmen eingeführt, ihre Handhabung beschrieben und geübt.

12. Kl. | **Algorithmen und Datenstrukturen**   Neuauflage

Sprachenunabhängiges Lehr- und Übungsbuch. Von Chr. u. V. HEIDEMANN. 2. Aufl. 1988. 96 Seiten. 80 Abb. u. Programme. DM 16,80
(Dümmlerbuch 4276)

Zu diesem Band gibt es folgende Ergänzungsmaterialien:

Sprache	Programmhefte: Je DM 8,80	Disketten (5,25''):	Je DM 36,–
TURBO-PASCAL/ QUICK PASCAL	Turbo Vers. 4.0/5.0, 48 S. (4628)	Turbo Vers. 3.0–5.0 MS-DOS Quick Pascal	(4630)
COMAL	56 Seiten (4625)	MS-DOS	(4627)
		C 64/128	(4626)
ELAN	48 Seiten (4631)	EUMEL-Rechner	(4632)
TURBO-BASIC/QUICK BASIC		MS-DOS	(4641)

Der Umgang mit den „besonderen Werkzeugen" höherer Programmiersprachen (z. B. Verbunde, Zeiger) und den damit erzeugbaren höheren Datenstrukturen (Listen, Bäume etc.) wird anhand praxisorientierter Beispiele und Übungen eingeübt.

Fast alle Disketten für MS-DOS-Rechner sind auch als 3,5''-Disketten zum Preis von je DM 36,– zzgl. DM 10,– Handlinggebühr lieferbar.

Weitere Bände der Reihe BAUSTEINE INFORMATIK sowie BAUSTEINE TECHNIK auf den Seiten 223 und 224.

ISBN 3-427-**46442**-3

Das Werk und seine Teile sind urheberrechtlich geschützt. Jeder Verwertung in anderen als den gesetzlich zugelassenen Fällen bedarf deshalb der vorherigen schriftlichen Einwilligung des Verlages.

© 1992 Ferd. Dümmler Verlag, Kaiserstraße 31-37 (Dümmlerhaus), 5300 Bonn 1

Printed in Germany by WB-Druck, 8959 Rieden

Vorwort

Der Umgang mit Dateien gehört zu den Kernbereichen des Informatikunterrichts in der Sekundarstufe II. Von der zeitlichen Stellung innerhalb der Kursfolge her kann bei diesem Thema auf den ersten Algorithmikkurs aufgebaut werden, so daß die Schüler/innen einigermaßen mit dem Rechner, den Programmentwicklungstechniken und den statischen, eventuell sogar den dynamischen Datenstrukturen vertraut sind. Damit bieten sich projektartige Unterrichtsphasen an, in denen die Schüler/innen relativ selbständig in arbeitsteiliger Gruppenarbeit komplexere Themen behandeln. Die Dateiverarbeitung bietet hier eine Fülle anwendungsorientierter Themen, bei denen alle nur denkbaren Datenstrukturen und Lösungswege gefunden werden können. Felder, Listen, Bäume, Verbunde mit und ohne Varianten sowie die unterschiedlichen Formen der Dateiorganisation erfordern höchst unterschiedliche algorithmische Verfahren, so daß verschiedene Schüler/innen am gleichen Problem unterschiedliche Teile mit unterschiedlichem Schwierigkeitsgrad bearbeiten können, ohne daß der Kontext der Problemstellung verloren geht. Da in diesem Bereich sehr nahe an der "Realität außerhalb der Schule" gearbeitet wird, sind die Schüler/innen meist hoch motiviert und finden über die Arbeit an einem Sachproblem Zugang zu gesellschaftlichen Auswirkungen der Datenverarbeitung, ohne daß diese Fragestellungen künstlich in den Unterricht hereingebracht werden müssen. Dieser Punkt erscheint mir wichtig, da sich die meist naturwissenschaftlich orientierten Teilnehmer/innen von Informatikkursen mit gesellschaftspolitischen Themen oft schwer tun. Zusätzlich führen fast alle Problemstellungen im Bereich der Datenverarbeitung auf die gleichen Teilprobleme, so daß auch inhaltlich die im Unterricht behandelten Fragen aus dem Problem folgen. Kurzum, das Thema bietet fast die idealen Voraussetzungen für Unterrichtsprojekte, die gleich mehrere Themenbereiche abdecken. Entsprechend lassen sich die Ziele dieses Buches grob wie folgt zusammenfassen:

Das Buch soll
- projektartige Unterrichtseinheiten fördern;
- die Standardthemen der Dateiverarbeitung abdecken;
- den Zugang zu Datenbanken und ihren Anwendungen öffnen;
- technische und rechtliche Datenschutzgesichtspunkte als integrale Bestandteile des Unterrichts aufnehmen, also vom ersten Kapitel an berücksichtigen.

Ich habe mich bemüht, dieser Ausgangslage gerecht zu werden, indem anhand eines Anwendungsfalls die Probleme beim Einsatz einer Datenverarbeitungsanlage in einem überschaubaren Bereich, hier einer Arztpraxis, erarbeitet werden. Die dabei auftauchenden Datenschutzfragen werden zuerst behandelt, damit sie nicht über der Arbeit an den oft kniffligen Fragen der Dateiorganisation in Vergessenheit geraten. Zur Arbeit in diesem Abschnitt ist der Text des Datenschutzgesetzes erforderlich, der bei den Datenschutzbeauftragten in Klassensatzstärke kostenlos zu erhalten ist. Den rechtlichen Fragen des Datenschutzes konnte nur ein kurzer Abschnitt gewidmet werden. Für eine ausführlichere Behandlung dieses Themas sei auf das in dieser Reihe erschienene Dümmlerbuch 4637 (U.Gierth, Datenschutz. Arbeits- und Quellenbuch) hingewiesen. Im weiteren Verlauf des Buches werden die gefundenen Problemkreise einzeln behandelt, so daß sie bei unterschiedlichem

Schwierigkeitsgrad als Bausteine zur Bearbeitung größerer Projekte zur Verfügung stehen. Das Buch wird mit einem Abschnitt über Datenbanken abgeschlossen, in dem ein Modelldatenbanksystem und eine Abfragesprache entwickelt werden. Auch hier kann nicht auf weiterführende Fragen der Syntaxprüfung und die Abarbeitung geschachtelter Strukturen eingegangen werden. Es bietet sich aber ein Übergang an zu den Problemen der formalen Sprachen, die u.a. Thema eines anderen Bandes dieser Reihe sind: E.Modrow, Automaten-Schaltwerke-Sprachen (Dümmlerbuch 4291).

Die Dateien werden auf drei Ebenen behandelt:
- Bei unstrukturierten Textdateien werden einfache Dateioperationen eingeführt, so daß sie schon auf dieser Ebene unabhängig von der Effizienz für eine einfache Datenspeicherung benutzt werden können. Darauf aufbauend werden ein einfacher Zeileneditor, ein Serienbriefprogramm und das Gerüst eines Textverarbeitungssystems entworfen. Auch ohne weiter auf Dateiorganisationsformen einzugehen, wird die Behandlung der Auswirkungen solcher Systeme etwa in der Direktwerbungsbranche oder der Büroorganisation erfahrbar.
- Bei den Dateiorganisationsformen werden die eher informatikspezifischen Fragen auf konventionelle Art behandelt. Der Abschnitt ist zur Bereitstellung der Arbeitsmittel gedacht, die zur Bearbeitung der Unterrichtsprojekte erforderlich sind. Als Anwendung sequentieller Dateien wird ein einfacher Gabelstapler-Roboter eingeführt, der sich Steuerbefehlssequenzen "merken" kann, die dann als neue Befehle zur Verrichtung einfacher Arbeiten benutzt werden können.
- Zuletzt wird ein relationales (Modell)-Datenbanksystem entwickelt, das ebenfalls zur Realisierung der Unterrichtsprojekte benutzt werden kann. Damit bietet sich die Möglichkeit, ohne Programmieraufwand den Hauptteil der Arbeit auf die Planung des Computereinsatzes und seiner Auswirkungen zu verlegen, ohne auf die Benutzung eines Rechners verzichten zu müssen.

Für arbeitsteilige Gruppenarbeit besonders geeignet halte ich neben der Verwirklichung von Unterrichtsprojekten (Arztpraxis, Modellfirmen,...) in diesem Buch die Themen "Zeileneditor", "Gabelstapler-Roboter", "Datenbank" und "Anfragesprache". In allen Fällen werden die Struktur der Problemlösung und einige ihrer Komponenten gezeigt. Alle lassen sich dann unter Zugrundelegung einer einheitlichen Datenstruktur, die teilweise sehr einfach ist, stark erweitern. Dabei hängen die bearbeiteten Teilprobleme kaum voneinander ab, so daß Kollisionen bei der Arbeit der verschiedenen Gruppen kaum auftreten dürften.

Ich danke Dr. Christina Tziaka und Dr. E. Hammersen für ihren Rat, D. Pohlmann für die Hilfen und die Unterstützung bei der Fertigstellung dieses Buches.

Göttingen, im Mai 1988 *Eckart Modrow*

Autor und Verlag freuen sich über die gute Aufnahme dieses Buches, die eine zweite Auflage erforderlich machte. Dafür wurde vor allem das neue Datenschutzgesetz berücksichtigt, das am 1.6.1991 in Kraft trat. Die gleichzeitige Benutzung der beiden Auflagen im Unterricht wird dadurch nicht verhindert.

Göttingen, im August 1991 *Eckart Modrow*

Inhaltsverzeichnis

Vorwort 3

1. Angewandte Datenverarbeitung 9

    1.1 Die Organisation einer Arztpraxis 9
    1.1.1   Zu Besuch bei Doktor Pohlmann 9
    1.1.2   Die Beschreibung im Struktogramm 10
    1.1.3   Ein Datenmodell des Patienten 11
    1.1.4   Sichten und Zugriffsrechte 12
    1.1.5   Was darf gespeichert werden? 13
    1.1.6   Die Aufgaben der Datenverarbeitung in der Arztpraxis . 14
    1.1.7   Aufgaben 16

    1.2 Datenfluß im Gesundheitswesen 17

    1.3 Zusammenfassung 19

    1.4 Aufgaben 20

2. Datenschutz 22

    2.1 Gesetzliche Regelungen 22
    2.1.1   Persönlichkeitssphäre und Datenschutz 22
    2.1.2   Das Bundesdatenschutzgesetz 24
    2.1.2.1 Die Zulässigkeit der Verarbeitung personenbezogener Daten .. 24
    2.1.2.2 Die Struktur des BDSG 25
    2.1.2.3 Die Rechte der Betroffenen 26
    2.1.3   Ein Beispiel: Datenverarbeitung in einem Adressenverlag 27
    2.1.3.1 Zulässigkeit des Datenhandels 27
    2.1.3.2 Daten und Datenquellen 28
    2.1.4   Ein Beispiel: Personalinformationssysteme (PIS) 30
    2.1.4.1 Die Aufgaben von PIS 30
    2.1.4.2 Daten und Datenquellen 30
    2.1.4.3 Auswirkungen von PIS 31
    2.1.5   Aufgaben 32

    2.2 Technischer Datenschutz 34
    2.2.1   Ebenen des technischen Datenschutzes 34
    2.2.2   Identitätskontrolle 36
    2.2.2.1 Password-Verfahren 36
    2.2.2.2 Zufallszahl-Verfahren 38
    2.2.3   Zugriffskontrolle 38

2.2.4	Verschlüsselungsverfahren	40
2.2.4.1	Versetzungsverfahren	40
2.2.4.2	Ersetzungsverfahren nach Vignére	43
2.2.4.3	Ein binäres Ersetzungsverfahren	46
2.2.4.4	Blockweises Chiffrieren	49
2.2.4.5	Das RSA-Verfahren	50
2.2.5	Aufgaben	52

3. Textdateien 54

3.1 Datenübertragung im ASCII-Code 54

3.2 Textdateien 55

3.3 Ein Zeileneditor ZEILED 59

3.3.1	Die Grundfunktionen des Editors	59
3.3.2	Der Textspeicher	60
3.3.3	Der Bildschirmaufbau	62
3.3.4	Das Laden der Datei	62
3.3.5	Das Einfügen von Textzeilen	63
3.3.6	Das Löschen von Textzeilen	65
3.3.7	Der Editor	66
3.3.8	Aufgaben	68

3.4 Serienbriefe 69

3.4.1	Einfügekommandos	69
3.4.2	Das Einrichten einer Adressatendatei	70
3.4.3	Das Serienbriefprogramm	73
3.4.4	Aufgaben	77

3.5 Textverarbeitung 78

3.5.1	Der Textspeicher als Zeigerstruktur	78
3.5.2	Das Bewegen im Text	79
3.5.3	Das Einlesen einer Datei	81
3.5.4	Das rekursive Einfügen von Zeichen	82
3.5.5	Das (reduzierte) Textverarbeitungsprogramm ..	84
3.5.6	Aufgaben	88

4. Dateiorganisationsformen 89

4.1 Sequentielle Dateien 89
- 4.1.1 Die Dateiorganisation 89
- 4.1.2 Einrichten, Lesen und Suchen 91
- 4.1.3 Verlängern 93
- 4.1.4 Sortieren 95
- 4.1.4.1 Sortieren im Feld: BUBBLESORT 95
- 4.1.4.2 Sortieren im Feld: QUICKSORT 97
- 4.1.4.3 Sortieren im Baum 101
- 4.1.4.4 Mischen von vorsortierten Dateien 104
- 4.1.4.5 Sortieren von Dateien 107
- 4.1.4.6 Vergleich der Sortierverfahren 112
- 4.1.4.7 Aufgaben 114
- 4.1.5 Robotersteuerung 116
- 4.1.5.1 Die Arbeitsumgebung 116
- 4.1.5.2 Wie lernt ein Roboter? 117
- 4.1.5.3 Ein Gabelstapler-Programm 118
- 4.1.6 Aufgaben 124

4.2 Dateien mit wahlfreiem Zugriff 125
- 4.2.1 Die Dateiorganisation 125
- 4.2.2 Schlüsselfelder 126
- 4.2.3 Direkter Zugriff über Schlüsselfelder 127
- 4.2.4 Indexdateien 130
- 4.2.5 Aufgaben 131

4.3 Indexsequentielle Dateien 132
- 4.3.1 Die Dateiorganisation 132
- 4.3.2 Eingabe neuer Datensätze 133
- 4.3.3 Ein Beispielprogramm 135
- 4.3.4 Aufgaben 139

4.4 Gestreute Speicherung 140
- 4.4.1 Die Dateiorganisation 140
- 4.4.2 Eingabe und Löschen von Datensätzen 140
- 4.4.3 Aufgaben 143

4.5 B-Bäume 144
- 4.5.1 Die Dateiorganisation 144
- 4.5.2 Einfügen von Datensätzen 145
- 4.5.3 Löschen von Datensätzen 150
- 4.5.4 Ein Programm zum Verwalten von B-Baum-Dateien 157
- 4.5.5 Aufgaben 161

5. Datenbanksysteme ... 162

5.1 Aufgaben und Aufbau von Datenbanksystemen ... 162
- 5.1.1 Ein Beispiel: Betriebliche Datenverarbeitung ... 162
- 5.1.2 Die Aufgaben von Datenbanksystemen ... 164
- 5.1.3 Der Aufbau von Datenbanksystemen ... 165
- 5.1.4 Datenmodelle ... 166
- 5.1.5 Verbindungen zur Datenbank ... 167

5.2 Das relationale Datenmodell ... 168
- 5.2.1 Relationen ... 168
- 5.2.2 Funktionale Abhängigkeiten und Normalformen ... 169
- 5.2.3 Relationenalgebra ... 172
- 5.2.4 Relationale Abfragesprachen ... 174
- 5.2.5 Aufgaben ... 175

5.3 Das Einrichten von Datenbanken ... 176
- 5.3.1 Die Organisation typfreier Dateien ... 176
- 5.3.2 Die Definition von Datensätzen über Verbunde mit Varianten . 177
- 5.3.3 Dateneingabe ... 184
- 5.3.4 Dateiverarbeitung mit typfreien Dateien ... 185
- 5.3.5 Aufgaben ... 186

5.4 Das Arbeiten in einem Arbeitsbereich mit mBASE ... 187
- 5.4.1 Der Arbeitsbereich ... 187
- 5.4.2 Das Hauptmenü ... 187
- 5.4.3 Zugriffskontrolle und Sichten ... 189
- 5.4.4 Holen und Bewahren des Arbeitsbereichs ... 191
- 5.4.5 Definition, Dateneingabe und Löschen im Arbeitsbereich ... 193
- 5.4.6 Die Projektion ... 193
- 5.4.7 Die Selektion ... 195
- 5.4.8 Der Verbund ... 197
- 5.4.9 Die Mengenoperationen ... 200
- 5.4.10 Die Darstellung von Daten auf dem Bildschirm und dem Drucker ... 202
- 5.4.11 Aufgaben ... 203

5.5 Eine Abfragesprache MQL ... 205
- 5.5.1 Die Struktur von Anfragen ... 205
- 5.5.2 Die Eingabe von Anfragen ... 206
- 5.5.3 Die Auswertung von Anfragen ... 209
- 5.5.4 Das Hauptprogramm von MQL ... 211
- 5.5.5 Aufgaben ... 212

Literaturverzeichnis ... 213

Stichwortverzeichnis ... 214

1. Angewandte Datenverarbeitung

In diesem Abschnitt sollen an einem Beispiel Anforderungen ermittelt werden, die an eine Datenverarbeitungsanlage in der Praxis gestellt werden. Darüberhinaus werden einige der Wege gezeigt, die die zur Erfüllung der Aufgaben notwendigen Daten nehmen. Aus der Problemstellung lassen sich sowohl Anforderungen für den Datenschutz als auch Grundfunktionen der Dateiverarbeitung ableiten, die dann die Themen der nächsten Kapitel bilden. Das gewählte Beispiel ist leicht austauschbar, ohne daß sich die Fragestellungen grundsätzlich ändern.

1.1 Die Organisation einer Arztpraxis

Als einführendes Beispiel wählen wir eine Arztpraxis, weil sie überschaubar und in ihrer Organisation teilweise bekannt ist. Die dort anfallenden Daten sind sehr privater Natur, so daß sich Fragen nach Datenschutzmöglichkeiten und -erfordernissen geradezu aufdrängen.

1.1.1 Zu Besuch bei Doktor Pohlmann

Zur Auffrischung der Erinnerung wollen wir in Gedanken einen Arztbesuch durchspielen:

Außer in akuten Fällen sollte man sich rechtzeitig beim Arzt anmelden, damit dieser die Termine planen kann und (hoffentlich) lange Wartezeiten vermeidet. Nach dem Betreten der Praxis meldet man sich meist bei einer freundlichen Dame, die entweder die richtige Karteikarte heraussucht oder beim erstmaligen Besuch eine solche Karte ausfüllt. Dazu müssen eine ganze Reihe von Fragen beantwortet werden. Es folgt die übliche Wartezeit, dann stellt der Arzt ebenfalls Fragen nach dem Befinden, den Symptomen, der Krankengeschichte, eventuell schon eingenommenen Medikamenten etc. Dabei macht er sich Notizen. Nach der Untersuchung notiert er den Befund, ordnet ggf. weitere Laboruntersuchungen etwa des Blutes an und macht einen Therapievorschlag. Da es sich hier glücklicherweise um einen leichten Fall handelt, verschreibt er nur ein harmloses Medikament und verordnet einige Tage Bettruhe. Dazu stellt er eine Bescheinigung für den Arbeitgeber aus. Beruhigt verläßt man die Praxis, nicht ohne einen Termin für die Nachuntersuchung mit der freundlichen Dame vom Empfang vereinbart zu haben. Man holt das Medikament aus der Apotheke und einen Krimi aus dem Buchladen. Dann geht man nach Hause und harrt der Genesung.

1.1.2 Die Beschreibung im Struktogramm

Da wir keinen Roman schreiben wollen, benutzen wir zur Beschreibung solcher Abläufe lieber die formalisierte Darstellung in Struktogrammen. Wir wollen dabei den Standpunkt wechseln und den Arztbesuch aus der Sicht der Praxis beschreiben:

einen Termin vereinbaren	
ist es der erste Besuch?	
JA	NEIN
Eine neue Karteikarte ausfüllen. Der Arzt erfragt Kinderkrankheiten, die Krankengeschichte, Allergien, Rauch- und Trinkgewohnheiten, ggf. persönliche Verhältnisse etc.	Karteikarte heraussuchen
aktuelle Beschwerden und Symptome erfragen, ggf. Untersuchung durchführen	
sind Laboruntersuchungen notwendig?	
JA	NEIN
ggf. Blut und Urin entnehmen	
Befunde und Diagnose festhalten, Therapie vorschlagen, ggf. Rezepte und Bescheinigungen ausstellen	

Aus der Sicht des Patienten endet der Besuch an dieser Stelle. Die Praxis hat jedoch noch einiges zu tun:

ggf. Laborwerte ermitteln und festhalten, Benachrichtigungen an Krankenhaus, Gesundheitsamt oder überweisenden Arzt senden, erbrachte Leistungen entsprechend der ärztlichen Gebührenordnung (GOÄ) kodieren und notieren.	
handelt es sich um einen Privatpatienten?	
JA	NEIN
Privatliquidation durchführen	Am Quartalsende entsprechend der GOÄ die erbrachten Leistungen an die Abrechnungsstelle der Kassenärztlichen Vereinigung übermitteln, die mit den Krankenkassen abrechnet.

1.1.3 Ein Datenmodell des Patienten

Auch wenn kein Computer benutzt wird, müssen zur Erfüllung der Aufgaben der Arztpraxis zahlreiche Daten gesammelt werden. Die Gesamtheit dieser Daten können wir als Abbild der Realität in der Welt der Daten auffassen. Dieses Bild bildet für alle, die nicht direkt mit dem Patienten Kontakt haben, die wichtigste Möglichkeit, Informationen über ihn zu erhalten. Außerdem wird es nach einiger Zeit der einzige Weg sein, die in der subjektiven Erinnerung sich langsam wandelnde Vergangenheit halbwegs zuverlässig zu rekonstruieren. Es ist deshalb üblich, von einem Datenmodell des Patienten zu reden. Fassen wir alle Patienten und die zusätzlich gespeicherten Informationen etwa über das Labor, das Lager etc. zusammen, so erhalten wir insgesamt ein Datenmodell der Praxis (in das die Patienten natürlich nur unter dem sehr reduzierten Aspekt der Gesundheitsdaten eingehen).

Werden die Daten von Computern verarbeitet, so müssen sie in geeigneter Form codiert werden. Obwohl natürlich ebenso wie in Akten einfach Texte abgespeichert werden können, werden statt dieser schlecht auswertbaren Form meist andere Organisationsformen für die Dateien gewählt, die eine platzsparendere und effizientere Verarbeitung zulassen. Bevor wir uns einem solchen Patientendatensatz zuwenden, wollen wir uns doch noch klarmachen, daß es in dieser weiter formalisierten Darstellung schwieriger als im freien Text ist, im Code nicht vorgesehene Informationen darzustellen. Berücksichtigt man weiter, daß in Computersystemen gespeicherte Informationen sehr schnell und leicht abrufbar sind, so liegt es nahe anzunehmen, daß die etwa auf Papier vorliegenden Daten zusätzlich nur noch selten benutzt werden, selbst wenn es sie gibt. Wir sollten deshalb bei der Festlegung der Elemente eines Datenmodells daran denken, daß die Patienten demjenigen, dem sie nur in ihrer Datengestalt begegnen, desto weniger differenziert erscheinen, je enger der Datensatz gefaßt ist.

Für unsere Patienten entnehmen wir erst einmal einfach die benötigten Daten bestehenden Karteikarten:

Patienten-Datensatz:

Name	*Vorname*	*Geburtsdatum*	*Geschlecht*
Familienstand	*Staatsangehörigkeit*	*Angehörige*	
Postleitzahl	*Wohnort*	*Strasse/Nummer*	
Beruf	*Arbeitgeber*	*Versicherter*	
Krankenkasse	*Mitgliedsnummer*	*Krankensch.-Nr.*	*Kassen-/Privatpatient*
Blutgruppe	*Allergien*	*Impfungen*	*Risikofaktoren*
Krankengeschichte	*Operationen*	*ständ. Medikamente*	*Sonstiges*

Datum Befund Laborwerte Diagnose Verordnungen GOÄ-Nummern Bemerkungen	⎫ pro
Datum Befund Laborwerte Diagnose Verordnungen GOÄ-Nummern Bemerkungen	⎬ Besuch
....	⎪ eine
....	⎭ Zeile

Für spezielle Zwecke muß dieser Datensatz natürlich noch stark erweitert werden.

1.1.4 Sichten und Zugriffsrechte

Obwohl die Daten des Patienten-Datensatzes logisch zusammengehören, lassen sie sich doch drei Gruppen zuordnen:

- den Personaldaten, die zur organisatorischen Abwicklung des Praxisbetriebes erforderlich sind, zu der die Terminplanung, Benachrichtigungen, die Abrechnung etc. gehören.
- den Gesundheitsdaten, die zur Information des Arztes notwendig sind.
- den Gebührenordung-(GOÄ)-Nummern, die sich aus der Tätigkeit des Arztes ergeben, die aber auch zur Abrechnung benötigt werden.

Entsprechend interessieren einzelne Benutzer des Datensatzes meist nur Teile der gespeicherten Informationen, oder - schärfer formuliert -: die meisten Benutzer dürfen nur auf die Teile des Datensatzes zugreifen, die zur Erfüllung ihrer Aufgaben notwendig sind. Beispielsweise ist es nicht notwendig, daß die Arzthelferin am Empfang Einzelheiten der Gesundheitsdaten des Patienten erfährt, wenn sie nur mit der Terminplanung oder den Bescheinigungen für den Arbeitgeber befaßt ist. Diese unterschiedlichen Ausschnitte des Gesamtdatenbestandes, die den einzelnen Benutzern zur Verfügung stehen, bezeichnet man als unterschiedliche *Sichten* auf den Datenbestand.

Neben den Sichten ist es wichtig festzulegen, welche Benutzer auf welche Art auf die Daten zugreifen dürfen. Nur dort, wo wirklich Informationen entstehen, dürfen diese in den Datensatz geschrieben werden. Allen anderen Benutzern stehen dieselben Daten nur zum Lesen zur Verfügung, und auch dann nur, wenn sie zu ihrer Sicht auf den Datenbestand gehören.

Zugriffsarten: R : *lesend (READ)*
 RW : *lesend und schreibend (READ and WRITE)*
 % : *kein Zugriff*

Sichten und Zugriffsarten definieren die *Zugriffsrechte* eines Benutzers. Sie sollten zusammen mit dem Datenbestand selbst festgelegt werden. Dieses geschieht übersichtlich in Form einer *Zugriffsmatrix*, die die Zugriffsrechte festlegt. Wir können hier nur einen kleinen Ausschnitt einer solchen Matrix zeigen:

Benutzer	*Name* ...	*Blutgruppe* ...	*Befund* ...	*Diagnose* ...	*GOÄ-Nummern* ....
Empfang	RW	%	%	%	%
Labor	R	RW	%	%	%
Arzt	R	R	RW	RW	RW
Abrechnung	R	%	%	%	R

Ein Computersystem in einer Arztpraxis, an dem mehrere Benutzer gleichzeitig oder nacheinander zu verschiedenen Zeiten arbeiten, sollte also die Benutzer eindeutig identifizieren und ihren Zugriff auf den Datenbestand kontrollieren können.

1.1.5 Was darf gespeichert werden?

Da es sich bei den Gesundheitsdaten um Informationen sehr privater Natur handelt, ergibt sich sicherlich die Frage, unter welchen Voraussetzungen solche Daten überhaupt gespeichert werden dürfen. Dabei ist vorauszuschicken, daß die Geheimhaltung medizinischer Daten auch ohne weitere Regelungen schon durch das Arztgeheimnis gesichert ist.

Die Zulässigkeit der Speicherung, Übermittlung, Veränderung oder Löschung personenbezogener Daten wird seit 1978 generell im Bundesdatenschutzgesetz (BDSG) geregelt, das von den Länderdatenschutzgesetzen ergänzt wird. Der Gesetzestext des BDSG wird im 2. Kapitel näher untersucht. Er ist in mehreren Broschüren der Datenschutzbeauftragten vollständig enthalten und kann von dort kostenlos bezogen werden (siehe Literaturverzeichnis). Wir wollen hier nur festhalten, daß es nach diesem Gesetz nicht in das Belieben eines Computerbesitzers gestellt ist, welche Daten er verarbeitet, solange sie sich auf eine bestimmte oder bestimmbare natürliche Person beziehen. Personenbezogene Daten dürfen nur dann verarbeitet werden, wenn dieses vom BDSG oder einer anderen Rechtsvorschrift erlaubt wird oder wenn der Betroffene ausdrücklich, normalerweise schriftlich, der Verarbeitung seiner Daten zugestimmt hat. Die Verarbeitung nicht personenbezogener Daten wird von diesem Gesetz nicht geregelt. So darf etwa der durchschnittliche Umsatz niedersächsischer Arztpraxen durchaus ohne Begründung gespeichert werden, da er nicht mehr einem einzelnen Arzt zuzuordnen ist. In unserem Beispiel treffen die Paragraphen des dritten Abschnittes des BDSG zu, die die Verarbeitung personenbezogener Daten im *nichtöffentlichen Bereich* regeln. Hier wird festgelegt, daß Daten gespeichert und verändert werden dürfen,

- die sich aus einem Vertragsverhältnis oder
- einem vertragsähnlichen Vertrauensverhältnis ergeben,
- wenn sie dem entsprechenden Zweck dienen, oder
- wenn die speichernde Stelle ein berechtigtes Interesse an der Speicherung hat
- und keine schutzwürdigen Belange des Betroffenen beeinträchtigt werden.

Die Präzisierung der Begriffe des "*berechtigten Interesses*" und der "*schutzwürdigen Belange*" geschieht dabei nicht im Gesetz, sondern wird der Alltagserfahrung, im Zweifel also den Gerichten überlassen. In unserem Fall liegt ein vertragsähnliches Vertrauensverhältnis zwischen Arzt und Patienten sicherlich vor. Die auf Seite 11 angegebenen Patientendaten dienen alle dem Zweck der ärztlichen Behandlung und werden überwiegend vom Betroffenen, dem Patienten, selbst gegeben.

Zusätzlich zu den rechtlichen Regelungen sind in der Anlage zu dem Gesetz einige Sicherheitsmaßnahmen aufgelistet, die den unbefugten Zugang zu personenbezogenen Daten verhindern sollen. So muß etwa sichergestellt werden, daß die gedruckten Computerlisten solcher Daten nicht unversehrt auf der Müllkippe oder als Malpapier im nächsten Kindergarten landen.

1.1.6 Die Aufgaben der Datenverarbeitung in der Arztpraxis

Da also die Speicherung der angegebenen Daten zulässig ist, wollen wir noch einmal die Aufgaben des Computersystems in der Arztpraxis zusammenstellen. Die sich daraus ergebenden Problemkreise werden in den nächsten Kapiteln bearbeitet. Danach kann das Arztpraxisprojekt wieder aufgenommen und mit Hilfe der dann erworbenen Kenntnisse detaillierter behandelt werden.

Das Computersystem soll

(1) die mit dem Computersystem arbeitenden Personen eindeutig identifizieren können.

(2) den in der Praxis tätigen Personen die zu ihrer Arbeit benötigten Informationen bereitstellen, nicht benötigte Informationen aber verbergen.

(3) ein Textverarbeitungsprogramm zum Schreiben von Briefen, Benachrichtigungen, Bescheinigungen etc. enthalten. Dazu sollen häufig benutzte Textteile als Standardbausteine bereitgestellt werden, so daß aus ihnen, freien Texten und Adressen vollständige Briefe zusammengestellt werden können.

(4) die Quartalsabrechnung mit der Abrechnungsstelle der Kassenärztlichen Vereinigung erleichtern. Dazu sollen für jede Kasse getrennt die versicherten Patienten mit den erbrachten Leistungen als GOÄ-Nummern sowie Übersichten nach verschiedenen Kriterien der Leistungen insgesamt aufgelistet und gedruckt werden können.

(5) für die Privatpatienten entsprechend eine direkte Abrechnung ermöglichen.

(6) die Lagerbestände der Praxis und des Labors verwalten helfen. Dazu sollen Lieferantendateien, Preise, Ist- und Sollbestände, Verfallsdaten etc. gespeichert werden. Ggf. können Bestellungen automatisch bei Unterschreitung der Sollbestände ausgelöst werden.

(7) die Führung des Terminkalenders ermöglichen.

Zu allen diesen Teilfunktionen sind natürlich noch präzise Angaben über die benötigten Datensätze und die genaue Arbeitsweise der entsprechenden Programme erforderlich. Diese Angaben wollen wir jedoch solange zurückstellen, bis wir die technischen Abläufe bei der Bewältigung solcher Aufgaben besser kennen. Insbesondere werden Kenntnisse über Dateiverwaltungsverfahren und Zugriffsmöglichkeiten auf Dateien benötigt, da die Auswahl solcher Verfahren die Arbeitsweise der Programme stark beeinflußt. Außerdem wollen wir verhindern, daß die Details etwa des Problems, ein effizientes Sortierverfahren zu entwickeln, den Überblick über das Gesamtproblem verstellen. So interessant technische Einzelheiten auch sein können, so sind sie doch zweitrangig gegenüber der Planung des Einsatzes von Datenverarbeitungsanlagen insgesamt.

Stellen wir also vorerst noch die Dateien als stilisierte Magnetbänder und die Teilprogramme, die den unterschiedlichen Aufgaben entsprechen, ohne weitere Details als Rechtecke dar, dann geben die Pfeile Zugriffsmöglichkeiten der Programme auf die Datenbestände an:

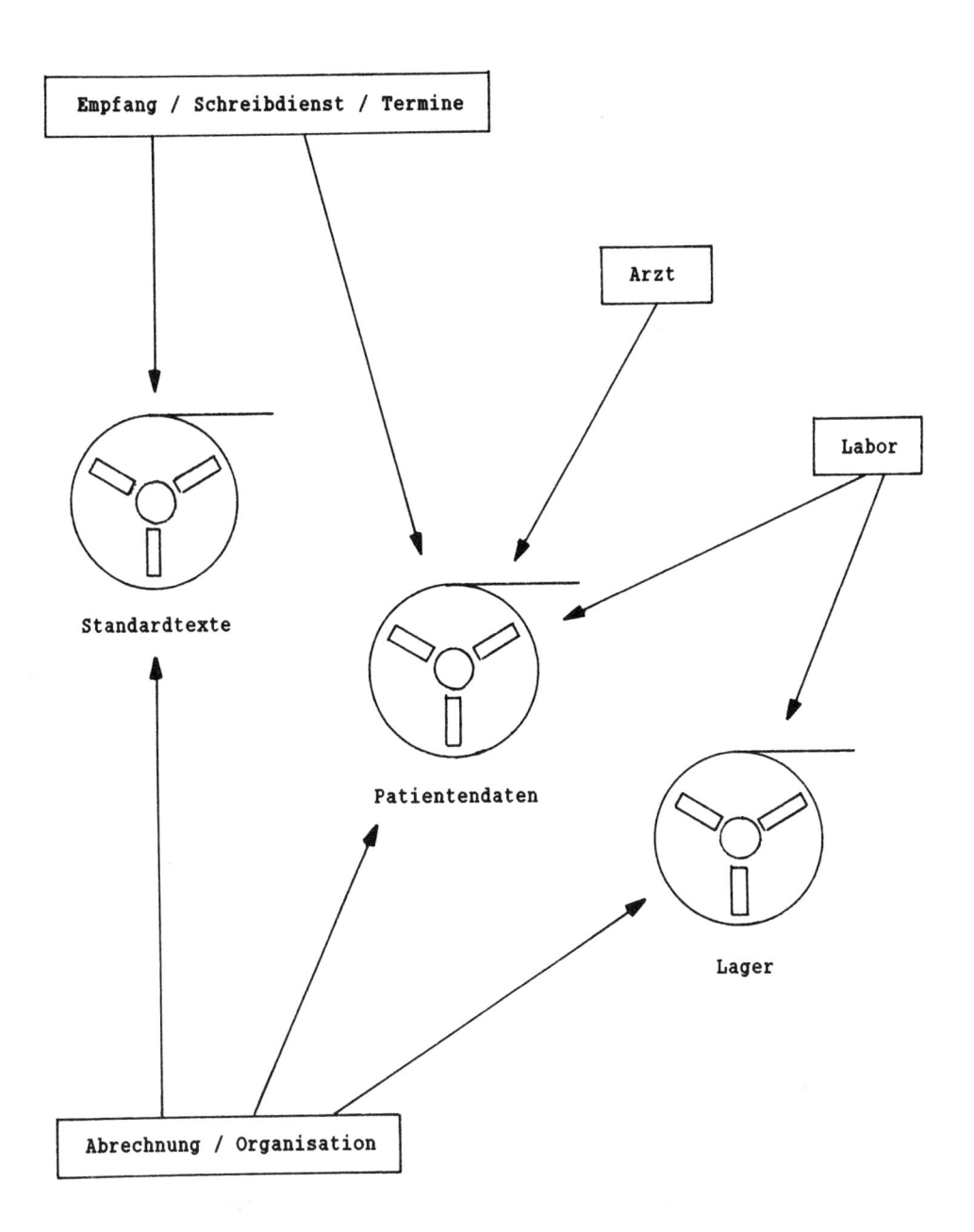

1.1.7 Aufgaben

1. Präzisieren Sie den Patientendatensatz für den Sonderfall eines *Internisten*, eines *Zahnarztes*, eines *Kinderarztes*, eines *Psychiaters*. Vergleichen Sie die Brauchbarkeit standardisierter Datensätze mit der von frei formulierten Bemerkungen.

2. Füllen sie einen ausgewählten Patientendatensatz mit Inhalt, indem Sie ihre *eigenen Daten* für bestimmte Fälle eingeben. Schätzen Sie die Güte des so entstandenen *Datenmodells* für ihren Fall ab.

3. Ermitteln Sie die Aufgaben eines *Amtsarztes* im Gesundheitsamt. Stellen Sie einen brauchbaren Datensatz für dessen Aufgaben zusammen und legen Sie eine Zugriffsmatrix für die Angehörigen des Gesundheitsamtes fest.

4. Beschreiben Sie den Ablauf der *Quartalsabrechnung* eines Arztes mit den Abrechnungsstellen der Kassenärztlichen Vereinigung als Struktogramm. Dazu sollen für jede Kasse getrennt Listen der bei der Kasse versicherten und vom Arzt behandelten Patienten zusammen mit den erbrachten ärztlichen Leistungen, aufgeschlüsselt nach GOÄ-Nummern, geschrieben werden. Für den Arzt selbst wird eine Statistik, aufgeschlüsselt nach GOÄ-Nummern, aufgestellt. Fertigen Sie dazu ein Grobstruktogramm an, das die Teilaufgaben enthält. Beschreiben Sie dann die Teilprobleme in detaillierteren Struktogrammen. Wählen sie fiktive GOÄ-Nummern nach dem Muster des folgenden Ausschnitts. (Die GOÄ-Nummern stehen vorne, die hinteren Zahlen ergeben, mit einem Faktor versehen, die Gebühren für die Leistung.)

N II. Chirurgie/Orthopädie   2100-2116
II. Chirurgie der Körperoberfläche

  Bei autologer Transplantation von Haut ist die Versorgung der Entnahmestelle Bestandteil der Leistung.

  2100 *Exzision eines kleinen Bezirks aus Haut oder Schleimhaut, ggf. als Exzision einer kleinen intradermalen Geschwulst.......   160*

  2101 *Exzision eines großen Bezirks aus Haut oder Schleimhaut oder Exzision einer kleinen, unter der Haut oder Schleimhaut gelegenen Geschwulst...   220*

  2105 *Exzision von tiefliegendem Körpergewebe (z.B. Fettgewebe, Faszie, Muskulatur) oder Probeexzision aus tiefliegendem Körpergewebe oder aus einem Organ ohne Eröffnung einer Körperhöhle (z.B. Zunge)...   380*

  2107 *Exzision einer großen Geschwulst mit Entfernung von Muskeln oder Muskelteilen und Ausräumung des regionalen Lymphstromgebietes...   2500*

1.2 Datenfluß im Gesundheitswesen

Der Arzt ist nur ein Teil des Gesundheitswesens, allerdings jener, dem der Patient am häufigsten und als erstes begegnet. Neben den schon genannten Abrechnungsstellen gehören Krankenhäuser, Krankenkassen, Gesundheitsämter und Apotheken ebenfalls dazu. Zwischen all diesen Institutionen fließen Daten zur Abrechnung, zur Information zwischen den behandelnden Ärzten oder zur Meldung ansteckender Krankheiten. Für die Übermittlung dieser Daten gelten ähnliche Regelungen wie für die Speicherung. Sie ist erlaubt, wenn

- dieses zum Zweck des Vertrags- oder vertragsähnlichen Verhältnis gehört, oder
- soweit die übermittelnde Stelle oder ein Dritter oder die Allgemeinheit ein berechtigtes Interesse daran haben
- und keine schutzwürdigen Belange des Betroffenen beeinträchtigt werden.

Ist es nicht offensichtlich, daß die Übermittlung nach diesen Kriterien erlaubt ist, dann muß der Betroffene der Weitergabe seiner Daten zustimmen. Private Versicherungen z.B. schließen zur Risikostreuung oft eine Rückversicherung bei speziellen Versicherungsgesellschaften ab. Damit diese dann das Risiko des Versicherungsfalls beurteilen kann, benötigt sie ebenfalls Daten des Versicherten. Dieser muß dazu in der sogenannten Datenschutzklausel seine Einwilligung geben. Die Klausel lautete (unvollständig):

"Ich willige ein, daß der Versicherer im erforderlichen Umfang Daten, die sich aus den Antragsunterlagen oder der Vertragsdurchführung (Beiträge, Versicherungsfälle, Risiko-/Vertragsänderungen) ergeben, an Rückversicherer zur Beurteilung des Risikos ... übermittelt. ... "

Unterliegen die übermittelten Daten einem Amts- oder Berufsgeheimnis wie dem Arztgeheimnis, dann dürfen sie zwar in Ausübung des Berufes unter bestimmten Umständen übermittelt werden. Der Empfänger darf sie aber nur unter den gleichen Bedingungen weitergeben, die auch für den Übermittelnden gelten. Der Arzt darf also dafür vorgesehene Daten an das Gesundheitsamt weiterleiten. Dort aber müssen die Daten in aller Regel bleiben.

Abweichend von den genannten Regelungen ist die Übermittlung von Personenlisten erlaubt, soweit sie sich auf

- Namen
- Titel und akademische Grade,
- das Geburtsdatum,
- Berufs- oder ähnliche Bezeichnungen,
- Anschrift und Telefonnummer

beschränken und keine schutzwürdigen Belange der Betroffenen beeinträchtigt werden. Beispielsweise dürfte unser Arzt auch ohne das Arztgeheimnis eine Liste der von ihm behandelten Alkoholkranken nicht weitergeben, weil sie den Betroffenen schaden könnte.

Neben der ärztlichen Versorgung existiert die medizinische Forschung, die häufig auf nicht anonymisierte Patientendaten zurückgreifen muß, etwa um fehlende Einzelheiten der Krankengeschichte oder des persönlichen Umfelds und den Lebensgewohnheiten des Patienten zu erfragen. Da die Forschung oft an die Universitätskliniken gekoppelt ist, wird das Einverständnis des Patienten zur Verwendung seiner Daten zu Forschungszwecken meist schon bei der Einlieferung eingeholt.

Das Gesundheitswesen ist eingebettet in das Sozialwesen insgesamt. Handelt es sich bei der Krankheitsursache um einen Arbeitsunfall, dann fließen Daten an die Berufsgenossenschaft oder andere Versicherungen. Folgt eine Arbeitsunfähigkeit, dann werden Rentenversicherung und Versorgungsämter betroffen, die Vertrauensärzte und Gutachter einschalten können. Insgesamt ergibt sich ein (tatsächlich erheblich komplexeres) Netz von Datenflüssen im Gesundheitswesen:

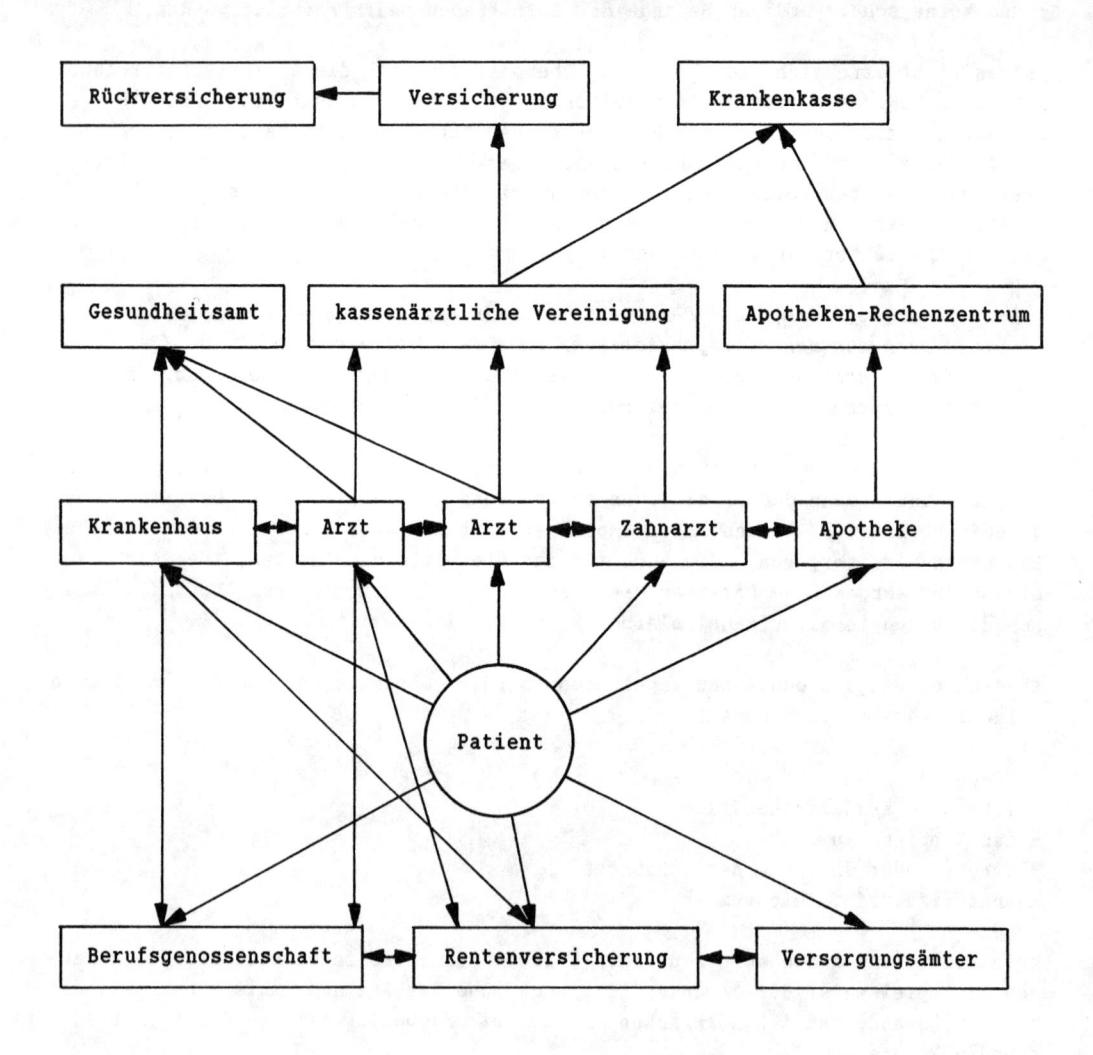

1.3 Zusammenfassung

Zur Erledigung der Aufgaben in der Arztpraxis ist ein Computersystem erforderlich, das in erster Linie Daten dauerhaft speichern und verwalten kann. Alle betrachteten Teilprobleme lassen sich nur unter dieser Voraussetzung lösen. Das technische Verfahren zur Speicherung ist dabei uninteressant und kann auf die jeweils technisch und finanziell günstigste Art, (die also zu verschiedenen Zeiten unterschiedlich sein kann), geschehen. Wesentlicher ist, daß sich einerseits zwei grundsätzlich unterschiedliche Arten von Daten unterscheiden lassen, und daß sich die Art der Verarbeitung dieser Daten auf wenige Grundelemente reduzieren läßt.

Bei den Arten der zu speichernden Daten handelt es sich um

- *freie Texte*, die ohne einheitliche Struktur geschrieben, gespeichert, verändert und gelöscht werden. Sinnvoll ist deren Eingabe nur, wenn sie auch auf einem Drucker (und auf dem Bildschirm natürlich) ausgegeben werden können. Dazu ist eine gewisse *Textkosmetik* notwendig, die Texte in eine ansprechende Form etwa im Blocksatz, mit unterschiedlichen Schriften etc. bringt.

- *strukturierte Daten*, bei denen in den verschiedenen Sätzen immer dieselben Komponenten gespeichert werden. Solche Datensätze müssen definiert, geändert (wozu auch die Ersteingabe gezählt werden kann), gespeichert und gelöscht werden können. Da immer die gleichen Datensätze auch immer die gleiche Länge haben, kann die physische Lage eines solchen Datensatzes berechnet werden, wenn man seine Stellung in der Datei kennt. Damit sind Sortierverfahren nach den verschiedenen Komponenten möglich, die unter anderem den Zugriff auf einzelne Datensätze stark beschleunigen.

Diese Teilaufgaben lassen sich alle unabhängig von der aktuellen Problemstellung bearbeiten. Sind sie gelöst, dann kann die Verarbeitung der gespeicherten Daten von unterschiedlichen Programmen aus erfolgen, ohne daß diese Programme noch die Speicherungsprobleme selbst lösen müssen. Die immer gleichen Problemstellungen bei der Dateiverwaltung legen es nahe, diese insgesamt einem *Datenbanksystem* zu übergeben, an das die Programme dann entweder Daten übergeben oder von dem sie gespeicherte Daten abrufen. Damit sind dann aber auch Anfragen an solch ein Datenbanksystem unabhängig von geschriebenen Programmen möglich, so daß Computer als Dateiverwaltungs- oder Informationssystem auch ohne Programmierkenntnisse benutzt werden können.

Werden Programme benutzt, dann sind die unterschiedlichen Zugriffsrechte und Sichten der Benutzer Teile des Programms, denn die Benutzer "sehen" die Daten nur durch den Filter des Programms. Sie können nur das veranlassen, was das Programm vorsieht. Die direkte Nutzung eines Datenbanksystems dagegen stellt erhöhte *Datenschutzanforderungen*. Werden diese nicht schon beim Entwurf des Systems einbezogen, dann können sie später nur sehr schwer berücksichtigt werden.

1.4 Aufgaben

1. Übertragen Sie die Aufgabenstellung des ersten Kapitels auf die Praxis eines *Rechtsanwalts*:

   a. Beschreiben Sie den Ablauf des Besuchs eines Klienten.

   b. Versuchen Sie, einen Klienten-Datensatz festzulegen. Vergleichen Sie dieses Problem mit dem Patientenbeispiel.

   c. Legen Sie die Zugriffsrechte der Beschäftigten einer größeren Kanzlei fest, in der mehrere Anwälte und weitere Angestellte tätig sind.

   d. Stellen Sie anhand des BDSG fest, ob die von Ihnen festgelegten Daten gespeichert werden dürfen.

   e. Beschreiben Sie das Zusammenspiel der in der Kanzlei benötigten Programme mit den vorhandenen Dateien.

2. Gründen Sie eine *Speditionsfirma* für Transporte ins In- und Ausland.

   a. Beschreiben Sie die Arbeitsabläufe in der Spedition. Spielen Sie dazu die Abarbeitung eines erteilten Auftrags von der Angebotserstellung bis zur Begleichung der Rechnung durch. Falls Ihnen Teile dieses Ablaufs unklar sind, klären Sie die auftretenden Fragen etwa durch den Besuch einer Spedition. Legen Sie Ihre Fragen aber vor dem Besuch der Firma fest.

   b. Legen Sie die zur Abwicklung eines Auftrags benötigten Informationen fest und ermitteln Sie jeweils, ob es sich um personenbezogene Daten handelt.

   c. Erweitern Sie Ihre Dateien um die Angaben der Mitarbeiter, insbesondere der Fahrer der Firma.

   d. Beschreiben Sie als Struktogramm ein Programm, das einem Sachbearbeiter der Spedition eine Vorschlagsliste von genau drei Fahrern (aus den zahlreich angestellten) liefert, die eine durchzuführende Auslandsfahrt übernehmen können. Legen Sie die dazu benötigten Daten der Fahrer und des Auftrags fest und erläutern Sie, nach welchen Kriterien die Fahrer ausgewählt werden sollen. Führen Sie dazu ein Punktesystem ein. Erörtern Sie die Auswirkungen des Programms auf die Fahrer und auf die Arbeit des Sachbearbeiters.

3. Spielen Sie *Bezirksregierung*, die bei Bedarf Lehrer zu versetzen bzw. zu befördern hat. Wählen Sie dazu geeignete Datensätze, die es ermöglichen, aus der Gesamtzahl der vorhandenen Lehrer jeweils drei zur Beförderung bzw. zur Versetzung vorzuschlagen. Diskutieren Sie Vor- und Nachteile für die Beteiligten eines solchen Verfahrens.

4. Verwalten Sie das "*Notenbuch*" eines Lehrers.

   a. Legen Sie einen Datensatz fest, der in seinem Informationsgehalt dem Inhalt des Notenbuchs entspricht.

   b. Klären Sie, ob die darin enthaltenen Informationen vom Lehrer bzw. von der Schule gespeichert werden dürfen. Stellen Sie dazu auch fest, welche Informationen über Schüler insgesamt in der Schule gespeichert werden dürfen und welche tatsächlich an Ihrer Schule gespeichert werden.

   c. Automatisieren Sie das Zensurengebungsverfahren. Beschreiben Sie den Vorgang im Struktogramm und erörtern Sie Vor- und Nachteile sowie den Sinn des Verfahrens.

5.a. Klären und beschreiben Sie die Aufgaben eines *Kreiswehrersatzamtes* beim Musterungsverfahren.

   b. Legen Sie einen Datensatz fest, der diesen Aufgaben gerecht wird.

   c. Prüfen Sie anhand des BDSG, ob diese Daten vom Kreiswehrersatzamt gespeichert werden dürfen.

   d. Füllen Sie den ermittelten Datensatz mit dem Inhalt, der zu Ihrer Person gehört. Stellen Sie fest, in wieweit Sie sich durch ihr Datenmodell zutreffend beschrieben fühlen.

   e. Versuchen Sie, das Zuordnungsverfahren von Wehrpflichtigen zu bestimmten Einheiten der Bundeswehr im Struktogramm zu beschreiben.

   f. Vergleichen Sie Vor- und Nachteile für die Beteiligten bei einem automatisierten Verfahren bzw. einer Verteilung durch Sachbearbeiter des Kreiswehrersatzamtes.

   g. Beschreiben Sie die Informationen, die der Sachbearbeiter Ihrer Meinung nach haben müßte, um eine für Sie persönlich "gerechte" Zuordnung zu treffen. Versuchen Sie diese Informationen so zu strukturieren, daß sie auf alle Wehrpflichtigen als fester Datensatz übertragbar werden. (Modifizieren Sie die Aufgabenstellung entsprechend, falls Sie *Ersatzdienst* leisten möchten.)

2. Datenschutz

In diesem Abschnitt sollen einige Aspekte des Datenschutzes näher betrachtet werden. Eine vollständigere Behandlung dieses Themas ist hier nicht beabsichtigt und auch nicht möglich, insbesondere sind die gemachten Aussagen nicht immer im juristischen Sinn korrekt, weil meist ein Fall als Beispiel für mehrere in Frage kommende Möglichkeiten genannt wird. Das Kapitel soll eher Anregungen geben, sich näher mit dieser Problematik zu beschäftigen. Weitere Informationen findet man in der Literatur. Besonders leicht zugänglich, da kostenlos, sind die Broschüren des Bundesbeauftragten für den Datenschutz. Das Kapitel behandelt gesetzliche und technische Datenschutzfragen.

2.1 Gesetzliche Regelungen

Ausgehend von Überlegungen, die zum Datenschutzgesetz führten, werden die Struktur des Gesetzes und einige Anwendungen gezeigt. Weiterführende Beispiele sind in den Aufgaben vorhanden.

2.1.1 Persönlichkeitssphäre und Datenschutz

Der Schutzbedarf personenbezogener Daten ist eine direkte Folge der technischen Entwicklung, die es ermöglicht, sehr schnell und in fast beliebiger Zahl Daten nach bestimmten Kriterien zu überprüfen und Daten aus verschiedenen Quellen zu verknüpfen. Schon vor der breiten Nutzung der Computer wurden natürlich Daten der verschiedensten Art gespeichert, da sie etwa zur Erfüllung der staatlichen Aufgaben benötigt werden, und auch schon vorher wurden unzulässig Daten gesammelt, weitergegeben und verknüpft. Befinden sich solche Daten in Aktensammlungen, die meist auch noch räumlich weit verteilt sind, dann ist die Zusammenführung solcher Daten ein auch im Einzelfall sehr mühseliger Prozeß. Neu ist also die Möglichkeit, diesen vorher nur ausnahmsweise möglichen Vorgang in beliebig vielen Fällen durchzuführen. Betrachtet man dabei die Unzahl von Informationen, die in den einzelnen Lebensbereichen Arbeit, Gesundheit, soziale Sicherung etc. über jeden Bürger gespeichert werden, und weiß, daß praktisch alle Großrechner, in denen diese Informationen verarbeitet werden, untereinander vernetzt sind, dann ist die Gefahr eines *Persönlichkeitsbildes*, *Datenschattens* oder des *gläsernen Menschen* sicherlich keine Fiktion. Zu klären ist also, ob diese Datenmodelle des Menschen, die dann nicht mehr auf Teilgebiete beschränkt wären, sondern ein sehr vollständiges Bild liefern würden, zulässig sind.

Grundlage für eine solche Klärung sind die in den ersten Artikeln des Grundgesetzes festgelegten Grundrechte, insbesondere das Recht auf die freie Entfaltung der Persönlichkeit. Zu dieser Entfaltung gehört die Wahrung eines Intimbereichs oder einer Persönlichkeitssphäre, die unantastbar ist, in der sich der einzelne also ohne die Gefahr der Beobachtung frei bewegen kann. Im Urteil zum Volkszählungsgesetz hat das Bundesverfassungsgericht 1983 daraus das Grundrecht der *informationellen Selbstbestimmung* abgeleitet, das (mit Einschränkungen) die "*Befugnis des einzelnen gewährleistet, grundsätzlich selbst über die Preisgabe und*

Verwendung seiner persönlichen Daten zu bestimmen. Mit diesem Grundrecht ist eine Gesellschaftsordnung nicht vereinbar, in der die Bürger nicht mehr wissen können, wer was wann und bei welcher Gelegenheit über sie weiß."

Wesentlich an diesem Grundrecht ist, daß nicht nur über die Preisgabe (und damit verbunden die Speicherung) von personenbezogenen Daten geredet wird, sondern daß die Verwendung dieser Daten, zu der auch deren Übermittlung gehört, als gleichrangig gesehen wird. Ursache dafür ist die Unmöglichkeit, eine Privatsphäre etwa als eine innerste Kugelschale um das Individuum zu definieren, aus der keine Informationen mehr an die Umgebung abgegeben werden. Menschen leben nicht isoliert, sondern als soziale Wesen. Deshalb müssen sie insbesondere in einem Sozialstaat laufend Informationen in die unterschiedlichen gesellschaftlichen Bereiche abgeben, und diese Daten gehören teilweise auch zur innersten Persönlichkeitssphäre, etwa im Medizin-, im Finanz- oder im religiösen Bereich. Statt eines *Schalenmodells* von Schichten unterschiedlicher Privatheit, die das Individuum umgeben, definiert man die Persönlichkeitssphäre über eine Art *Tortenmodell*. Die einzelnen Tortenstücke, die Sektoren des gesellschaftlichen Umfeldes, entsprechen den Lebensbereichen Arbeit, Gesundheit, Familie etc und reichen jeweils bis ins Zentrum des Individuums. Allerdings sind sie strikt voneinander getrennt, so daß kein Sektor Informationen über die gesamte Person enthält. Die vom Bürger in einen Sektor abgegebenen Informationen sollen nun in diesem verbleiben und nicht unkontrolliert in andere Lebensbereiche wandern. Damit ist gewährleistet, daß niemand den einzelnen in allen seinen Rollen erfassen kann. Die Bilder, die sich die Gesellschaft in den unterschiedlichen Sektoren von einem Menschen macht, bleiben von diesem durch gezielte Abgabe oder Zurückhaltung von Informationen beeinflußbar. Ein Persönlichkeitsbild, dessen Richtigkeit und Verwendung der Betroffene nicht kontrollieren kann, wird verhindert. Ein solches elektronisches Menschenmodell würde auch gegen die Menschenwürde verstoßen, da es das Individuum als ein Objekt behandelt, bis in den Intimbereich wie unter einem Mikroskop beobachtbar und unfähig, sich als Person selbst darzustellen.

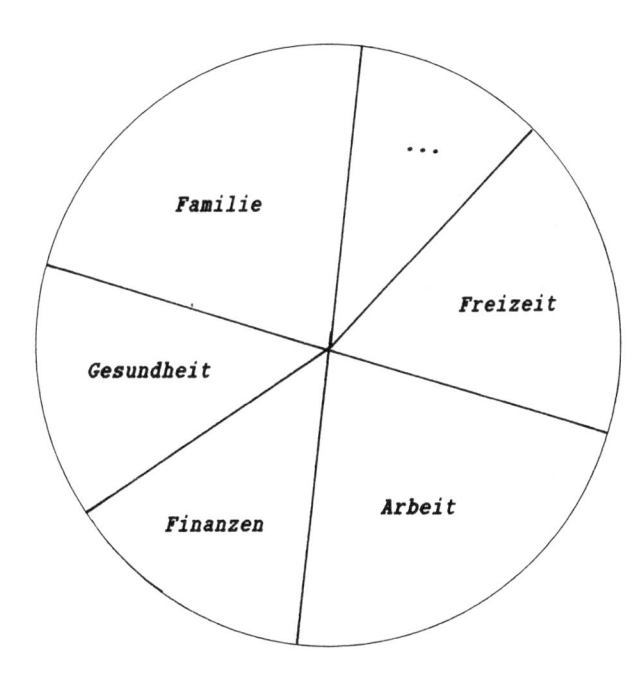

Seine Verhaltensweisen und Reaktionen auf unterschiedliche Umgebungen könnten im Computermodell simuliert und getestet werden, so daß es gezielt bestimmten Einflüssen ausgesetzt werden könnte, die das gewünschte Verhalten bewirken.

Zum Schluß wollen wir noch einmal festhalten, daß solche Auswüchse bei uns durch gesetzliche Regelungen verhindert werden sollen. Selbst wenn das bei uns gelingen sollte, so sind die technischen Möglichkeiten zum Mißbrauch jederzeit vorhanden, so daß sie in einer weniger glücklichen politischen Umgebung durchaus Verwendung finden können.

2.1.2 Das Bundesdatenschutzgesetz

2.1.2.1 Die Zulässigkeit der Verarbeitung personenbezogener Daten

Am 1.1.1978 (geändert zum 1.6.1991) trat das Bundesdatenschutzgesetz (BDSG) in Kraft. (Die folgenden Angaben beziehen sich auf die neue Version des Gesetzes.) Es wurde als Folge der Diskussion um die Auswirkungen der sich ausweitenden elektronischen Datenverarbeitung beschlossen. Mit diesem Gesetz sollen die Bürger vor den nachteiligen Folgen des Computereinsatzes bewahrt werden, indem ihnen ein Bereich eigener Lebensgestaltung garantiert wird, in dem sie sich unbeobachtet und frei bewegen können. Die übergreifende Idee des Gesetzes ist:

> *Die Verarbeitung personenbezogener Daten ist nur zulässig, soweit sie erforderlich ist, d.h. sie ist unzulässig, wenn der angestrebte Zweck auch ohne sie erreicht werden kann.*

Damit ergänzt das BDSG andere, vorrangige Vorschriften zum Persönlichkeitsschutz wie die Amtsgeheimnisse von Ärzten, Rechtsanwälten, Pfarrern etc oder das Briefgeheimnis. Auch Regelungen zur Verarbeitung personenbezogener Daten, die etwa in Tarifverträgen oder anderen Gesetzen getroffen wurden oder werden, gehen dem BDSG vor. Genauere Angaben hierzu finden sich in §1 BDSG. Im Unterschied zu solchen Regelungen für eng begrenzte Bereiche verbietet das BDSG die Verarbeitung personenbezogener Daten aber generell, es sei denn, die Verarbeitung ist ausdrücklich zugelassen. Dabei werden die folgenden Bereiche unterschieden:

- Im *öffentlichen Bereich* (Arbeitsamt, Bundesversicherungsanstalt für Angestellte, Kreiswehrersatzamt, Kraftfahrzeugbundesamt, ...) ist diese Verarbeitung zulässig, wenn sie zur rechtmäßigen Erfüllung der Aufgaben dieser Stellen erforderlich ist (§13 BDSG).

- Im *nicht-öffentlichen Bereich* (Industrie- und Handelsunternehmen, Adreßverlagen, Detekteien, Meinungsforschungsunternehmen, ...) ist die Verarbeitung zulässig, wenn sie sich aus einem Vertrag oder einem vertragsähnlichen Verhältnis ergibt (etwa Kundendateien oder Personalinformationssystemen), wenn die Daten aus allgemein zugänglichen Quellen stammen oder es sonstige berechtigte Interessen erfordern und keine schutzwürdigen Belange der Betroffenen beeinträchtigt werden, oder (eingeschränkt) auch zu Forschungszwecken (§28 BDSG).

Für die öffentlichen Stellen der Länder (Einwohnermeldeamt, Finanzamt, Sozialamt, ...) gelten die entsprechenden Landesdatenschutzgesetze.

2.1.2.2 Die Struktur des BDSG

Neben den Zulässigkeitsregeln regelt das BDSG die Rechte der *Betroffenen* und die Datenschutzkontrolle. Ein erster Abschnitt enthält allgemeine Vorschriften und Begriffsbestimmungen. Zwei weitere Abschnitte präzisieren diese Vorschriften für den öffentlichen und den privaten Bereich. Sonder-, Straf- und Bußgeldvorschriften sowie eine Anlage zu technischen und organisatorischen Datenschutzmaßnahmen bilden den Schluß.

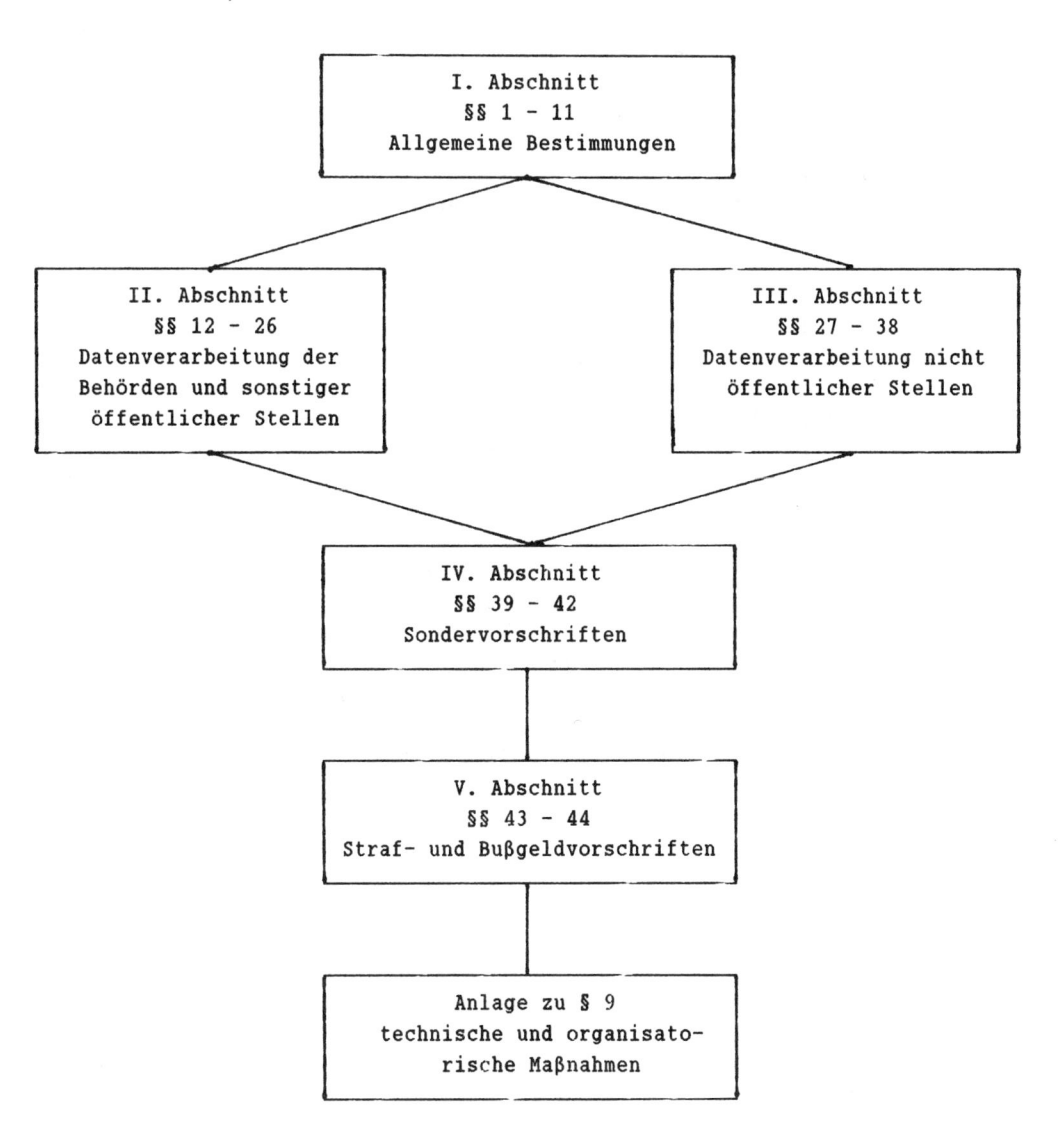

```
                    ┌─────────────────────────┐
                    │      I. Abschnitt       │
                    │        §§ 1 - 11        │
                    │ Allgemeine Bestimmungen │
                    └─────────────────────────┘
                        /                \
        ┌──────────────────────────┐   ┌──────────────────────────┐
        │      II. Abschnitt       │   │     III. Abschnitt       │
        │        §§ 12 - 26        │   │        §§ 27 - 38        │
        │   Datenverarbeitung der  │   │  Datenverarbeitung nicht │
        │   Behörden und sonstiger │   │     öffentlicher Stellen │
        │    öffentlicher Stellen  │   │                          │
        └──────────────────────────┘   └──────────────────────────┘
                        \                /
                    ┌─────────────────────────┐
                    │      IV. Abschnitt      │
                    │        §§ 39 - 42       │
                    │    Sondervorschriften   │
                    └─────────────────────────┘
                                │
                    ┌─────────────────────────┐
                    │      V. Abschnitt       │
                    │        §§ 43 - 44       │
                    │ Straf- und Bußgeldvorschriften │
                    └─────────────────────────┘
                                │
                    ┌─────────────────────────┐
                    │      Anlage zu § 9      │
                    │ technische und organisa-│
                    │    torische Maßnahmen   │
                    └─────────────────────────┘
```

2.1.2.3 Die Rechte der Betroffenen

Zu den Rechten der von der Verarbeitung personenbezogener Daten Betroffenen gehören

- das Recht auf *Auskunft* über die gespeicherten Daten.
- das Recht auf *Berichtigung* falscher Daten.
- das Recht auf *Sperrung* der Daten, wenn die Voraussetzungen für die Zulässigkeit ihrer Speicherung entfallen sind oder wenn sich ihre Richtigkeit nicht feststellen läßt. Auf gesperrte Daten darf nur in definierten Sonderfällen oder wenn der Betroffene zustimmt zurückgegriffen werden.
- das Recht auf *Löschung* der Daten, wenn deren Speicherung unzulässig war.

Das Recht auf Auskunft, ohne das die anderen Rechte nicht wahrgenommen werden können, aber auch die umfangreichen Einschränkungen dieses Rechts, sind in den Paragraphen §6, §19 und §34 geregelt. Im öffentlichen Bereich müssen die datenverarbeitenden Stellen darüberhinaus dem Bundesbeauftragten für den Datenschutz mitteilen, welche Art von Daten sie verarbeiten, welcher Personenkreis davon betroffen wird, welche Aufgaben damit erfüllt werden und an wen die Daten regelmäßig übermittelt werden. Diese Angaben werden in einem öffentlich einsehbaren Register geführt (§26). Der Geheim- und Polizeibereich ist von dieser Regelung ausgenommen. Im privaten Bereich muß der Betroffene unterrichtet werden, wenn seine Daten erstmalig gespeichert werden (§33); es sei denn, er hätte auf andere Weise von der Speicherung Kenntnis erhalten. Solche Kenntnis erhält er, wenn er z.B. einen Vertrag unterzeichnet, da er annehmen kann, daß seine dort angegebenen Daten auch gespeichert werden. Da eine Mitteilungswelle über die gespeicherten Daten in der Privatwirtschaft nirgends auszumachen ist, müssen die datenverarbeitenden Stellen wohl davon ausgehen, daß die Betroffenen meist auf andere Art von der Speicherung erfahren.

Für die Auskunft über die gespeicherten Daten dürfen öffentliche Stellen keine, private Stellen nur im Ausnahmefall Gebühren erheben, und das auch nur dann, wenn die gespeicherten Daten weder falsch sind noch unberechtigt gespeichert wurden. Die Gebühren dürfen die entstandenen Kosten nicht übersteigen. Es empfiehlt sich trotzdem, vor einer Auskunft anzufragen, welche Kosten eventuell auf einen zukommen könnten. Dafür haben verschiedene Stellen Musterbriefe erstellt, die im privaten Bereich wie folgt oder ähnlich lauten:

> *Betr.: Auskunft nach dem BDSG*
>
> *Hiermit bitte ich nach §34 BDSG um Auskunft über die auf mich bezogenen Daten (ggf. spezifiziert) in Ihren Datensammlungen und über die Personen und Stellen, an die sie regelmäßig meine Daten übermitteln. Sollten Sie von der Möglichkeit Gebrauch machen, mir die Auskunftskosten in Rechnung zu stellen, so teilen Sie mir bitte zuerst mit, wie hoch die zu erwartenden Kosten sein werden, und welche Datenarten Sie über mich speichern, damit ich mein Auskunftsbegehren eventuell eingrenzen kann.*

2.1.3 Ein Beispiel: Datenverarbeitung in einem Adressenverlag

Verschickt ein Unternehmen Werbematerial, dann kann es dieses entweder nach dem "Schrotschußverfahren" tun, also allen überhaupt erreichbaren Personen das Material zukommen lassen, oder es versucht direkt potentielle Kunden anzusprechen. Für einen Supermarkt kann das erste, einfache Verfahren auch das wirksamste sein, da alle Personen in einem bestimmten Umkreis auch potentielle Kunden sind. Ein Fachgeschäft etwa für optische Geräte wie Fern- und Operngläser oder Fernrohre muß an Adressenlisten der Jäger, Theaterabonnenten, Hobbyornithologen und -astronomen interessiert sein, um diesen möglichst informatives und damit aufwendiges Material zuschicken zu können. Da nicht jedes Geschäft mit vertretbarem Aufwand diese Spezial-Listen erstellen kann, ist es interessiert, die Adressen zu kaufen oder den Versand des Werbematerials einer Spezialfirma der Direktwerbungsbranche zu übertragen. Damit haben Adressenlisten einen erheblichen Wert. Adressenverlage haben sich auf diese Direktwerbungsmaßnahmen spezialisiert und betreiben damit *geschäftsmäßige Datenverarbeitung nicht-öffentlicher Stellen* nach Abschnitt 3 des BDSG.

2.1.3.1 Zulässigkeit des Datenhandels

Zuerst wollen wir für unseren Fall interessante Stellen des BDSG heraussuchen:

1. Nach §4 BDSG ist die Verarbeitung personenbezogener Daten zulässig, wenn der Betroffene (im Normalfall schriftlich) eingewilligt hat.

2. Nach §16 BDSG dürfen öffentliche Stellen Daten übermitteln, wenn der Empfänger daran ein berechtigtes Interesse hat und keine schutzwürdige Belange der Betroffenen beeinträchtigt werden.

3. Nach §28 BDSG dürfen Daten einer Personengruppe übermittelt werden, wenn sie sich auf Namen, Titel, akademische Grade, Geburtsdatum, Beruf, Branchen- oder Geschäftsbezeichnung, Anschrift und Rufnummer beschränken und keine ...

4. Nach §29 BDSG ist die Speicherung der Daten zulässig, wenn keine schutzwürdigen Belange der Betroffenen beeinträchtigt werden. Stammen die Daten aus allgemein zugänglichen Quellen, dann entfällt auch noch diese Einschränkung. Die Übermittlung ist zulässig, wenn der Empfänger daran ein berechtigtes Interesse hat. Beschränken sich die Angaben auf Name, Titel, akademische Grade, Anschrift und die Zugehörigkeit zu einer bestimmten Personengruppe, dann braucht der Empfänger das berechtigte Interesse noch nicht einmal nachzuweisen, wenn keine ...

Für unseren Adressenhandel, der ja nur Listen mit Anschriften von Personen vertreibt, die einer bestimmten Gruppe (etwa den Theaterabonnenten) angehören, gelten kaum Einschränkungen für die Übermittlung dieser Listen an seine Kunden. Die Speicherung ist ebenfalls erlaubt, wenn man unterstellt, daß keine schutzwürdigen Belange der Betroffenen beeinträchtigt werden. Zu fragen ist, ob die gespeicherten Daten wirklich so harmlos sind.

2.1.3.2 Daten und Datenquellen

Sieht man das Problem aus der Sicht des Adressenverlags, dann hat dieser über möglichst viele "Betroffene" möglichst umfangreiche Daten zu sammeln, damit er die verschiedenen Abnehmer mit Adressenlisten großer "Treffsicherheit" versorgen kann. Dazu benötigt er detaillierte Informationen über Vorlieben, Neigungen, Hobbys, Angewohnheiten, also Angaben aus der inneren Persönlichkeitssphäre der Betroffenen. Da diese Angaben den verschiedenen Lebensbereichen entstammen und eigentlich nicht ohne Einwilligung des Betroffenen zusammengeführt werden sollten, entsteht in solch einer Datensammlung ein Datenmodell der Gespeicherten, das einem Persönlichkeitsprofil zumindest sehr nahe kommt. Selbst wenn der Verlag jedem einzelnen Anzeigenkunden nur einen Teilaspekt dieser Daten zugänglich macht, so ist die Sammlung doch auch für andere Zweck nutzbar. Detekteien, Auskunfteien, Firmen oder auch staatliche Stellen, die möglichst detaillierte Informationen über eine bestimmte Person, z.B. bei der Besetzung einer Vertrauensstellung, haben möchten, müssen an solch einer Datensammlung interessiert sein. Mit so einem Profil würden die schutzwürdigen Belange der Betroffenen sicherlich beeinträchtigt. Der Verlag muß damit ein Interesse haben, öffentlich zugängliche Datenquellen oder den Betroffenen selbst als Datenquelle zu benutzen. Wir wollen deshalb einige "verkäufliche" personenbezogene Daten, ihre potentiellen Abnehmer und mögliche Datenquellen zusammenstellen.

Information	potentieller Interessenten	Quellen
Wohnverhältnisse	Gartenbedarfsversand, Fenster-, Renovierungs-, Möbelfirmen, Versicherungen	Ämter, Hausbesitzerverein,...
Einkommen	Finanzunternehmen, Versandfirmen für Güter höherer Preisklassen, Spendensammlungen	aus Beruf und beruflicher Stellung ableitbar, Betroffener
berufliche oder andere besondere Positionen, berufl. Werdegang	ggf. als Meinungsbildner und Multiplikator besonders ansprechbar von Parteien, Firmen,....	Vereins- oder Verbandsmitteilungen, Betroffener
Hobbys, Vorlieben, Konsumverhalten	Firmen, Zeitschriftenverlage	vorhergegangene Bestellungen, Zugehörigkeit zu Vereinen, Betroffener
politische Einstellung	Parteien, Verlage pol. Literatur und Zeitschriften, Spendensammler	Parteien, Betroffener
Zugehörigkeit zu einer bestimmten sozialen Gruppe	Firmen, Parteien, Verlage	Ämter, aus Beruf, Alter, Werdegang, Wohnviertel teilweise ableitbar, Betroffener
familiäre Situation	Versicherungen, Firmen,...	Ämter, Kirchen, Angaben aus bestehenden Verträgen
persönliche besondere Termine	Versicherungen, Firmen,....	Betroffener, aus anderen Daten ableitbar

Man sieht, daß neben dem Betroffenen selbst und einfachen Quellen wie Telefonbüchern, Bekanntmachungen etc. ältere Bestellungen und Verträge als Datenquellen geeignet sind. Für einen Spezialversand ist die Kenntnis, daß der Kunde schon einmal etwas bestellt hat, also bei Versandhäusern kauft, wohl die wichtigste Information. Entsprechend werden alte Kunden bevorzugt mit oft recht teuren Katalogen versorgt. Daneben sind Mitgliederlisten von Vereinen oder anderen Institutionen informativ: je spezieller der Verein, desto genauer die Information. Vereine dürfen ihre Mitgliederlisten nach §28 BDSG im Normalfall durchaus weitergeben und tun es auch. Es bleibt dann das Problem, wie man den Betroffenen dazu bringen kann, freiwillig die gewünschten Daten preiszugeben.

Typisch ist das Verfahren, durch ein Preisausschreiben, eine Leserbefragung o.ä. die benötigten Daten zu beschaffen. Der Teilnehmer muß, um den eventuellen Gewinn kassieren zu können, seine Adresse angeben und die gestellten Fragen beantworten. Sind diese genügend detailliert, dann ist der Wert der gewonnenen Daten erheblich höher als die Kosten des Preisausschreibens. Als Beispiel sollen einige Fragen aus einer Leserbefragung (Ausfüllen - Einsenden - Gewinnen) dienen, die an einer Schule verteilt wurde:

- *Fragen zum Erwerb, Leseverhalten, Kenntniserhalt etc. von einer bestimmten Zeitschrift.*

- *Fragen zum gewünschten Inhalt der Zeitschrift.*

- *Frage, ob die Zeitschrift bei bestimmten Preisen noch gekauft würde.*

- *Fragen nach der bevorzugten Freizeitbeschäftigung (Reisen, Theater, Parties, Kleidung, Musikgeschmack, Kino, Essen, Sport, Lesen, Fotografieren, ...).*

- *Fragen nach dem Leseverhalten bei 25 anderen Zeitschriften.*

- *Fragen nach Geschlecht, Familienstand, Alter, Schulbildung, Berufstätigkeit, Stellung im Beruf.*

- *Fragen nach den Wohnverhältnissen, Kindern im Haushalt, Alter der Kinder, anderen Personen im Haushalt.*

- *Frage nach dem Gesamt-Nettoeinkommen des Haushalts.*

Zu gewinnen war eine Schallplatte.

Möchte man auf Werbung per Post verzichten, dann kann man sich in die "Robinson-Liste" aufnehmen lassen. Die Anschrift dafür ist:

Deutscher Direktmarketing Verband
Schirnsteiner Straße 29
6200 Wiesbaden

2.1.4 Ein Beispiel: Personalinformationssysteme

Ein Unternehmen mit zahlreichen Mitarbeitern muß bestrebt sein, die Personalverwaltung mit ihren vielfältigen Aufgaben zu rationalisieren, um die Zahl der verwaltenden mit der der produktiven Mitarbeiter in einem vernünftigen Verhältnis zu halten. Außerdem muß es den Überblick über die beschäftigten Mitarbeiter bewahren. Beide Aufgaben lassen sich gut mit Computern erfüllen. Die entsprechenden Programm- und Datensysteme werden als *Personalinformationssysteme (PIS)* bezeichnet und dienen der Erfassung, Verarbeitung und Übermittlung von Arbeitnehmer- und Arbeitsplatzdaten. Solche Systeme haben erhebliche Auswirkungen auf das Informationsgleichgewicht zwischen Arbeitnehmern und Arbeitgebern und beeinflussen damit stark die Arbeitsbedingungen. Wir wollen uns hier allerdings nicht so sehr damit, sondern eher mit den zu speichernden Daten beschäftigen. Dazu gehört auch die Klärung der Aufgaben von PIS.

2.1.4.1 Die Aufgaben von PIS

Die Aufgaben von Personalinformationssystemen lassen sich grob in zwei Gruppen zusammenfassen:

- zu den *administrativen* Aufgaben gehören die Lohn- und Gehaltsabrechnung und Personalstatistiken, z.B. über den Arbeitsausfall durch Krankheitstage, Urlaub, Wehr-/Ersatzdienst, Mutterschaftsurlaub, Fortbildung, Verspätungen, Unfälle, ...

- zu den *planerischen* Aufgaben gehören die Personalsteuerung und -planung, Personalstrukturanalysen und Arbeitsplatzanalysen, aber auch eine automatische Terminüberwachung, die Alarm gibt etwa bei Ablauf der Probezeit, Beginn des Kündigungsschutzes, beim Beginn der Alterssicherung, Jubiläen, beim Ablauf von Disziplinarmaßnahmen, Mutterschutzfristen oder dem Auslaufen befristeter Arbeitsverhältnisse.

Insbesondere der zweite Teil erfordert umfangreiche Daten über Arbeitsplätze und Mitarbeiter, etwa um entsprechend dem Anforderungsprofil eines Arbeitsplatzes geeignete Arbeitnehmer auszuwählen. Zu fragen ist also, welche Daten dafür benötigt werden und woher diese Daten stammen.

2.1.4.2. Daten und Datenquellen

Die in PIS gespeicherten Informationen lassen sich meist drei Gruppen zuordnen:

- Mit Hilfe der *Identifikationsdaten* werden die Arbeitnehmer identifiziert. Zu ihnen gehören eine Personalnummer, Name, Geschlecht, Geburtsdatum, Geburtsort, Familienstand, Anschrift und Telefonnummer, Rentenversicherungsnummer, Sozialversicherungskennzeichen, Schlüssel für Lohnsteuer, Sozialversicherung, Kirchensteuer und Krankenkasse.

- Die *Arbeitsplatzdaten* enthalten Informationen über den Arbeitsplatz und sein Umfeld. Zu ihnen gehören Arbeitsplatznummer, Telefonnummer des Platzes, Funktionsbezeichnung, Grundlohn und Zulagen, Arbeitsbedingungen wie Klima, Lärm-, Staub- und Gasbelästigung, Lichtverhältnisse etc.

- Die *Persönlichkeitsdaten* dienen zur Beurteilung des Arbeitnehmers. Sie sind deshalb für ihn am interessantesten. Zu ihnen rechnen die schulische und berufliche Vorbildung, Fremdsprachenkenntnisse und andere Qualifikationen, die körperliche Konstitution (Muskelbeanspruchung, Körperhaltung, Sehschärfe, räumliches Sehen und Farbtüchtigkeit), geistige Fähigkeiten (Auffassungsgabe, praktische Anstelligkeit, technisches und mathematisches Verständnis, mündliche und schriftliche Ausdrucksfähigkeit, Reaktionsvermögen und Konzentrationsfähigkeit), charakterliche Eigenschaften (Monotoniefestigkeit, Führung und Unterweisung der Mitarbeiter, Lernbereitschaft, Konsultation und Information der Vorgesetzten), ...

Die Daten können teils konventionell, teils automatisch gewonnen werden. Eine wichtige Quelle ist dabei der Personalfragebogen, den ein Bewerber meist vor seiner Einstellung ausfüllen muß. Dessen Aussagen können durch Tests und Einstellungsuntersuchungen noch stark erweitert werden. Die dabei gewonnenen Informationen sind immerhin so wesentlich, daß das Bundesarbeitsgericht 1984 einen Anspruch abgewiesener Bewerber auf Vernichtung des Personalfragebogens bestätigte. Weitere konventionelle Quellen sind Beurteilungen und Befragungen, Bewerbungsunterlagen und Arbeitsplatzuntersuchungen, Auskünfte früherer Arbeitgeber, Mitteilungen der Behörden und ggf. Auskünfte der im letzten Abschnitt angesprochenen Auskunfteien. Sind in einer Firma weitere Vorgänge computergesteuert, dann können wesentliche Daten als "Abfallprodukt" dieser Automatisierung gewonnen werden. Dazu gehören die Arbeitszeiterfassung etwa bei gleitender Arbeitszeit, Zugangskontrollen, die automatische Erfassung von Krankheitstagen, in der Produktion der Ausschuß, produzierte Stückzahlen, Ist- und Sollstunden, Auslastung, Stillstand und Störungen bei Maschinen, die in der *Betriebsdatenerfassung* zusammengefaßt werden. Aber auch die Kantinenabrechnung, das Telefonnetz mit seiner Gebührenabrechnung und die Betriebstankstelle liefern Daten, die sich eventuell als Personaldaten niederschlagen. Nicht zu vergessen sind dabei die Computerarbeitsplätze, bei denen Anschlag- und Fehlerhäufigkeit, Auslastung der Geräte und bewältigte Arbeit gleich miterfaßt werden können.

2.1.4.3 Auswirkungen von PIS

Die Personaldatenverarbeitung wird im BDSG durch den dritten Abschnitt "Datenverarbeitung nicht-öffentlicher Stellen" geregelt. Die dort geltenden Regelungen für die Speicherung (§28) wurden schon auf Seite 13 bei der Arztpraxis angesprochen. Da zwischen Arbeitgeber und -nehmer immer ein Vertragsverhältnis vorliegt und die Personaldatenverarbeitung sich aus dem Zweck dieses Verhältnisses ergibt, ist die Speicherung in weitem Umfang zulässig, weil der Begriff der "berechtigten Interessen der speichernden Stelle" entsprechend ausgelegt werden kann.

Zusätzlich ist der §87 des Betriebsverfassungsgesetzes zu berücksichtigen, der dem Betriebsrat ein Mitbestimmungsrecht bei Fragen der Ordnung des Betriebs, des Verhaltens der Arbeitnehmer im Betrieb und der Einführung technischer Einrichtungen zugesteht, die dazu bestimmt sind, das Verhalten oder die Leistungen der Mitarbeiter zu überwachen. Zu diesem Zweck wird meist eine *Betriebsvereinbarung* über die Einführung und Betrieb computerunterstützter Personaldatenverarbeitung geschlossen. Muster solcher Vereinbarungen sind bei Arbeitgebern oder Gewerkschaften zu erhalten.

Neben der schon angesprochenen Verschiebung des Informationsgleichgewichts zwischen den Tarifpartnern werden insbesondere von den Gewerkschaften weitere Gründe genannt, die die Einführung von PIS als Nachteil für die Arbeitnehmer erscheinen lassen können. Dazu gehört in erster Linie der Verlust des Kontextes, da die Gründe für die Entstehung einer gespeicherten Information meist nicht mitgespeichert werden. Oft werden Daten auch nicht mehr zu dem Zweck benutzt, zu dem sie eigentlich erhoben wurden. Fehlt dieser Kontext, so können Daten anders, eventuell falsch interpretiert werden, so daß aus eigentlich harmlosen Anlässen Maßnahmen gegen Arbeitnehmer ergriffen werden können, ohne daß ein persönliches Verschulden von diesen vorliegt. Die Speicherung, die ja kein Vergessen kennt, führt zu Langzeitüberwachungen. Aus der dauernden Kontrolle resultiert ein Abbau von Freiräumen und erhöhter Leistungsdruck.

2.1.5 Aufgaben

1. Versuchen Sie für sich die Bereiche anzugeben, die Sie zu Ihrer *Persönlichkeitssphäre* rechnen. Prüfen Sie, ob Sie die zugehörigen Daten für sich behalten können, oder ob und unter welchen Umständen Sie sie weitergeben müssen. Geben Sie Datenflüsse an, durch die Sie sich in Ihrer Persönlichkeitssphäre verletzt fühlen würden.

2. Geben Sie für die folgenden Begriffe jeweils die genaue Stelle an, an der sie im BDSG definiert werden. Geben Sie jeweils ein *Beispiel* und ein *Gegenbeispiel* für den Begriff:

   - personenbezogene Daten   - Datei   - Betroffener

3. Stellen Sie fest, welche Paragraphen des BDSG die *Weitergabe* von Daten innerhalb des öffentlichen Bereichs regeln. Welche Voraussetzungen gelten für die Übermittlung? Ist der direkte Zugriff einer Behörde auf die Dateien einer anderen nach dem BDSG zulässig?

4. Entwerfen Sie in zwei Gruppen einen *Personalfragebogen* aus Arbeitgeber- und aus Arbeitnehmersicht. Diskutieren Sie kontrovers die Unterschiede.

5. Durch den Einsatz neuer Techniken werden in Zukunft einerseits die *Bildschirmarbeitsplätze* zuhause, andererseits die Abwicklung von Bestellungen, Kontobewegungen etc. ebenfalls von zuhause zunehmen bzw. erst möglich werden. Dabei entstehen Datensammlungen, die insbesondere durch ihre "Mischbarkeit" mit anderen Dateien Probleme schaffen können.

   Entwickeln Sie ein Rollenspiel (Planspiel, Podiumsdiskussion,...), durch das sowohl die Möglichkeiten wie auch die Gefahren dieser Techniken verdeutlicht werden. Stellen Sie dazu fest, welche Daten in den Datensammlungen festgehalten werden. Diskutieren Sie aus unterschiedlicher Sicht kontrovers.

6. Klären Sie, ob die folgenden *Datensammlungen* Dateien im Sinn des BDSG sind.

   - Anschriftenlisten
   - Telefonbuch
   - Personalfragebögen
   - Lohnsteuerkarten
   - Stempelkarten
   - Kraftfahrzeugdatei

7. Welche *Kontrollinstanzen* sind im BDSG in den drei Bereichen vorgesehen und welche Aufgaben haben sie?

8. Welche Aufgaben und Rechte hat der *Bundesbeauftragte für den Datenschutz*? Welche Aufgaben muß er wahrnehmen, welche kann er wahrnehmen?

9. Klären Sie, welche Pflichten zur Veröffentlichung, Auskunft, Berichtigung, Sperrung und Löschung öffentliche Stellen innerhalb bzw. außerhalb des *Polizei- und Sicherheitsbereichs* haben.

10. Eine Firma will ein Personalinformationssystem einrichten. Klären Sie anhand des BDSG, wann ein *Beauftragter für den Datenschutz* bestellt werden muß, welche Anforderungen er erfüllen muß und welche Aufgaben er hat.

11. Spielen Sie den Werbeleiter eines Geschäftes für HiFi-Anlagen (hochwertige italienische Modeartikel, Tabak, gebrauchte Musicboxen und Flipperautomaten der 50er Jahre, Rheumawäsche, Daunenbetten, Homecomputer, ...), der dringend eine Ladung dieser Waren verkaufen möchte und deshalb eine *Werbeaktion* starten will. Nennen Sie Zielgruppen für diese Aktion und stellen Sie Eigenschaften dieser Zielgruppen zusammen, mit deren Hilfe diese aus größeren Adressenlisten herausgefiltert werden können.

2.2 Technischer Datenschutz

Neben den rechtlichen Regelungen, die den Umgang mit personenbezogenen Daten regeln, sind eine ganze Reihe von technischen und organisatorischen Maßnahmen denkbar, die einen möglichen Mißbrauch der Daten gar nicht erst zulassen, indem sie Unbefugten den Zugang zu den geschützten Daten verwehren. Im folgenden werden solche Maßnahmen eingehender untersucht.

2.1.1 Ebenen des technischen Datenschutzes

Im §6 des Bundesdatenschutzgesetzes wird von den Stellen, die personenbezogene Daten verarbeiten, gefordert, daß sie technische und organisatorische Maßnahmen zum Datenschutz treffen, soweit der Aufwand im angemessenen Verhältnis zum angestrebten Schutzzweck steht. Diese Maßnahmen sind im Anhang zum Gesetz präzisiert und können von der Bundesregierung durch Rechtsverordnungen dem jeweiligen Stand der Technik angepaßt werden. Zu ihnen zählen die

- *Zugangskontrolle*: Unbefugten muß der Zugang zu Datenverarbeitungsanlagen verwehrt werden.

- *Abgangskontrolle*: Datenträger dürfen nicht unbefugt entfernt werden.

- *Speicherkontrolle*: Unbefugte Zugriffe auf die Daten sind zu verhindern.

- *Benutzerkontrolle*: Unbefugte dürfen Datenverarbeitungssysteme nicht benutzen.

- *Zugriffskontrolle*: Benutzer dürfen nur auf Daten zugreifen, zu denen sie eine Zugriffsberechtigung haben.

- *Übermittlungskontrolle*: Es muß festgestellt werden können, wohin Daten übermittelt wurden.

- *Eingabekontrolle*: Es muß festgestellt werden können, wer wann welche Daten eingegeben hat.

- *Auftragskontrolle*: Im Auftrag verarbeitete Daten dürfen nur entsprechend dem Auftrag verarbeitet werden.

- *Transportkontrolle*: Beim Transport oder der Übermittlung von Daten dürfen keine unberechtigten Zugriffe erfolgen.

- *Organisationskontrolle*: Die Organisation muß den Datenschutzanforderungen gerecht werden.

Ein aktuelles Urteil von 1986 des Bundesarbeitsgerichts zu diesem Thema gibt Arbeitnehmern z.B. das Recht, bestimmte Informationen aus ihrer Personalakte entfernen zu lassen, wenn der Arbeitgeber diese nicht entsprechend aufbewahren läßt.

Die meisten Anforderungen beziehen sich natürlich auf Großrechenanlagen, in denen der DV-Bereich abgeschottet ist und die Zugangskontrolle z.B. durch besondere Kennkarten, Stimm- oder Fingerabdruckserkennung erfolgen kann. Wir wollen uns hier mehr auf den Kleinrechnerbereich konzentrieren, in dem der technische Datenschutz sich auf Maßnahmen innerhalb des Programmsystems beschränken muß. Zu diesen rechnen die

- *Identitätskontrolle*, mit deren Hilfe die Benutzer identifiziert werden.

- *Zugriffskontrolle*, die dafür sorgt, daß Benutzer nur auf die Daten zugreifen können, zu denen sie eine Zugriffsberechtigung haben.

- *Verschlüsselungsverfahren*, mit denen zu schützende Daten in unterschiedliche Codes umgesetzt werden.

Insgesamt ergeben sich so unterschiedliche Schichten, die die Daten umgeben und vor unberechtigtem Zugriff schützen.

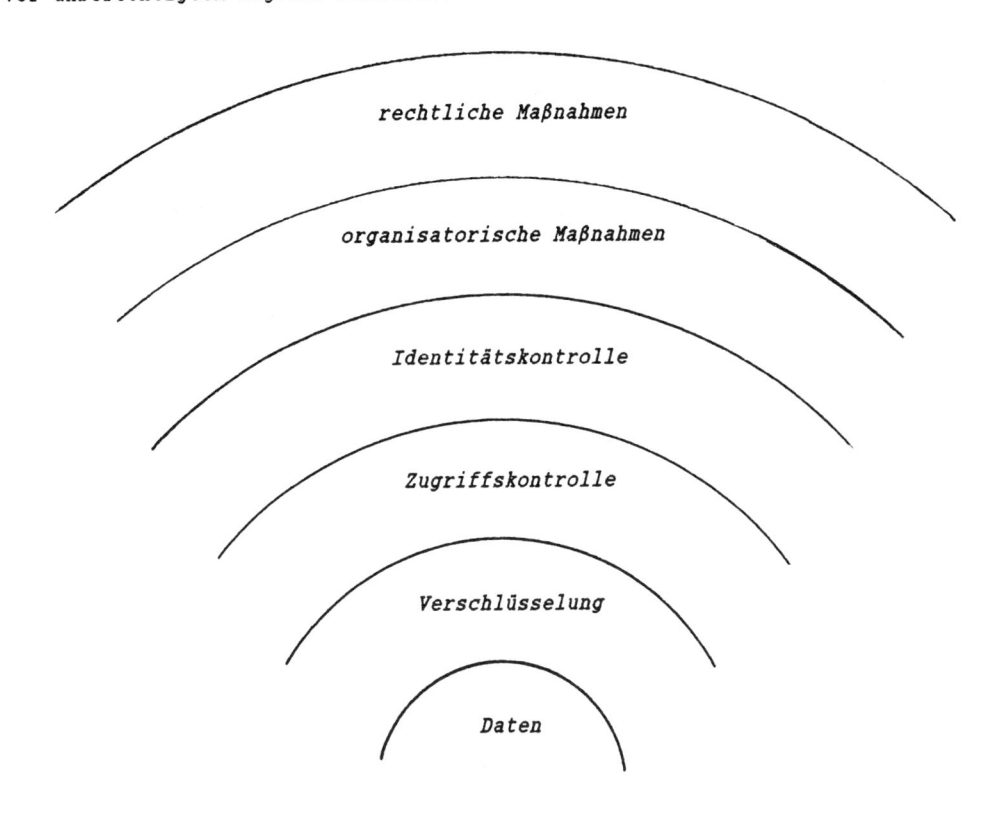

2.2.2 Identitätskontrolle

Bevor ein Benutzer mit dem Computersystem arbeiten darf, hat er sich beim *LOG-IN* zu identifizieren. Dafür gibt es zwei oft praktizierte Verfahren: entweder erfragt der Computer eine Information, die nur der Benutzer kennen darf (ein *Password*), oder der Benutzer bildet nach einem geheimgehaltenen Verfahren aus Zufallszahlen ein Ergebnis, das vom Rechner überprüft werden kann.

2.2.2.1 Password-Verfahren

Im einfachsten Fall haben alle Benutzer das gleiche Password. Wird dieses bekannt, dann müssen alle ein neues lernen: das Verfahren taugt nichts. Besser ist die Möglichkeit, jedem Benutzer unterschiedliche Passwords zuzuordnen, die dieser jeweils nur einmal benutzen darf. Das Verfahren ist sehr sicher, aber es taugt ebenfalls nichts, da der Bedarf an Passwords sehr groß ist. Brauchbar ist eine Kombination, in der jeder Benutzer sein eigenes Password hat. Dazu ist es erforderlich, zuerst einmal festzustellen, wer den Rechner benutzen will. Der zu identifizierende Benutzer wird dann nach seinem Password gefragt. Die Erstidentifikation kann durch Eingabe einer öffentlich bekannten Benutzernummer geschehen. Die eigentliche Erkennung (die *Authentifikation*) geschieht dann über die Passwordabfrage. Da jeder Benutzer sein eigenes Password hat, wird jeder ein für ihn leicht merkbares Wort wählen: den Namen der Frau, Freundin, die Initialen der Familienvornamen, Geburtsdaten, ... Kennt jemand einen Benutzer oder hat genügend Zeit, dann kann er durch Raten und Probieren relativ leicht in das System eindringen, wie in der Presse in den letzten Jahren gut zu verfolgen war. Halbwegs sichere Password-Verfahren fordern deshalb eine Zahl und mindestens ein Sonderzeichen (%,$,§,",?,...) mitten im Wort an unerwarteter Stelle. Wir wollen das Verfahren im Struktogramm beschreiben und setzen dafür voraus, daß das Computersystem ein Feld von Benutzernummern und zugeordneten Passwords führt. Die Benutzernummern seinen einfach als Feldindizes gewählt.

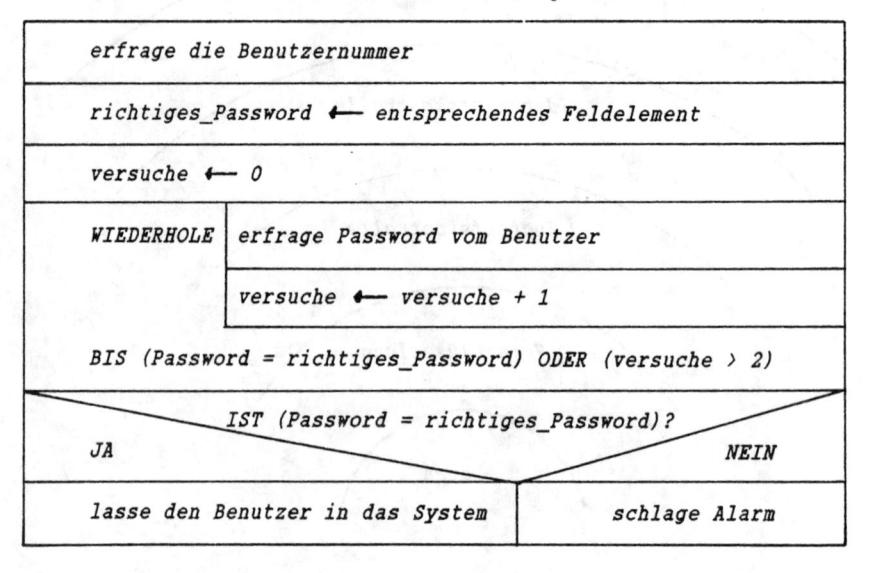

erfrage die Benutzernummer	
richtiges_Password ← entsprechendes Feldelement	
versuche ← 0	
WIEDERHOLE	*erfrage Password vom Benutzer*
	versuche ← versuche + 1
BIS (Password = richtiges_Password) ODER (versuche > 2)	
IST (Password = richtiges_Password)?	
JA	*NEIN*
lasse den Benutzer in das System	*schlage Alarm*

Das entsprechende TURBO-PASCAL-Programm muß die Einrichtung des Password-Feldes mit verwalten, bevor eine Kontrolle erfolgen kann. Die eigentliche Überprüfung der Benutzer findet im Unterprogramm KONTROLLE statt.

```pascal
PROGRAM log_in_mit_password;

CONST benutzerzahl = 5;
      geheimnummer = 18533;

VAR passwords                        : ARRAY[1..benutzerzahl] OF STRING[20];
    nummer                           : INTEGER;
    geheimnistraeger, passwords_drin : BOOLEAN;
    auswahl                          : CHAR;

PROCEDURE passwords_eingeben;
   VAR i: INTEGER;
   BEGIN
   CLRSCR; WRITELN('Passwords eingeben:...'); WRITELN;
   FOR i := 1 TO benutzerzahl DO
       BEGIN WRITE(i:2,'-tes Password: '); READLN(passwords[i]) END;
   passwords_drin := TRUE
   END;

PROCEDURE passwords_zeigen;
   VAR i: INTEGER;
   BEGIN
   CLRSCR; WRITELN('Definierte Passwords:...'); WRITELN;
   FOR i := 1 TO benutzerzahl DO WRITELN(i:2,': ',passwords[i]);
   GOTOXY(1,25); WRITE('Weiter mit <RETURN> !'); READLN
   END;

PROCEDURE kontrolle;
   VAR password, richtiges_password: STRING[20];
       benutzernummer, versuche    : INTEGER;
   BEGIN
   CLRSCR; WRITELN('LOG IN Verfahren:...'); WRITELN;
   WRITE('Geben Sie Ihre Benutzernummer ein. --> '); READLN(benutzernummer);
   richtiges_password := passwords[benutzernummer];
   versuche := 0;
   REPEAT WRITE('Geben Sie Ihr Password ein. --> '); READLN(password);
          versuche := versuche + 1;
   UNTIL (password = richtiges_password) OR (versuche > 2);
   IF password = richtiges_password
      THEN WRITELN('OK, Sie sind im System!') ELSE WRITELN('Hacker raus!');
   GOTOXY(1,25); WRITE('Weiter mit <RETURN> !'); READLN
   END;
```

```
BEGIN
  passwords_drin := FALSE;
  REPEAT CLRSCR; WRITELN('L(og In     E(ingabe     Z(eigen     Q(uit');
      READ(KBD,auswahl);
      IF auswahl IN ['E','e','Z','z']
         THEN BEGIN WRITE('Geheimnummer: '); READLN(KBD,nummer);
                    geheimnistraeger := nummer = geheimnummer
              END;
      CASE auswahl OF 'L','l': IF passwords_drin    THEN kontrolle;
                      'E','e': IF geheimnistraeger THEN passwords_eingeben;
                      'Z','z': IF geheimnistraeger AND passwords_drin
                                  THEN passwords_zeigen;
                 END
  UNTIL auswahl IN ['Q','q']
END.
```

2.2.2.2 Zufallszahl-Verfahren

Statt immer dasselbe Password einzugeben, das ein "Kibitz" durch Mitlesen erfahren kann, bildet man bei diesem Verfahren aus einigen vom Rechner vorgegebenen Zufallszahlen anhand einer Rechenvorschrift ein Ergebnis, das vom Rechner überprüft wird. Da bei unterschiedlichen Zahlen auch unterschiedliche Werte eingegeben werden, kann dieser Code durch Zusehen so leicht nicht geknackt werden. Als Rechenvorschrift können beliebige Terme benutzt werden:

- (Erste Stelle der ersten Zahl) * (zweite Zahl) + (Stunde der Uhrzeit) ergibt um 9.23h mit den Zufallszahlen 34 und 11 das Ergebnis 42.

- (erste Zahl) ganzzahlig dividiert durch (zweite Zahl) modulo (letzte Stelle der dritten Zahl) ergibt mit den Zufallszahlen 63, 5 und 18 das Ergebnis 4.

Da nicht jeder Rechner über eine eingebaute Uhr verfügt, wollen wir uns auf drei mathematische Operatoren beschränken und auch nur ein Verfahren für alle Benutzer vorsehen: das zweite eben angegebene.

Bestimmt man die drei Zufallszahlen aus geeigneten Bereichen als ZAHL1 (zwischen 1 und 50), ZAHL2 (zwischen 1 und 10) und ZAHL3 (zwischen 1 und 50), dann erhält man die letzte Stelle der dritten Zahl als Rest bei einer Division durch 10 (also als ZAHL3 MOD 10). Das richtige Ergebnis berechnet man als

$$ERGEBNIS \leftarrow (ZAHL1\ DIV\ ZAHL2)\ MOD\ (ZAHL3\ MOD\ 10).$$

Das Zulassungsverfahren ist im folgenden Struktogramm wiedergegeben. Selbstverständlich könnte darin ebenso wie bei den Passwords jedem Benutzer eine eigene Rechenvorschrift zugeordnet werden.

Man erhält also das einfache Struktogramm

```
+-----------------------------------------------------------+
|     drei Zufallszahlen aus den geeigneten Bereichen bestimmen |
+-----------------------------------------------------------+
|     Ergebnis berechnen                                    |
+-----------------------------------------------------------+
|     die Zufallszahlen ausgeben                            |
+-----------------------------------------------------------+
|     vom Benutzer dessen Ergebnis erfragen                 |
+-----------------------------------------------------------+
|            \   ist diese Eingabe gleich dem berechne- /   |
|             \         ten Ergebnis?                  /    |
|   JA         \                                      /  NEIN|
+-----------------------------------------------------------+
|   lasse den Benutzer in das System  |  schlage Alarm      |
+-----------------------------------------------------------+
```

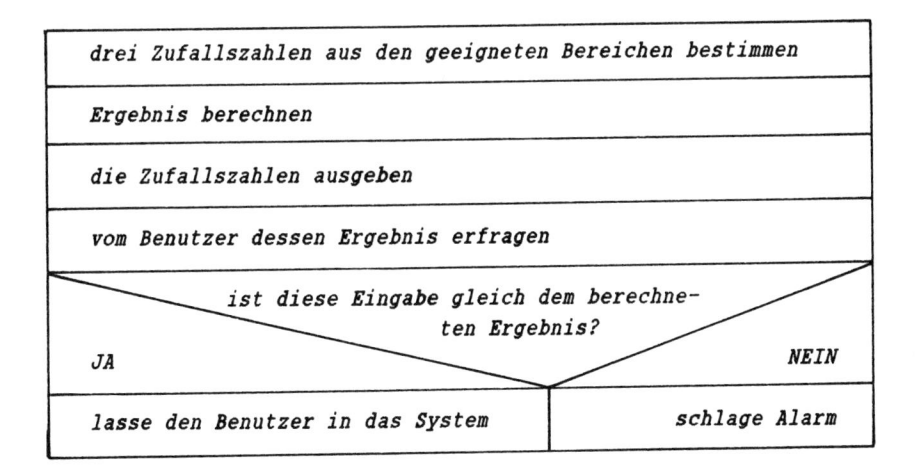

Eine Übersetzung in PASCAL kann direkt erfolgen. Zur Berechnung der Zufallszahlen wird die TURBO-PASCAL-Funktion *RANDOM* benutzt.

```
PROGRAM log_in_mit_zufallszahlen;
VAR zahl1, zahl2, zahl3, ergebnis, eingabe: INTEGER;

BEGIN
CLRSCR;
WRITELN('LOG IN mit Zufallszahlen:...'); WRITELN;
zahl1 := RANDOM(50) + 1; zahl2 := RANDOM(10) + 1; zahl3 := RANDOM(50) + 1;
ergebnis := (zahl1 DIV zahl2) MOD (zahl3 MOD 10);
GOTOXY(1,10); WRITELN(zahl1,'          ',zahl2,'          ',zahl3);
GOTOXY(1,12); WRITE('--> '); READLN(eingabe);
GOTOXY(1,20);
IF eingabe = ergebnis
   THEN WRITELN('OK, Sie sind im System!')
   ELSE WRITELN('Hacker raus!')
END.
```

2.2.3 Zugriffskontrolle

Das Prinzip, jedem Benutzer nur die Daten zur Verfügung zu stellen, die er für seine Arbeit wirklich benötigt, soll durch die Zugriffskontrolle gewährleistet werden. Zu dieser gehört etwa das auf Seite 12 beschriebene Verfahren, den mit einem Computersystem arbeitenden Personen bestimmte Sichten und Zugriffsrechte auf die gespeicherten Daten zuzuordnen und diese Rechte in einer Zugriffsmatrix zu notieren.

Einfacher ist es, *Ebenen unterschiedlicher Sicherheit* einzuführen und die Einzeldaten in diesem Schema zu klassifizieren. Ein bekanntes Verfahren dieser Art sind die militärischen Sicherheitsstufen, die von "*streng geheim*" über "*geheim*", "*streng vertraulich*", "*vertraulich*" bis "*nicht klassifiziert*" reichen. Die Stufen 1 bis 5 würden eine gleichwertige Schichtung bewirken. Vergibt man an die Benutzer, die ja vor Beginn einer Arbeitssitzung mit dem Computersystem im LOG--IN-Verfahren identifiziert werden müssen, zusammen mit dem Password Rechte, jeweils auf Daten einer bestimmten und aller darunter befindlichen Sicherheitsstufen zuzugreifen, und speichert bei jedem Datum die zugehörige Sicherheitsstufe ab, dann erhält man eine Art Schalenstruktur, deren Kern von den geheimsten Daten gebildet wird.

Neben den Schichten kann man die Datenmenge auch als "Torte" aufteilen, also jedem Benutzer nur den Ausschnitt aller Daten zugänglich machen, der zu seinem Bereich gehört. Ein noch wirksamerer Schutz ist es, einzelnen Daten jeweils ein eigenes Password zuzuordnen, das von jedem möglichen Benutzer vor der Bekanntgabe der Information erfragt wird.

Zu der Zugriffskontrolle gehört es auch, Änderungen an den gespeicherten Daten nur in einem sinnvollen Bereich zuzulassen. Das kann durch die Angabe der Grenzen geschehen, zwischen denen die Daten Werte annehmen können. Ein einfaches Beispiel für dieses Verfahren ist die Möglichkeit, etwa in PASCAL einer Variablen einen Unterbereichstyp zuzuordnen (z.B. *VAR monat: 1..12*), so daß Zuweisungen von Werten außerhalb dieses Bereichs zu Laufzeitfehlern führen.

2.2.4 Verschlüsselungsverfahren

Gerät ein Datenträger wie ein Magnetband oder eine Floppy-Disk in die Hände Unbefugter, dann können diese sicherlich die gespeicherten Zeichen lesen oder, falls der Verlust unbemerkt bleiben soll, den Datenträger kopieren. Enthält das Medium die gespeicherten Informationen im Klartext, dann kann großer Schaden angerichtet werden. Zu den technischen Verfahren des Datenschutzes gehören deshalb *kryptografische* (Verschlüsselungs- und Entschlüsselungs-) *Methoden*, die es gestatten, die gespeicherten Daten nur mit einem speziellen Schlüssel lesbar zu machen. Da in Computern meist große Datenmengen verarbeitet werden, muß die Codierung und Decodierung schnell ausführbar sein. Insgesamt gilt eine Nachricht als gut verschlüsselt, wenn die Kosten für die Entschlüsselung den Wert des Inhalts übersteigen.

2.2.4.1 Versetzungsverfahren

Einfache Codierungsverfahren versetzen die Zeichen im zu verschlüsselnden Text, verändern sie aber nicht. Kinder benutzen solche Methoden, wenn sie in einer "Geheimschrift" ihre Nachrichten rückwärts schreiben, so daß aus dem "BRIEF AN MONI" ein "INOM NA FEIRB" wird. Etwas interessanter sind Verfahren, bei denen der Text matrizenförmig in Blöcke geschrieben wird, die dann verändert und zum verschlüsselten Text zusammengesetzt werden. Wir wollen so etwas einmal ganz einfach mit einem einzigen Block der Breite von 5 Zeichen versuchen. Dazu soll der Klartext horizontal in solch einen Block geschrieben werden. Die verschlüsselte Nachricht ergibt sich, wenn man die Zeichen in vertikaler Richtung liest.

Klartext: *"DIE SCHOKOLADE IST IM KÜCHENSCHRANK!"*

als Block: *DIE S*
                CHOKO
                LADE
                IST I
                M KÜC
                HENSC
                HRANK
                !

verschlüsselt: *"DCLIMHH!IHAS ER EODTKNA KE ÜSN SO ICCK "*

Beschreiben wir das Verfahren wieder im Struktogramm. Dazu benutzen wir ein anfangs mit Leerzeichen gefülltes Zeichenfeld von fünf Zeichen Breite und genügender Länge. In dieses wird der Klartext geschrieben und als Geheimtext ausgelesen.

Einlesen:
```
┌─────────────────────────────────────────────────────────────┐
│ zeile ← 1                                                    │
├─────────────────────────────────────────────────────────────┤
│ spalte ← 1                                                   │
├─────────────────────────────────────────────────────────────┤
│ i  ← 1                                                       │
├─────────────────────────────────────────────────────────────┤
│ SOLANGE i <= textlänge TUE                                   │
│   ┌─────────────────────────────────────────────────────┐    │
│   │              ist spalte > 5 ?                        │    │
│   │ JA                                          NEIN     │    │
│   ├──────────────────────────┬──────────────────────────┤    │
│   │ spalte ← 1               │                          │    │
│   ├──────────────────────────┤                          │    │
│   │ zeile ← zeile + 1        │                          │    │
│   ├──────────────────────────┴──────────────────────────┤    │
│   │ feld[spalte,zeile] ← i-tes Zeichen vom Text          │   │
│   ├─────────────────────────────────────────────────────┤    │
│   │ i ← i + 1                                            │   │
│   ├─────────────────────────────────────────────────────┤    │
│   │ spalte ← spalte + 1                                  │   │
│   └─────────────────────────────────────────────────────┘    │
├─────────────────────────────────────────────────────────────┤
│ maxzeile ← zeile                                             │
└─────────────────────────────────────────────────────────────┘
```

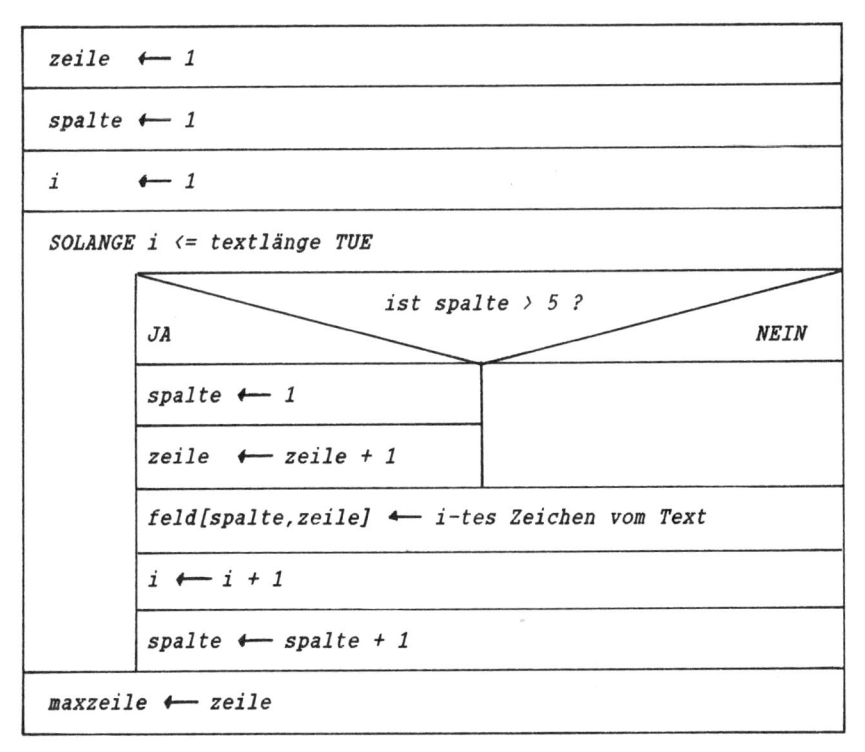

Ausgeben:

```
FÜR spalte VON 1 BIS 5 TUE
    FÜR zeile VON 1 BIS maxzeile TUE
        SCHREIBE feld[spalte,zeile]
```

Das Struktogramm läßt sich direkt in TURBO-PASCAL übersetzen:

```
PROGRAM verschluesseln_im_feld;

VAR klartext, geheimtext     : STRING[80];
    feld                     : ARRAY[1..5,1..20] OF CHAR;
    zeile, spalte, maxzeile, i: INTEGER;

BEGIN
FOR spalte := 1 TO 5 DO
    FOR zeile := 1 TO 20 DO feld[spalte,zeile] := ' ';

CLRSCR;
WRITELN('Verschlüsseln einer Textzeile.'); WRITELN;
WRITELN('Geben Sie den Klartext ein:');    WRITELN;
WRITE('--> '); READLN(klartext);
WRITELN;
zeile := 1; spalte := 1; i := 1;
WHILE i <= LENGTH(klartext) DO
      BEGIN
      IF spalte > 5 THEN BEGIN spalte := 1; zeile := zeile + 1 END;
      feld[spalte,zeile] := klartext[i];
      i := i + 1;
      spalte := spalte + 1
      END;
maxzeile := zeile;

FOR zeile := 1 TO maxzeile DO
    BEGIN
    FOR spalte := 1 TO 5 DO WRITE(feld[spalte,zeile]);
    WRITELN
    END;

WRITELN('...ergibt den Geheimtext:');
WRITE('--> "');
FOR spalte := 1 TO 5 DO
    FOR zeile := 1 TO maxzeile DO WRITE(feld[spalte,zeile]);
WRITELN('"')
END.
```

2.2.4.2 Ersetzungsverfahren nach Vignére

Die von einem Computer darstellbaren Zeichen sind im *ASCII-Code* (**A**merican **S**tandard **C**ode for **I**nformation **I**nterchange) festgelegt und durchnumeriert. Jedem Zeichen entspricht also eine Ordnungsnummer, und es gibt wohl in allen Computersprachen Funktionen, die die zu einem Zeichen gehörende Ordnungsnummer bestimmen, und umgekehrt. Diese Eigenschaft kann man ausnutzen, um Texte in Zahlenreihen umzuwandeln und so weiter mit numerischen Verfahren zu codieren. Eine Möglichkeit dafür ist, Klartexte mit Hilfe eines geheimen Schlüsseltextes, der sich etwa - abhängig vom Datum - auf den Seiten eines bestimmten Buches finden läßt, unkenntlich zu machen.

Im Vignére-Verfahren werden dazu

- Text und Schlüsseltext in Zahlen umgesetzt,

- und diese zeichenweise addiert. Ist die Nachricht länger als der Schlüsseltext, dann wird dieser einfach mehrmals aneinandergesetzt.

- Falls die Summe größer ist als die Anzahl der zur Verfügung stehenden Zeichen, wird der Rest der Summe bei Division durch diese Zahl als Ergebnis genommen, sonst die Summe selbst.

- Die erhaltenen Zahlen werden wieder in Zeichen umgesetzt und bilden dann den Geheimtext.

- Die Entschlüsselung funktioniert umgekehrt, also als Subtraktion des Schlüssels vom Geheimtext. Ergibt sich als Differenz eine negative Zahl, so wird die Anzahl der zur Verfügung stehenden Zeichen addiert.

Wir wollen das Verfahren an einem Beispiel erläutern. Weil die bei der Addition der Ordnungszahlen entstehenden Sonderzeichen den Bildschirm durcheinander bringen, wenn man den Geheimtext zeigt, wollen wir uns auf die Großbuchstaben, die Satz- und das Leerzeichen konzentrieren und diese von Null beginnend durchnumerieren. Die so entstehende Codenummer läßt sich für die Großbuchstaben als Differenz der Ordnungsnummer des Buchstabens und der Ordnungsnummer von "A" berechnen. Die anderen Zeichen werden gesondert behandelt. Insgesamt haben wir 30 Zeichen zur Verfügung. Ist also eine entstehende Summe größer als 29, dann muß der Rest bei der Division durch 30 genommen werden.

Zeichen   : *A B C D E F G H I J K L M N O P Q R S T U V W*
Codenummer: *0 1 2 3 4 5 6 7 8 9 10 11 12 13 14 15 16 17 18 19 20 21 22*

Zeichen   : *X Y Z '' . , !*
Codenummer: *23 24 25 26 27 28 29*

Zu verschlüsselnder Text : *"BOND IST TOT."*
Schlüsseltext   : *"NIKI KOMMT UM NEUN"*

```
                              B   O   N   D       I   S   T       T   O   T   .
Text als Zahlenfolge      :   1   14  13  3   26  8   18  19  26  19  14  19  27

                              N   I   K   I       K   O   M   M   T       U   M
Schlüssel als Zahlenfolge :   13  8   10  8   26  10  14  12  12  19  26  20  12

Summen                    :   14  22  23  11  52  18  32  31  38  38  40  39  39
Summen modulo 30          :   14  22  23  11  22  18  2   1   8   8   10  9   9
Geheimtext                :   O   W   X   L   W   S   C   B   I   I   K   J   J
```

Die traurige Nachricht wird dem Empfänger als "OWXLWSCBIIKJJ" übermittelt, der sie nach dem umgekehrten Verfahren entschlüsselt:

```
Geheimtext als Zahlenfolge:   14  22  23  11  22  18  2   1   8   8   10  9   9

                              N   I   K   I       K   O   M   M   T       U   M
Schlüssel als Zahlenfolge :   13  8   10  8   26  10  14  12  12  19  26  20  12

Differenzen               :   1   14  13  3   -4  8   -12 -11 -4  -11 -16 -11 -3
Differenzen modulo 30     :   1   14  13  3   26  8   18  19  26  19  14  19  27

Klartext                  :   B   O   N   D       I   S   T       T   O   T   .
```

Miß Moneypenny beginnt zu trauern.

Beschreiben wir die Verschlüsselung in einem Struktogramm, dann ergibt sich:

```
+-------------------------------------------------------------------+
|         erfrage den Schlüsseltext                                 |
+------------+------------------------------------------------------+
| WIEDERHOLE | erfrage den Klartext                                 |
|            +------------------------------------------------------+
|            | FÜR i VON 1 BIS Länge des Klartextes TUE             |
|            +------+-----------------------------------------------+
|            |      | j ← Platz des zu wandelnden Schlüsselzeichens |
|            |      +-----------------------------------------------+
|            |      | wandle das j-te Zeichen des Schlüsseltextes zur Zahl |
|            |      +-----------------------------------------------+
|            |      | wandle das i-te Zeichen des Klartextes in eine Zahl |
|            |      +-----------------------------------------------+
|            |      | bilde die Summe modulo 30                     |
|            |      +-----------------------------------------------+
|            |      | schreibe das entsprechende Zeichen            |
|            +------+-----------------------------------------------+
|            | BIS ein vereinbartes ENDE-Signal gegeben wurde       |
+------------+------------------------------------------------------+
```

```
PROGRAM vignere;

VAR klartext, schluessel        : STRING[80];
    i, j, zahl1, zahl2, ergebnis: INTEGER;

FUNCTION wandle_in_zahl(c: CHAR): INTEGER;
   BEGIN
   CASE c OF 'A'..'Z': wandle_in_zahl := ORD(c) - ORD('A');
                  ' ': wandle_in_zahl := 26;
                  '.': wandle_in_zahl := 27;
                  ',': wandle_in_zahl := 28;
                  '!': wandle_in_zahl := 29
                END
   END;

FUNCTION wandle_in_zeichen(i: INTEGER): CHAR;
   BEGIN
   CASE i OF 0..25: wandle_in_zeichen := CHR(i + ORD('A'));
                26: wandle_in_zeichen := ' ';
                27: wandle_in_zeichen := '.';
                28: wandle_in_zeichen := ',';
                29: wandle_in_zeichen := '!'
              END
   END;

BEGIN
CLRSCR;
WRITELN('Verschlüsselung nach Vignére (Ende mit <RETURN>):'); WRITELN;
WRITE('Schlüsseltext     : '); READLN(schluessel); WRITELN;
REPEAT WRITE('zu verschlüsselnder Text: '); READLN(klartext);
       WRITE('ergibt                  : ');
       FOR i := 1 TO LENGTH(klartext) DO klartext[i] := UPCASE(Klartext[i]);
       FOR i := 1 TO LENGTH(klartext) DO
           BEGIN
           j := (i-1) MOD LENGTH(schluessel) + 1;
           zahl1 := wandle_in_zahl(schluessel[j]);
           zahl2 := wandle_in_zahl(klartext[i]);
           ergebnis := (zahl1 + zahl2) MOD 30;
           WRITE(wandle_in_zeichen(ergebnis))
           END;
       WRITELN; WRITELN
UNTIL klartext = ''
END.
```

2.2.4.3 Ein binäres Ersetzungsverfahren

Ein Spezialfall des Vignére-Verfahrens ist die binäre Addition modulo 2, bei der die zu verschlüsselnden Zeichen in ihre Dualdarstellung gebracht werden. Addiert man jetzt die einzelnen Dualziffern, dann gibt es vier mögliche Kombinationen:

1. Dualziffer	2. Dualziffer	Summe	Summe modulo 2
0	0	0	0
0	1	1	1
1	0	1	1
1	1	2	0

Als Summe modulo 2 ergibt sich eine "1", wenn die zu addierenden Stellen unterschiedlich sind, sonst ergibt sich eine "0". Wir wollen im Beispiel direkt die achtstellige Dualdarstellung der ASCII-Codes der Zeichen verwenden und beschränken uns deshalb auf kurze Texte:

Zu verschlüsselnder Text : *"VERRAT"*   Schlüsseltext: *"JAN"*

Dualdarstellung Text   :   *V   E   R   R   A   T*
                        01010110 01000101 01010010 01010010 01000001 01010100

Dualdarstellung Schlüssel: *J   A   N   J   A   N*
                        01001010 01000001 01001110 01001010 01000001 01001110

Summe modulo 2   :   *00011100 00000100 00011100 00011000 00000000 00011010*

Die sich ergebenden Zeichen des Geheimtextes sind überwiegend Steuerzeichen des ASCII-Codes, z.B. zum Seitenvorschub, die hier nicht dargestellt werden können. Besonders interessant ist dieses Verfahren, weil das Verschlüsselungsverfahren unverändert zum Entschlüsseln benutzt werden kann:

Geheimtext   :   *00011100 00000100 00011100 00011000 00000000 00011010*

Schlüsseltext   :   *01001010 01000001 01001110 01001010 01000001 01001110*
                      J   A   N   J   A   N

Summe modulo 2 :   *01010110 01000101 01010010 01010010 01000001 01010100*
                      V   E   R   R   A   T

Die Summe modulo 2 entspricht einer digitalen Schaltfunktion, dem Exklusiv-Oder *EXOR*, die ebenfalls nur dann das Ergebnis "1" liefert, wenn die beiden eingehenden Dualziffern oder *Bits* (Binary Digits) unterschiedlich sind. Damit läßt sich dieses Codierungverfahren leicht als elektronische Schaltung realisieren, die sehr schnell arbeitet und gut in andere Geräte eingebaut werden kann. Das benötigte Schlüsselwort kann z.B. codiert auf einer scheckkartenähnlichen Magnetkarte stehen, die Sender und Empfänger vor der Datenübermittlung oder die Benutzer vor dem Lesen ihrer Dateien in das Gerät einstecken.

Die Verschlüsselung selbst arbeitet genau wie im letzten Abschnitt dargestellt. Wir wollen uns deshalb hier auf die Umwandlung eines Zeichens in seine Dualdarstellung konzentrieren. Das sollte eigentlich einfach sein, da die Zeichen genau in dieser Form im Rechner gespeichert, von der Tastatur erzeugt oder vom *VIDEO-CONTROLLER* empfangen werden. Computer arbeiten generell mit dieser Darstellung. Erst das Programm oder das Ausgabegerät interpretieren dann diese Bitmuster unterschiedlich als Zahlen, Zeichen, logische Größen etc. Manche Programmiersprachen kennen deshalb einen Datentyp, der es gestattet, den Speicherbereich einer Variablen unterschiedlich zu interpretieren, mal als Zahl, mal als Zeichen, mal als Bitfolge. In PASCAL wäre das ein *RECORD mit Varianten* (siehe auch Abschnitt 5.3). Wir wollen hier langsamer und dafür in allen Sprachen realisierbar verfahren. Dazu wandeln wir ein Zeichen in die entsprechende Ordnungsnummer im ASCII-Code und zerlegen diese dann in eine Bitfolge, weisen also einem Feld von acht Werten die einzelnen Bits zu. Als Bits verwenden wir boolesche Größen ("0" entspricht FALSE und "1" entspricht TRUE).

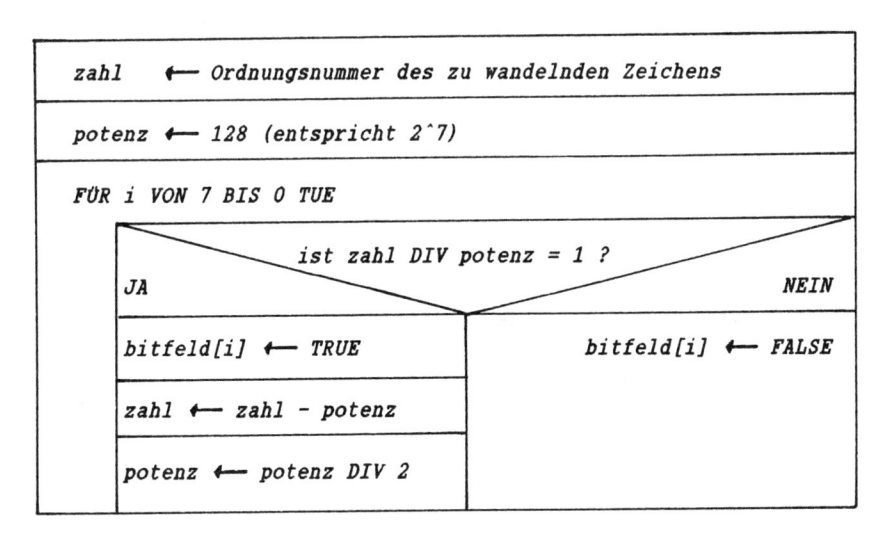

```
┌─────────────────────────────────────────────────────────────┐
│  zahl    ← Ordnungsnummer des zu wandelnden Zeichens        │
├─────────────────────────────────────────────────────────────┤
│  potenz ← 128 (entspricht 2^7)                              │
├─────────────────────────────────────────────────────────────┤
│  FÜR i VON 7 BIS 0 TUE                                      │
│    ┌───────────────────────────────────────────────────┐    │
│    │              ist zahl DIV potenz = 1 ?            │    │
│    │   JA                                       NEIN   │    │
│    ├────────────────────────┬──────────────────────────┤    │
│    │ bitfeld[i] ← TRUE      │ bitfeld[i] ← FALSE       │    │
│    ├────────────────────────┤                          │    │
│    │ zahl ← zahl - potenz   │                          │    │
│    ├────────────────────────┤                          │    │
│    │ potenz ← potenz DIV 2  │                          │    │
│    └────────────────────────┴──────────────────────────┘    │
└─────────────────────────────────────────────────────────────┘
```

```
PROGRAM bitweises_verschluesseln;

TYPE tbitfeld = ARRAY[0..7] OF BOOLEAN;

VAR klartext, schluessel  : STRING[80];
    i,j                   : INTEGER;
    feld1, feld2, ergebnis: tbitfeld;

PROCEDURE exor(a,b: tbitfeld; VAR c: tbitfeld);
  VAR i: INTEGER;
  BEGIN
  FOR i := 0 TO 7 DO
      c[i] := (a[i] AND NOT b[i]) OR (NOT a[i] AND b[i]);
  END;
```

```
PROCEDURE wandle(a: CHAR; VAR b: tbitfeld);
   VAR  zahl, potenz, i: INTEGER;
   BEGIN
   zahl := ORD(a);
   potenz := 128;
   FOR i := 7 DOWNTO 0 DO
       BEGIN
       IF zahl DIV potenz = 1
          THEN BEGIN b[i] := TRUE; zahl := zahl - potenz END
          ELSE b[i] := FALSE;
       potenz := potenz DIV 2
       END
   END;

PROCEDURE schreibe(a: tbitfeld);
   VAR i: INTEGER;
   BEGIN
   FOR i := 7 DOWNTO 0 DO IF a[i] THEN WRITE('1') ELSE WRITE('0');
   WRITELN
   END;


BEGIN
CLRSCR;
WRITELN('Bitweises Verschlüsseln (Ende mit <RETURN>):'); WRITELN;
WRITE('Schlüsseltext: ');READLN(schluessel); WRITELN;
REPEAT WRITE('zu verschlüsselnder Text: '); READLN(klartext);
       WRITELN('ergibt.....');
       FOR i := 1 TO LENGTH(klartext) DO klartext[i] := UPCASE(klartext[i]);
       FOR i := 1 TO LENGTH(klartext) DO
           BEGIN
           j := (i-1) MOD (LENGTH(schluessel) + 1;
           wandle(klartext[i],feld1);
           wandle(schluessel[j],feld2);
           exor(feld1, feld2, ergebnis);
           schreibe(feld1);
           schreibe(feld2);
           WRITELN('--------');
           schreibe(ergebnis);
           READLN;
           END
UNTIL klartext = ''
END.
```

In TURBO-PASCAL steht der Exclusiv-Oder-Operator XOR zur Verfügung, der direkt auf ganze Zahlen angewandt werden kann. Mit diesem kann das Verschlüsselungsverfahren auf eine einzige Zeile reduziert werden:

```
          geheimzeichen := CHR(ORD(klartext[i]) XOR ORD(schluessel[j]));
```

2.2.4.4 Blockweises Chiffrieren

Statt die Bits der einzelnen Zeichen und damit die Zeichen selbst zu verändern, kann man mehrere aufeinanderfolgende Bits zu einem Block etwa der Länge drei zusammenfassen und dann gleichzeitig transformieren. Verfahren dieser Art nennt man *Block-Chiffrier-Verfahren*. Wir wollen hier nur den Fall betrachten, daß jeweils drei aufeinanderfolgende Bits des Klartextes als eine ganze Zahl zwischen Null und Sieben betrachtet werden, die dann gezielt verändert wird, aber so, daß auch das Ergebnis im Bereich 0..7 bleibt. Die veränderte Zahl wird dann wiederum als Dualzahl interpretiert und ergibt drei Bits des Geheimtextes. Auch dieses Verfahren ist als "Hardwarelösung" gut realisierbar und kann so als Zusatzgerät in Datenübertragungsstrecken verwandt werden.

Wandle den Klartext in eine Bitfolge um
Fasse jeweils drei Bits dieser Folge zusammen und wandle sie in eine Zahl aus dem Bereich 0..7
Verändere diese Zahlen in Bildzahlen aus dem Bereich 0..7
Wandle die Bildzahlen zurück in Bits
Füge aus den Bits der Bildzahlen den Geheimtext zusammen

Alle Einzeloperationen sind leicht zu realisieren, so daß sich ein neues Programm erübrigt. Allein die Abbildung der Zahlen auf Bildzahlen ist interessant. Eine Möglichkeit wäre eine Art "Verdrahtung" der Zahlen von Null bis Sieben untereinander, die einer technischen Lösung entspricht. Dabei kann man sich die Verdrahtung wieder in einem kleinen Zusatzkästchen als privaten Schlüssel des Benutzers vorstellen.

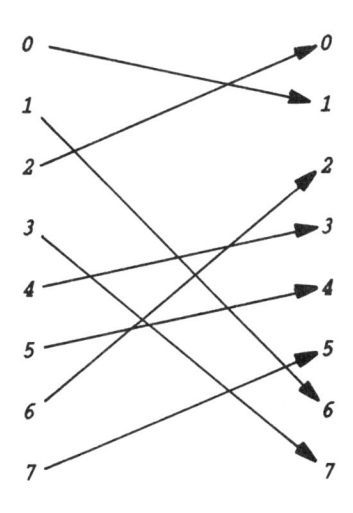

2.2.4.5 Das Public-Key-Verfahren

Allen bisher betrachteten Verfahren war gemeinsam, daß ein Text entschlüsselt werden kann, wenn der Schlüssel bekannt ist, mit dem er verschlüsselt wurde. Interessanter wäre eine Codierung, bei dem das Verschlüsselungsverfahren öffentlich bekannt gegeben wird (*public key*), während der Schlüssel zum Decodieren der Geheimnachrichten beim Empfänger verbleibt (*private key*). Auf diese Weise könnten alle Absender Nachrichten an einen Empfänger senden, die nur von diesem verstanden werden. Methoden dieser Art werden als *Trap-door-one-way-Verfahren* bezeichnet, womit ausgedrückt werden soll, daß es sich beim Verschlüsseln um eine Einbahnstraße mit einer eingebauten Falltür handelt. Rivest, Shamir und Adleman entwickelten 1977 nach dieser Idee das *RSA-Verfahren*. Es beruht darauf, daß für sehr große Zahlen die Primfaktorzerlegung in vernünftigen Zeiten nicht mehr durchführbar ist. Kennt man einige große Primzahlen, dann kann aus diesen als Produkt eine noch viel größere Zahl relativ leicht berechnet werden. Umgekehrt kann diese Zahl aber praktisch nicht mehr in ihre Primfaktoren zerlegt werden. Die Rechenzeit zur Zerlegung einer 200-stelligen Zahl liegt auch für Supercomputer im Bereich von einigen Milliarden Jahren. Sollte deren Verarbeitungsgeschwindigkeit sehr gesteigert werden, dann werden einfach noch größere Zahlen benutzt.

Jetzt zum Verschlüsselungsverfahren. Die Klartexte werden wieder in Zahlen umgewandelt und wie folgt codiert:

Gegeben seinen zwei Primzahlen p und q und deren Produkt $n = p*q$. Dann ergibt sich eine verschlüsselte Zahl V aus der gegebenen Zahl T der Nachricht nach

$$V = T^x \, modulo \, n.$$

Die Zahlen x und n werden öffentlich bekanntgegeben, wobei x eine relativ kleine Zahl sein kann. Die Entschlüsselung geschieht mit Hilfe einer Zahl y, die sich nur berechnen läßt, wenn die Zahlen p und q, also die Primfaktorzerlegung von n, bekannt sind.

$$T = V^y \, modulo \, n$$

Die Zahlen x und y werden nach

$$x*y = (p - 1)*(q - 1)*r + 1$$

mit einer natürlichen Zahl r berechnet. Ist also x gegeben, dann läßt sich y bestimmen als

$$y = (1/x) * ((p-1)*(q-1)*r+1),$$

falls man p und q kennt.

Die Begründung für das Verfahren stammt aus einem Satz der Zahlentheorie, der besagt, daß

$$N^{(p-1)*(q-1)*r+1} \text{ modulo } (p*q) = N$$

ist, falls p und q Primzahlen und r und N natürliche Zahlen kleiner als $p*q$ sind. Damit gilt

$$N^{x*y} = \left(N^x\right)^y = N \text{ ,falls } x \text{ und } y \text{ die oben angegebene Beziehung erfüllen.}$$

Als Beispiel wollen wir wählen:

$$p = 7 \text{ und } q = 11 \longrightarrow n = p*q = 77 \longrightarrow (p-1)*(q-1) = 60$$

Für $x = 7$ ergibt sich der erste ganzzahlige Wert von y zu

$$y = (1/7)*(60*r+1) = 43 \text{ mit } r = 5.$$

Verschlüsseln wir die Zahl $T = 20$, dann ergibt sich

$$V = T^x \text{ modulo } n = 20^7 \text{ modulo } 77 = 48.$$

Zur Entschlüsselung müssen wir

$$T = 48^{43} \text{ modulo } 77$$

berechnen und sprengen damit die Grenzen der Zahlendarstellung unseres Rechners. Damit ergibt sich das Problem, schnell und innerhalb des gegebenen Zahlenbereichs hohe Potenzen modulo n zu berechnen. Als Lösung finden wir:

Berechnung von $V = T^x \text{ modulo } n$

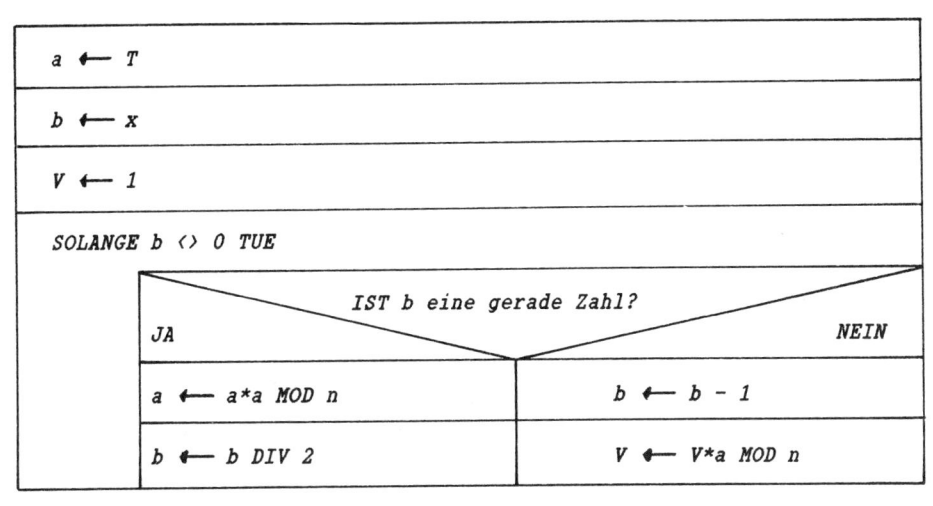

$a \leftarrow T$		
$b \leftarrow x$		
$V \leftarrow 1$		
SOLANGE b <> 0 TUE		
	IST b eine gerade Zahl?	
	JA	NEIN
	$a \leftarrow a*a$ MOD n	$b \leftarrow b - 1$
	$b \leftarrow b$ DIV 2	$V \leftarrow V*a$ MOD n

Im folgen TURBO-PASCAL-Programm werden nur Zahlen verschlüsselt, da die Zerlegung von Texten in Zahlenfolgen in den vorigen Programmen schon enthalten war.

```pascal
PROGRAM rsa_verfahren;

CONST p1 = 7;
      p2 = 11;
      x  = 7;
      y  = 43;

VAR t,v,n: INTEGER;

FUNCTION hoch_modulo(t,x,n: INTEGER): INTEGER;
   VAR a,b,v: INTEGER;
   BEGIN
   a := t; b := x; v := 1;
   WHILE b <> 0 DO
       IF (b MOD 2) = 0
           THEN BEGIN a := (a*a) MOD n; b := b DIV 2 END
           ELSE BEGIN b := b - 1;      v := (v*a) MOD n END;
   hoch_modulo := v
   END;


BEGIN
CLRSCR;
WRITELN('RSA-Verschlüsselung:'); WRITELN;
n := p1 * p2;
REPEAT WRITE('zu verschlüsselnde Zahl ( < 77): '); READLN(t); WRITELN;
       v := hoch_modulo(t,x,n);
       WRITELN('...... verschlüsselt: ',v);
       t := hoch_modulo(v,y,n);
       WRITELN('...... entschlüsselt: ',t);
       WRITELN
UNTIL t <= 1
END.
```

2.2.5 Aufgaben

1. Entwickeln Sie ein Programm, das nach dem *Versetzungsverfahren* aus 2.2.4.1 verschlüsselte Texte

   a. der Breite 5
   b. beliebiger einzugebender Breite

   entschlüsselt.

2. Beschreiben Sie als Struktogramm und als Programm ein Verfahren, das die nach dem *Vignére-Verfahren* verschlüsselten Texte wieder entschlüsselt.

3. Entwickeln Sie ein Programm, das Texte *blockweise chiffriert*. Wählen Sie dazu unterschiedliche Methoden zur Ermittlung der Bildzahlen. Prüfen Sie jeweils, ob Ihr Verfahren auch eindeutig umgekehrt werden, also ob entschlüsselt werden kann.

4. Verschlüsseln Sie einen längeren Text nach dem Vignére-Verfahren mit einem Schlüssel aus einem einzigen Zeichen (*Cäsar-Verfahren*). Entschlüsseln Sie den Text

   a. indem Sie eine Häufigkeitsanalyse der einzelnen Zeichen erstellen und diese mit derselben Analyse von Klartexten vergleichen. Wählen Sie zum Vergleich und zur Entschlüsselung Texte des gleichen Autors.

   b. indem Sie einfach alle Zeichen zur Entschlüsselung durchprobieren lassen.

5. Verschlüsseln Sie Texte nach dem *RSA-Verfahren*. Gehen Sie dazu folgendermaßen vor:

   a. Entwickeln Sie verschiedene Verfahren zu Bestimmung von Primzahlen innerhalb des INTEGER-Bereichs.

   b. Entwickeln Sie Verfahren, um mit großen ganzen Zahlen rechnen zu können. Führen Sie die zur Primzahlberechnung benötigten Rechenarten für diesen neuen Zahlentypen ein.

   c. Entwickeln Sie Verfahren zur Primfaktorzerlegung natürlicher Zahlen. Messen Sie die Rechenzeiten für unterschiedlich lange Zahlen und versuchen Sie, das Zeitverhalten als Funktion der Zahlenlänge zu beschreiben.

   d. Bestimmen Sie große Primzahlen nach Ihrem Verfahren aus 5.b.

   e. Verschlüsseln und entschlüsseln Sie Zahlen mit Hilfe großer Primzahlen.

   f. Verschlüsseln und entschlüsseln Sie Texte mit Hilfe großer Primzahlen. Fassen Sie dazu mehrere Zeichen zusammen und wandeln Sie sie in eine einzelne Zahl, aber so, daß diese nicht größer als das Produkt ihrer beiden Primzahlen wird.

6. Entwickeln Sie eigene Codierungsverfahren.

3. Textdateien

In diesem Abschnitt werden Textdateien am Beispiel von Textverarbeitungsverfahren behandelt. Damit sind einfache Operationen auf Dateien sowie die Benutzung von Druckern durch Programme möglich, ohne tiefer in die Dateiverarbeitung einzusteigen. Trotzdem wird eines der wichtigsten Anwendungsgebiete kleinerer Computersysteme erschlossen.

3.1 Datenübertragung im ASCII-Code

Alle Ergebnisse, die ein Computer im Innern seiner elektronischen Bauteile behält, sind wertlos, solange sie nicht der Außenwelt mitgeteilt werden können. Ebenso werden den Computerprogrammen meist Eingabedaten übermittelt, die diese dann auswerten. Erst zusammen mit Eingabe und Ausgabe wird die Verarbeitung der Daten sinnvoll: es gilt das *EVA-Prinzip*. Zu diesem Zweck verfügt jeder Rechner über diverse *Kanäle*, über die er mit der Außenwelt kommuniziert. An diese Kanäle werden Peripheriegeräte angeschlossen, die die Bits der Rechner, dargestellt z.B. als Spannungssignale, in andere, meist für den Menschen lesbare Form übersetzen, oder umgekehrt. Dabei kann es sich um Drucker, Bildschirme, Tastaturen, Zeichengeräte (Plotter), Markierungskartenleser, aber auch andere Rechner oder Datenfernübertragungsgeräte wie MODEMs, die im Telefonnetz arbeiten, handeln. Alle diese Geräte arbeiten technisch unterschiedlich, so daß ein einzelnes Computersystem nicht über alle die technische Daten enthalten kann, die zu ihrer Steuerung erforderlich wären. Die zu übermittelnden Daten werden deshalb vom sendenden Gerät in Folgen von genormten Zeichen zerlegt, die dann von jedem Empfänger auf seine Art interpretiert werden können. Zur Zeichendarstellung wird der *ASCII-Code* (American National Standard Code for Information Interchange) benutzt, der eigentlich zur Abwicklung des Telegrafenverkehrs entwickelt wurde. Deshalb enthält er neben den eigentlichen Schriftzeichen (den darstellbaren Zeichen) eine Reihe von Steuerzeichen, deren Namen sich aus ihrer Funktion im Fernschreibverkehr ergibt. Das Zeichen Nr. 7 heißt *BEL*, weil es einen Glockenton an der empfangenden Maschine hervorrief, der ggf. den "Operator" weckte, wie sich in alten Western gut verfolgen läßt. Das Zeichen Nr. 12 heißt *FF* (Form-Feed), weil es einen Seitenvorschub bewirkte. Diese Funktion behält es, wenn es von einem Drucker empfangen wird. Ein Bildschirm versteht als "neue leere Seite" einen leeren Schirm und löscht diesen deshalb. Wichtig ist noch das Zeichen Nr. 13 *CR* (Carriage Return), das einen Rücklauf des Schreibwagens des Fernschreibers bewirkte und jetzt generell als Befehl zum Anfangen einer neuen Zeile aufgefaßt wird. Außerdem wird es zusammen mit dem Zeichen Nr. 10 *LF* (Line Feed) zum Zeilenvorschub als Strukturierungsmittel bei Textdateien benutzt. Neben den Steuerzeichen enthält der Code einige Nummern, denen in den unterschiedlichen Sprachen unterschiedliche Zeichen zugeordnet werden: die *nationalen Sonderzeichen*. Die deutschen Umlaute (Ä,ä,Ü,ü,...) haben im Amerikanischen ihre Entsprechungen in speziellen Klammerformen ([,],{,},...), im Französischen in den Zeichen mit Akzent (é,è,...). Falsch eingestellte Drucker produzieren an diesen Stellen falsche Zeichen, und oft liegen die für Programmiersprachen wichtigen Klammerformen auf den Umlauttasten deutscher Tastaturen.

3.2 Textdateien

Sendet oder liest ein Computerprogramm Zeichenfolgen im ASCII-Code, dann ist die Art des Empfängers oder Senders dieser Zeichen für die Programmlogik unwichtig. Damit machen Programme keinen Unterschied zwischen Tastaturen, Kartenlesern oder Textdateien auf externen Speichermedien als Sendern einerseits und Druckern, Bildschirmen und wieder Textdateien als Empfängern andererseits. Alle diese Kommunikationspartner werden auf die gleiche Art behandelt: als Datei. (Eine Datei ist hier eine Anordnung von gleichartigen Elementen.) Damit können wir allgemein den Sender oder den Empfänger von Zeichenfolgen als eine Datei von Zeichen bezeichnen und ihr den speziellen Typs *TEXT* zuordnen. Der Zugriff auf diese Dateien erfolgt, indem einer solchen Datei ein Kanal zugeordnet wird, auf dem die Zeichen übermittelt werden. Meist geschieht dieses mit Hilfe eines Namens, unter dem der Kanal verwaltet wird, beispielsweise die parallele Druckerschnittstelle unter dem Namen "*LST:*". Solche Dateien können dann zum Lesen oder zum Schreiben geöffnet, und, wenn sie nicht mehr benötigt werden, auch wieder geschlossen werden. Zeichen werden dann mit Hilfe von Schreib- und Leseprozeduren auf diese Dateien geschrieben bzw. von ihnen gelesen. Damit benötigen wir für Textdateien unabhängig von der verwendeten Programmiersprache fünf Anweisungen:

- *öffne_zum_lesen(datei, dateiname)*
- *öffne_zum_schreiben(datei, dateiname)*
- *lies_ein_zeichen(datei, zeichen)*
- *schreibe_ein_zeichen(datei, zeichen)*
- *schliesse(datei)*

Als einfaches Beispiel wollen wir den an einen Computer angeschlossenen Drucker als Schreibmaschine benutzen, die direkt die auf der Tastatur eingegebenen Zeichen schreibt.

öffne_zum_lesen(eingabe, Tastaturkanal)
öffne_zum_schreiben(drucker, Druckerkanal)
lies_ein_zeichen(eingabe, c)
SOLANGE ein vereinbartes ENDE-Zeichen nicht gegeben wurde TUE
schreibe_ein_zeichen(drucker, c)
lies_ein_zeichen(eingabe, c)
schliesse(eingabe)
schliesse(drucker)

TURBO-PASCAL behandelt Dateien auf eine etwas eigenwillige Art. Wir schreiben deshalb die angegebenen Prozeduren neu in dieser Sprache, um unsere allgemeineren Zugriffsverfahren benutzen zu können. Als ENDE-Zeichen wollen wir das Zeichen <@> vorsehen, das in "normalen" Texten nicht benötigt wird. Zu beachten ist, daß der benutzte Befehl REWRITE eine eventuell bestehende Datei löscht.

```
PROGRAM drucker_als_schreibmaschine;

TYPE tname = STRING[12];

VAR eingabe, drucker: TEXT;
    c                : CHAR;

PROCEDURE oeffne_zum_lesen(VAR datei: TEXT; dateiname: tname);
   BEGIN ASSIGN(datei,dateiname); RESET(datei) END;

PROCEDURE oeffne_zum_schreiben(VAR datei: TEXT; dateiname: tname);
   BEGIN ASSIGN(datei,dateiname); REWRITE(datei) END;

PROCEDURE lies_ein_zeichen(VAR datei: TEXT; VAR zeichen: CHAR);
   BEGIN READ(datei,zeichen) END;

PROCEDURE schreibe_ein_zeichen(VAR datei: TEXT; zeichen: CHAR);
   BEGIN WRITE(datei,zeichen) END;

PROCEDURE schliesse(VAR datei: TEXT);
   BEGIN CLOSE(datei) END;

BEGIN
CLRSCR;
WRITELN('Der Drucker als Schreibmaschine: Geben Sie Ihren Text ein!');
WRITELN('(Ende: @ <RETURN> als letzte Zeile eingeben.)'); WRITELN;
oeffne_zum_lesen(eingabe,'CON:');
oeffne_zum_schreiben(drucker,'LST:');
lies_ein_zeichen(eingabe,c);
WHILE (c <> '@') DO
      BEGIN
      schreibe_ein_zeichen(drucker,c);
      lies_ein_zeichen(eingabe,c)
      END;
schliesse(eingabe);
schliesse(drucker)
END.
```

Neben den CR/LF-Sequenzen, die eine Textdatei in einzelne "Zeilen" unterteilen, wird etwa für Textdateien auf Speichermedien ein besonderes Zeichen benötigt, mit dem das Ende einer Datei markiert wird. Dann kann der Strom der Eingabezeichen durch eine Funktion *IST_DAS_DATEIENDE_ERREICHT?* laufend daraufhin untersucht werden, ob dieses Sonderzeichen gekommen ist. In PASCAL heißt diese Funktion *EOF(datei)* (<u>e</u>nd <u>of</u> <u>f</u>ile), und das Dateiende-Zeichen ist <CTRL-Z>, also das 26. Zeichen des ASCII-Codes. Entsprechend könnte im letzten Programm dieses Zeichen auch als Ende-Zeichen vereinbart werden, so daß die Schleifen-Abbruchbedingung als zu formulieren wäre als

WHILE NOT EOF(eingabe) DO ...

Wenn wir beachten, daß eigentlich nur selten einzelne Zeichen, aber meist Zeichenketten (*STRINGs*) wie Namen oder Zahlen eingegeben oder gedruckt werden, dann benötigen wir Prozeduren, die dieses leisten. Bei der Eingabe muß also eine Ziffernfolge, die sich aus den gedrückten Tasten ergibt, in die entsprechende Zahl umgewandelt werden: z.B. "3-4-5" in eine ganze Zahl 345. Umgekehrt werden Zahlen bei der Ausgabe wieder in Ziffernfolgen zerlegt. Entsprechendes geschieht mit Zeichenketten. Bei dieser Eingabe sollten solange Fehler korrigiert werden können, bis die RETURN-Taste gedrückt wurde. Das dabei erzeugte CR-Zeichen wird im Eingabezeichenstrom von der Funktion *IST_DAS_ZEILENENDE_ERREICHT?* erkannt, die unter PASCAL als *EOLN(datei)* (<u>e</u>nd <u>of</u> <u>l</u>ine) realisiert ist und in der gleichen Art wie EOF benutzt wird. Fast alle Programmiersprachen enthalten entsprechende Ein- und Ausgabeprozeduren, die oft noch unterschiedlich lange Parameterlisten enthalten dürfen. Anzumerken ist, daß meist die Standardkanäle zu Tastatur und Bildschirm nicht extra geöffnet und angegeben werden müssen, sondern als *DEFAULT-Werte* gewählt werden, wenn nichts anderes bestimmt wird. Als Beispiel für eine solche Prozedur wählen wir die Eingabe einer natürlichen Zahl, allerdings mit Korrekturmöglichkeit. Die Erläuterung folgt auf der nächsten Seite.

lies_eine_natürliche_zahl(zahl):

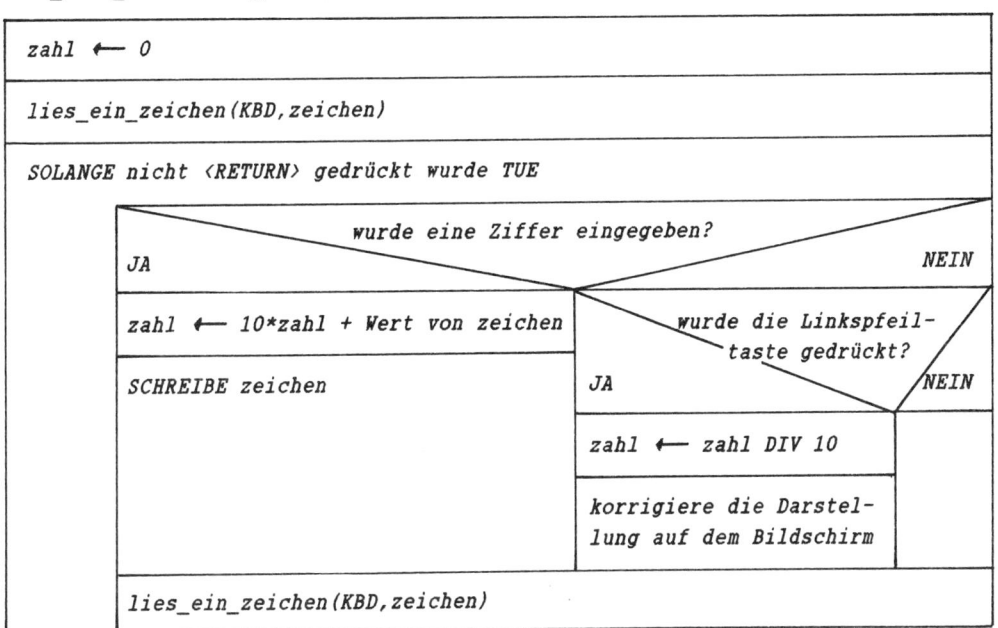

zahl ← 0
lies_ein_zeichen(KBD,zeichen)
SOLANGE nicht <RETURN> gedrückt wurde TUE

	wurde eine Ziffer eingegeben?	
JA		NEIN
zahl ← 10*zahl + Wert von zeichen	wurde die Linkspfeiltaste gedrückt?	
	JA	NEIN
SCHREIBE zeichen	zahl ← zahl DIV 10	
	korrigiere die Darstellung auf dem Bildschirm	
lies_ein_zeichen(KBD,zeichen)		

Nur die eingegebenen Ziffern sollen am Bildschirm dargestellt werden, deshalb geschieht die Eingabe auf einem Kanal *KBD*, bei dem kein Echo auf dem Bildschirm erfolgt. Die Umwandlung der eingegebenen Ziffern in eine Zahl geschieht mit einem Standardtrick. Zuerst erhält die Zahl den Wert Null. Bei jeder neuen eingegebenen Ziffer wird der schon eingegebene Zahlteil mit 10 multipliziert (,denn dann erhöht sich der Wert der schon bekannten Ziffern im Zehnersystem,) und der Wert der neuen Ziffer wird zur Zahl addiert. Dieser Wert ergibt sich aus der Differenz der Ordnungszahl der Ziffer im ASCII-Code zur Ordnungszahl des Zeichens *'0'*, denn alle Ziffern folgen in diesem Code entsprechend ihrem Wert auf die Ziffer Null.

Die Linkspfeiltaste erzeugt wie andere Spezialtasten eine Folge von zwei Zeichen: einen *ESC-Code* (ESCAPE, Zeichen Nr. 27) und ein Zeichen Nr. 75. Entsprechend müssen zwei Zeichen von der Textdatei *KBD* gelesen werden, falls das erste Zeichen ein *ESC* war. Die Korrektur der Bildschirmdarstellung erfolgt durch das Löschen der zuletzt eingegebenen Ziffer. Dazu werden die Ziffern in der Variablen *STELLE* gezählt. *x* und *y* geben die Koordinaten des Platzes auf dem Bildschirm an, an dem die erste Ziffer der Zahl eingegeben werden soll.

```
PROCEDURE lies_eine_natuerliche_zahl(x,y: INTEGER; VAR zahl: INTEGER);

   VAR zeichen: CHAR;
       stelle : INTEGER;

   BEGIN
   GOTOXY(x,y);
   READ(KBD,zeichen); IF ORD(zeichen) = 27 THEN READ(KBD,zeichen);
   stelle := 0;
   zahl   := 0;
   WHILE ORD(zeichen) <> 13 DO
         BEGIN
         IF zeichen IN ['0'..'9']
            THEN BEGIN
                 stelle := stelle + 1;
                 zahl   := 10 * zahl + ORD(zeichen) - ORD('0');
                 WRITE(zeichen)
                 END
            ELSE IF (stelle > 0) AND (ORD(zeichen) = 75)
                 THEN BEGIN
                      zahl := zahl DIV 10;
                      stelle := stelle - 1;
                      GOTOXY(x+stelle,y); WRITE(' ');
                      GOTOXY(x+stelle,y);
                      END;
         READ(KBD,zeichen); IF ORD(zeichen) = 27 THEN READ(KBD,zeichen)
         END
   END;
```

3.3 Ein Zeileneditor ZEILED

Als eine immer noch einfache, aber stark ausbaubare Anwendung von Textdateien wollen wir einen *Texteditor* entwickeln, mit dem einfache Briefe, Programme oder auch Kommandodateien geschrieben werden können. Als Modell für das Programm wählen wir einen Fernschreiber, mit dem immer nur eine einzige Zeile gleichzeitig bearbeitet werden kann. Diese Arbeitszeile wird dann in ein Feld solcher Zeilen an geeigneter Stelle eingefügt. Der Vorteil dieses Modells ist, daß alle Grundfunktionen eines Editors fast unabhängig voneinander entwickelt werden können, wenn sie nur mit der gleichen Datenstruktur arbeiten. Insbesondere ist die Darstellung des geschriebenen Textes auf dem Bildschirm unabhängig von der Bearbeitung des Textes. Das Feld kann dabei leicht gegen andere Strukturen wie etwa eine verkettete Liste ausgetauscht werden.

3.3.1 Die Grundfunktionen des Editors

Zu Beginn der Arbeit muß entweder eine bestehende Datei gelesen oder eine neue eingerichtet werden. Entsprechend wird eventuell zwischendurch und sicher am Ende der Arbeit der geschriebene Text in einer Textdatei gespeichert. Die elementarsten Funktionen sind die Eingabe von Textzeilen sowie deren Löschung. Da beide nicht nur am Ende des Textes erfolgen können, bewirken sie bei der Arbeit Veränderungen in der Reihenfolge der Textzeilen. Dieses erfordert entweder umfangreiche und zeitraubende Textverschiebungen während des Programmlaufs, oder wir müssen z.B. Zeilennummern einführen, die unabhängig von der tatsächlichen Lage der Textzeilen deren Reihenfolge bestimmen. Zusätzlich wären etwas komfortablere Funktionen wünschenswert, wie etwa das Ändern bestehender Textzeilen, das Kopieren oder Verschieben von einer oder mehreren Textzeilen, das Drucken des Textes, das Wechseln der Datei und das Einlesen von Texten anderer Dateien in die gerade bearbeitete usw. Den Bildschirm des Computers können wir uns als eine Art Fenster vorstellen, unter dem der bearbeitete Text so verschoben werden kann, daß der gerade bearbeitete Ausschnitt zu sehen ist. Kennzeichnen wir die bearbeitete Zeile mit einem Stern und zeigen einige Zeilen oberhalb dieser Arbeitszeile (falls vorhanden) und dann die nächsten 15 Zeilen an, so ergibt sich folgendes Modell:

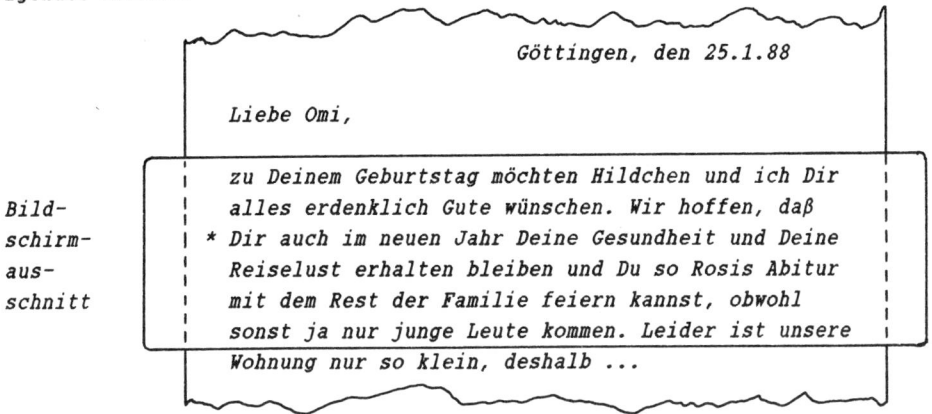

```
                              Göttingen, den 25.1.88

              Liebe Omi,

Bild-       | zu Deinem Geburtstag möchten Hildchen und ich Dir  |
schirm-     | alles erdenklich Gute wünschen. Wir hoffen, daß    |
aus-        | * Dir auch im neuen Jahr Deine Gesundheit und Deine |
schnitt     | Reiselust erhalten bleiben und Du so Rosis Abitur  |
            | mit dem Rest der Familie feiern kannst, obwohl    |
            | sonst ja nur junge Leute kommen. Leider ist unsere |
              Wohnung nur so klein, deshalb ...
```

Das Hauptprogramm besteht also im wesentlichen aus der Anzeige des bearbeiteten Ausschnitts des Textes und einem Auswahlmenü, von dem aus das Programm in unterschiedliche Unterprogramme verzweigt, die den Funktionen des Editors entsprechen.

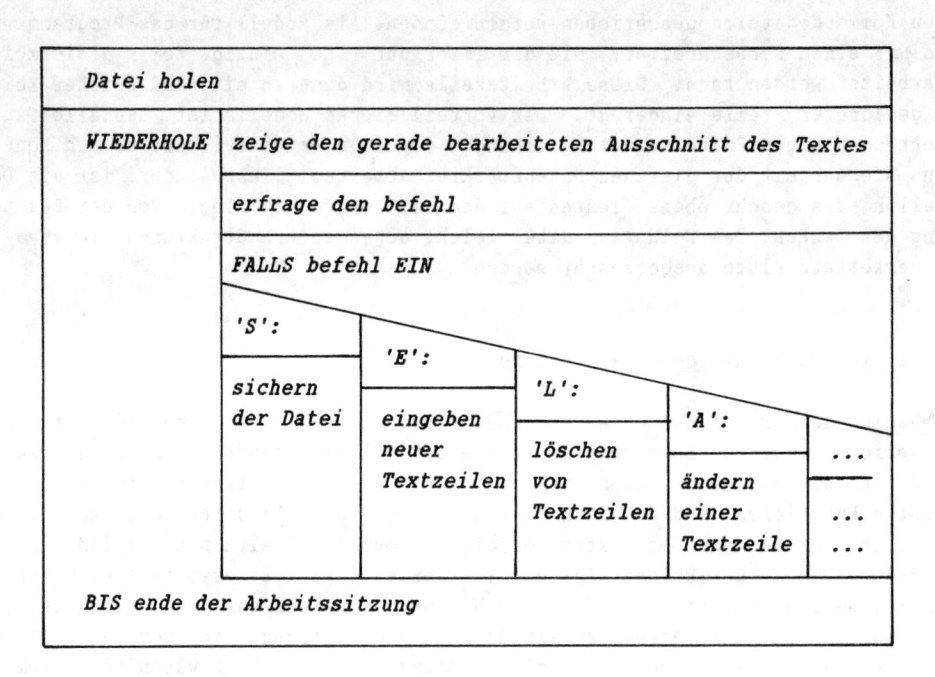

```
┌─────────────────────────────────────────────────────────────────┐
│   Datei holen                                                   │
├─────────────────────────────────────────────────────────────────┤
│   WIEDERHOLE  │ zeige den gerade bearbeiteten Ausschnitt des Textes │
│               ├─────────────────────────────────────────────────┤
│               │ erfrage den befehl                              │
│               ├─────────────────────────────────────────────────┤
│               │ FALLS befehl EIN                                │
│               ├──────┬──────────────────────────────────────────┤
│               │ 'S': │ 'E':                                     │
│               │      ├──────────┬───────────────────────────────┤
│               │sichern│         │ 'L':                          │
│               │der Da-│eingeben ├─────────┬─────────────────────┤
│               │tei    │neuer    │löschen  │ 'A':                │
│               │       │Textzei- │von      ├─────────┬───────────┤
│               │       │len      │Textzei- │ändern   │  ...      │
│               │       │         │len      │einer    │  ...      │
│               │       │         │         │Textzeile│  ...      │
├─────────────────────────────────────────────────────────────────┤
│   BIS ende der Arbeitssitzung                                   │
└─────────────────────────────────────────────────────────────────┘
```

3.3.2 Der Textspeicher

Als Arbeitsspeicher wollen wird ein Feld von Zeichenketten vorsehen, das zusätzlich in jeder Zeile eine Zeilennummer enthält. Zeichenkette und Nummer müssen als Verbund (RECORD) zusammengefaßt werden, da ihre Datentypen unterschiedlich sind. Wir haben es also tatsächlich mit einem Feld von Verbunden zu tun, das zu Beginn der Arbeit nach dem Einlesen einer bestehenden Datei etwa so aussehen kann:

Feldindex	Zeilennummer	Textzeile
1	1	Josef Müller 8130 Starnberg, den 11.11.88
2	2	Baustoffhandlung Oberer Feldsteig 92
3	3	
4	4	LETZTE MAHNUNG
5	5	
6	6	Sehr geehrter Herr Hansen
7	7	wenn Sie nicht umgehendst die von mir schon im Juni
8	8	eigenhändig bei Ihnen in Ihren Briefkasten geworfene
9	9	Rechnung zu begleichen sich anstehen, muß ich leider
10	10	meine Drohung wahr machen und
11	0	

Fällt jetzt dem Schreiber auf, daß er in seiner Wut die Anschrift des Zahlungsunwilligen vergessen hat, dann entsteht nach dem Einfügen eine neue Reihenfolge:

Feldindex	Zeilennummer	Textzeile		
1	1	Josef Müller	8130	Starnberg, den 11.11.88
2	2	Baustoffhandlung		Oberer Feldsteig 92
3	6			
4	7	LETZTE MAHNUNG		
.	.	...		
10	13	meine Drohung wahr machen und		
11	3			
12	4	Herrn		
13	5	Herbert Hansen		
14	0			

Der Arbeitsspeicher wird also mit Textzeilen gefüllt. Leere oder gelöschte Zeilen erhalten die Zeilennummer Null. Bei der Arbeit entsteht so ein Textfeld, bei dem sich die tatsächlich gespeicherte Reihenfolge der Zeilen stark von der logischen Reihenfolge des veränderten Textes unterscheiden kann. Da unsere Programmteile mit der logischen Reihenfolge arbeiten sollen, die durch die Zeilennummernfolge repräsentiert wird, benötigen wir eine Funktion *FELDINDEX*, die im Textfeld eine Zeilennummer sucht und den entsprechenden Feldindex zurückgibt, falls die Nummer vorhanden ist. Andernfalls wird die boolesche Variable *GEFUNDEN* auf den Wert FALSCH gesetzt.

FELDINDEX(zeilennummer, gefunden):

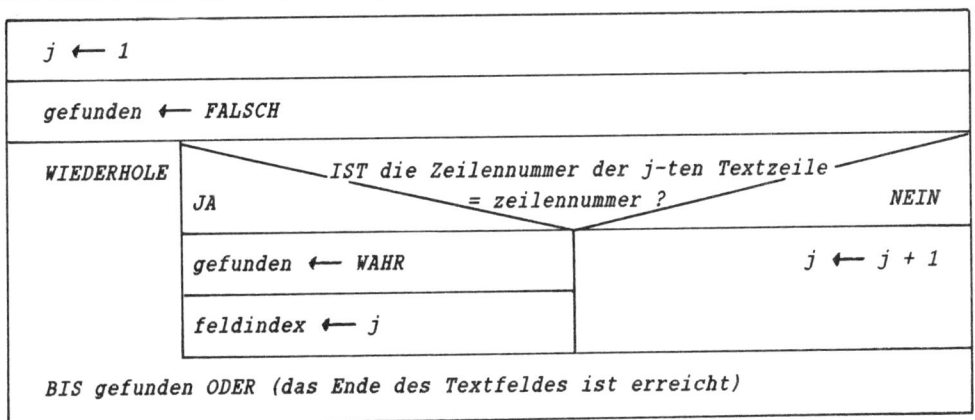

$j \leftarrow 1$				
gefunden $\leftarrow$ FALSCH				
WIEDERHOLE	JA	IST die Zeilennummer der j-ten Textzeile = zeilennummer ?		NEIN
		gefunden $\leftarrow$ WAHR		$j \leftarrow j + 1$
		feldindex $\leftarrow$ j		
BIS gefunden ODER (das Ende des Textfeldes ist erreicht)				

```
FUNCTION feldindex(zeilennummer: INTEGER; VAR gefunden: BOOLEAN): INTEGER;
   VAR j: INTEGER;
   BEGIN j := 1; gefunden := FALSE;
         REPEAT IF speicher[j].nummer = zeilennummer
                   THEN BEGIN gefunden := TRUE; feldindex := j END ELSE j := j + 1
         UNTIL gefunden OR (j > maxzeilen);
   END;
```

3.3.3 Der Bildschirmaufbau

Die oberste Bildschirmzeile wollen wir einer Auflistung der zu einem bestimmten Zeitpunkt zur Verfügung stehenden Befehle vorbehalten. Außerdem sollen die Gesamtlänge des Textes, die Lage der momentanen Arbeitszeile und der Name der bearbeiteten Datei angegeben werden. Danach folgen entweder bis zu 15 Zeilen, die die Arbeitszeile enthalten, oder der Bildschirm wird für Neueingaben frei gemacht. Die letzten Zeilen sollen für die Befehlseingabe und die Angaben reserviert werden, die zur Ausführung der einzelnen Funktionen noch benötigt werden. Insgesamt ergibt sich dann folgendes Bild:

```
 Datei <TEST>: S(ichern L(öschen E(infügen A(endern ... Q(uit 15 von 22

   13: bestellen wir nach Ihrem Angebot Nr. 1234567 den Zeileneditor
   14: ZEILED, der uns bei der Demonstration durch ihren Herrn
 * 15: Zander so gut gefallen hat. Auf das noch nicht lieferbare
   16: Handbuch legen wir keinen Wert, da der Editor offensichtlich
   17: selbsterklärend ist.
   18:
   19: Mit vorzüglicher Hochachtung
   20:
   21: Ihr ..............
   22:     (Peter Pansen)


 Befehl: -->
```

3.3.4 Das Laden einer Datei

Zuerst das Struktogramm von *HOLE_DATEI:*

erfrage den Dateinamen	
IST die Datei schon vorhanden ?	
JA	NEIN
$i \leftarrow 0$	neue Datei
SOLANGE das Dateiende nicht erreicht wurde TUE	
$i \leftarrow i + 1$	
lies eine Textzeile in den Textspeicher ein	

Unsere Texte sollen als Textdateien gespeichert werden. Deshalb können wir sie einfach zeilenweise in das Textfeld einlesen. Ist eine Datei des angegebenen Namens nicht vorhanden, dann handelt es sich um eine neue Datei. Zur Prüfung des Vorhandenseins eröffnen wir die Datei zum Lesen. Tritt dabei ein Fehler auf, dann gibt es die Datei nicht (jedenfalls hat das Rechnersystem sie nicht gefunden). Da wir hier einen speziellen TURBO-PASCAL-Befehl benutzen, greifen wir beim Eröffnen der Datei auch direkt auf die TURBO-PASCAL-Befehle zurück:

Benutzt wird dabei ein Textspeicher vom folgenden Typ:

```
VAR   speicher: ARRAY[1..maxzeilen] OF RECORD inhalt  : STRING[65];
                                           nummer  : INTEGER
                                           END;


PROCEDURE hole_datei;
  VAR i: INTEGER;
  BEGIN
  CLRSCR; WRITELN(' Z E I L E D: der Zeileneditor !'); WRITELN;
  WRITELN('Mit welcher Datei wollen Sie arbeiten? ............');
  GOTOXY(40,3); READLN(dateiname); WRITELN;
  i := 0; datei_da := FALSE;
  {$I-} ASSIGN(datei,dateiname); RESET(datei) {$I+};
  IF IORESULT = 0
     THEN BEGIN
          datei_da := TRUE;
          WHILE NOT EOF(datei) DO
             BEGIN
             WRITE('.'); i := i + 1;
             READLN(datei,speicher[i].inhalt);
             speicher[i].nummer    := i
             END;
          endnummer := i;
          CLOSE(datei);
          END
     ELSE BEGIN WRITELN('Neue Datei'); endnummer := 0 END;
  DELAY(1000)
  END;
```


3.3.5 Das Einfügen von Textzeilen

Wir wollen Textzeilen auf eine sehr einfache Art in den bestehenden Text einfügen. Dazu wird die erste noch freie Zeile des Textspeichers gesucht, die an der Null als Zeilennummer erkennbar ist. In diese Zeile wird der neue Text geschrieben. Anschließend werden alle Nummern um Eins erhöht, die größer als die Nummer sind, bei der eingefügt werden soll. Die so geschaffene Lücke wird dann von der neuen Zeile eingenommen. Das Einfügen soll durch die Eingabe eines Sterns beendet werden.

EINFÜGEN:

erfrage die nummer, bei der eingefügt werden soll		
WIEDERHOLE	suche eine leere Textspeicherzeile	
	s ⟵ eingegebene Textzeile	
	IST s <> '*' ?	
	JA	NEIN
	verschiebe alle Zeilennummern ab nummer um 1	
	füge s an der nun freien Stelle ein	
	nummer ⟵ nummer + 1	
BIS s = '*'		

```
PROCEDURE verschiebe_nummern_ab(i,betrag: INTEGER);
   VAR j: INTEGER;
   BEGIN
   FOR j := 1 TO maxzeilen DO
       IF (speicher[j].nummer >= i)
           THEN speicher[j].nummer := speicher[j].nummer + betrag;
   END;



PROCEDURE einfuegen;

    VAR nummer,k: INTEGER;
        drin    : INTEGER;
        ok, ende: BOOLEAN;
        s       : STRING[80];

    FUNCTION suche_leere_zeile(VAR ok: BOOLEAN): INTEGER;
       VAR i: INTEGER;
       BEGIN
       i := 1;
       REPEAT ok := speicher[i].nummer = 0; i := i + 1
       UNTIL ok OR (i > maxzeilen);
       IF ok THEN suche_leere_zeile := i - 1 ELSE suche_leere_zeile := 0
       END;
```

```
BEGIN
GOTOXY(1,25); CLREOL; WRITE('Eingeben: ab welcher Zeilennummer? --> ');
READLN(nummer);
IF nummer > endnummer THEN nummer := endnummer + 1;
IF nummer < 1 THEN nummer := 1;
kopfzeile; WRITELN('Ende mit <*>'); WRITELN; drin := 0;
REPEAT k := suche_leere_zeile(ok);
        IF NOT ok
            THEN BEGIN
                WRITELN('Der Speicher ist voll!'); ende := TRUE; DELAY(1000)
                END
            ELSE BEGIN
                WRITE(nummer:3,': '); READLN(s); ende := s = '*';
                IF NOT ende
                    THEN BEGIN
                        drin := drin + 1;
                        IF drin MOD 15 = 0
                            THEN BEGIN
                                kopfzeile; WRITELN('Ende mit <*>'); WRITELN
                                END;
                        verschiebe_nummern_ab(nummer,1);
                        speicher[k].inhalt := s; speicher[k].nummer := nummer;
                        arbeitsnummer := nummer; endnummer := endnummer + 1
                        END;
                nummer := nummer + 1;
                END;
    UNTIL ende
END;
```

3.3.6 Das Löschen von Textzeilen

Textzeilen werden gelöscht, indem ihre Zeilennummern auf Null gesetzt und die
auf sie folgenden Zeilennummern um einen Betrag verringert werden, der der Anzahl der zu löschenden Zeilen entspricht.

```
PROCEDURE loeschen;
    VAR von,bis,i,k: INTEGER; da : BOOLEAN;
    BEGIN
    GOTOXY(1,24); CLREOL; WRITE('Löschen: von Zeile Nr. '); READLN(von);
    GOTOXY(1,25); CLREOL; WRITE('              bis Zeile Nr. '); READLN(bis);
    FOR i := von TO bis DO
        BEGIN
        k := speicherzeile(i,da);
        IF da THEN BEGIN speicher[k].inhalt := ''; speicher[k].nummer := 0 END;
        END;
    verschiebe_nummern_ab(von,von-bis-1); endnummer := endnummer + von - bis - 1;
    arbeitsnummer := von - 1;
    IF arbeitsnummer > endnummer THEN arbeitsnummer := endnummer;
    END;
```

3.3.7 Der Editor

Mit den schon besprochenen Teilfunktionen ergibt sich für den Zeileneditor das folgende Programm. Neu sind Prozeduren zum Löschen des Textspeichers, zum Darstellen des momentanen Textausschnitts und zum Versetzen der Arbeitszeile, die für die Benutzung hilfreich und hoffentlich selbsterklärend sind.

```
PROGRAM zeiled;

CONST maxzeilen = 100;

VAR    speicher      : ARRAY[1..maxzeilen] OF RECORD inhalt : STRING[65];
                                                     nummer : INTEGER
                                              END;
       arbeitsnummer: INTEGER;
       endnummer     : INTEGER;
       befehl        : CHAR;
       datei         : TEXT;
       dateiname     : STRING[12];
       datei_da      : BOOLEAN;
       befehlsliste  : SET OF CHAR;

PROCEDURE speicher_loeschen;
   VAR i: INTEGER;
   BEGIN
   FOR i := 1 TO maxzeilen DO
       BEGIN speicher[i].inhalt   := ''; speicher[i].nummer   := 0 END
   END;

PROCEDURE kopfzeile;
   BEGIN
   CLRSCR; WRITELN('Datei: <',dateiname,'>: ');
   WRITE('S(ichern L(öschen E(infügen A(endern V(ersetzen ');
   WRITELN('W(eiter_bei D(rucken   Q(uit'); WRITELN
   END;

PROCEDURE hole_zeichen(VAR c: CHAR);
   BEGIN
   GOTOXY(1,25); WRITE('Befehl: --> ');
   REPEAT READ(KBD,c); c := UPCASE(c) UNTIL c IN befehlsliste; WRITE(c)
   END;

PROCEDURE hole_datei;              { wie angegeben }
FUNCTION feldindex;                { wie angegeben }
PROCEDURE verschiebe_nummern_ab;   { wie angegeben }
PROCEDURE einfuegen;               { wie angegeben }
PROCEDURE loeschen;                { wie angegeben }
```

```
PROCEDURE zeige_ausschnitt;
   VAR i,j,k: INTEGER; da   : BOOLEAN;
   BEGIN
   CLRSCR; kopfzeile;
   j := 1; i := arbeitsnummer; k := feldindex(i,da);
   WHILE da AND (j < 6) AND (i > 0) DO
         BEGIN i := i - 1; k := feldindex(i,da); j := j + 1 END;
   i := i + 1; j := 1; k := feldindex(i,da);
   WHILE da AND (j < 16) DO
         BEGIN
         IF i = arbeitsnummer THEN WRITE('*') ELSE WRITE(' ');
         WRITELN(i:3,': ',speicher[k].inhalt);
         i := i + 1; k := feldindex(i,da); j := j + 1;
         END;
   END;

PROCEDURE weiter_bei;
   VAR nummer: INTEGER;
   BEGIN
   GOTOXY(1,25); CLREOL; WRITE('Weiter mit Zeile Nr. --> '); READLN(nummer);
   IF (nummer > 0) AND (nummer <= endnummer) THEN arbeitsnummer := nummer
   END;

PROCEDURE sichern;                   { Bitte selbst schreiben }
PROCEDURE versetzen;                 { Bitte selbst schreiben }
PROCEDURE aendern;                   { Bitte selbst schreiben }
PROCEDURE drucken;                   { Bitte selbst schreiben }

BEGIN {.......................... des Hauptprogramms ....................}
befehlsliste := ['S','L','V','E','A','W','D','Q'];
speicher_loeschen;
hole_datei;
arbeitsnummer := 1;
REPEAT zeige_ausschnitt;
       GOTOXY(71,1); WRITE(arbeitsnummer:2,' von ',endnummer:2);
       hole_zeichen(befehl);
       CASE befehl OF 'S': sichern;
                      'L': loeschen;
                      'V': versetzen;
                      'E': einfuegen;
                      'W': weiter_bei;
                      'A': aendern;
                      'D': drucken
                      END;
UNTIL befehl IN ['Q','q'];
END.
```

3.3.8 Aufgaben

1. Schreiben Sie die folgenden Unterprogramme des Zeileneditors *ZEILED* zuerst als Struktogramme, die die wesentlichen Schritte enthalten, dann als Programme mit allen Details:

    a. *SICHERN* des gerade bearbeiteten Textes.

    b. *VERSETZEN* von einer oder mehreren Textzeilen im Text.

    c. *KOPIEREN* von einer oder mehreren Textzeilen an eine andere Stelle im Text.

    d. *AENDERN* einer Textzeile. Dabei soll bei Drücken der Rechtspfeil-Taste das entsprechende Zeichen der alten Zeile , bei Drücken einer anderen Taste das neue Zeichen übernommen werden. Zur Korrektur kann die Linkspfeil-Taste benutzt werden.

    e. *DRUCKEN* des Textes. Beachten Sie, daß Drucker und Datei als Textdateien behandelt werden. Das Unterprogramm erfordert also nur eine andere Zuweisung für den Ausgabekanal.

    f. *LADEN* einer Textdatei. Dabei sollen die neuen Zeilen an der Position der Arbeitszeile eingefügt werden.

    g. *SUCHEN* eines Begriffes im Text. Die Wiederholung des Suchvorgangs soll einfach möglich sein. Dazu wird jeweils das letzte Suchwort gespeichert.

    h. *ERSETZEN* eines Begriffes im Text. Die Anzahl der gewünschten Ersetzungen soll erfragt werden.

    i. *WECHSELN* des Dateinamens.

2. Benutzen Sie als Textspeicher eine vorwärts und rückwärts *verkettete Liste*. Ändern Sie die benutzten Programmteile entsprechend ab.

3. Beschreiben Sie unterschiedliche *Datenstrukturen* für den Textspeicher. Schätzen Sie Vor- und Nachteile der möglichen Datenstrukturen ab. Betrachten Sie dafür den Einfluß der Datenstrukturen auf die unterschiedlichen Teilfunktionen Einfügen, Löschen, Verschieben, ...

4. Formulieren Sie die *Zugriffe* auf den Textspeicher so, daß die Art der verwendeten Datenstruktur des Textspeichers einen möglichst geringen Einfluß auf die Teilproblemlösungen hat.

3.4 Serienbriefe

Eine wichtige Ergänzung von Textverarbeitungssystemen ist die Möglichkeit, an in einer Datei gespeicherte Adressaten individuell gehaltene Serienbriefe zu schreiben. Dabei soll anhand der Daten jeweils entschieden werden können, ob ein Brief geschrieben wird, oder ob nicht. Das Problem des Adressenhandels wurde schon in Abschnitt 2.1.3 behandelt. Hier geht es nur um die Realisierung.

3.4.1 Einfügekommandos

Serienbriefe unterscheiden sich von normalen Briefen dadurch, daß erst beim Druck der endgültige Text zusammengestellt wird. Beim Entwurf des Brieftextes müssen also "Platzhalter" eingefügt werden, die angeben, welche Komponente der später mit dem Text zu verknüpfenden Datei eingesetzt werden soll. Da wir beim Lesen der Datei entscheiden wollen, ob der Brief an den betreffenden Adressaten wirklich gedruckt werden soll, müssen unsere Platzhalter entsprechende Formulierungsmöglichkeiten bieten. Wir wollen deshalb von Einfügekommandos reden. Ein solches Kommando soll im Text durch die geschweiften Klammern gekennzeichnet werden:

Einfügekommando   : {.......}

Bezeichnen wir die n-te Komponente der Datensätze der Datei mit #n (wir wollen uns auf maximal 10 Komponenten mit den Nummern 0 bis 9 beschränken), dann müssen wir, um Entscheidungen treffen zu können, diese Komponente mit einem vorgegebenen Text vergleichen können. Dazu wollen wir die folgenden Operatoren zulassen:

Vergleichsoperatoren: < , > , = , # (ungleich)

Im Kommando wollen wir den Platz des Vergleichsoperators mit dem Zeichen "@" markieren. Den Vergleichstext nennen wir "string". Um etwa bei Männern und Frauen unterschiedliche Anreden zuzulassen, wollen wir ein *IF-Kommando* einführen, das je nach Ergebnis des ausgeführten Vergeichs einen von zwei Texten schreibt. Zum Abbruch des Schreibvorgangs führen wir ein *EXIT-Kommando* ein. Das *DRUCK-Kommando* entscheidet, ob der Brief in jedem Fall gedruckt werden soll. Es hat also Priorität vor dem EXIT, wenn es vorher ausgeführt wird. Wir finden damit die folgenden Einfügekommandos:

{#n}   : die n-te Komponente des Datensatzes einfügen.

{p#n@string}   : bei positivem Vergleichsergebnis Brief drucken.

{e#n@string}   : bei positivem Vergleichsergebnis Druck beenden.

{i#n@string/ja_text/nein_text}: bei positivem Vergleichsergebnis den ja_text
                                  einfügen, sonst den nein_text.

Wir wollen mit Hilfe dieser Kommandos einen kurzen Brief formulieren. Dazu müssen wir wissen, in welcher Reihenfolge welche Daten in der Datendatei stehen. Wir wählen die Kundendatei eines Autohauses:

      Komponente 0: Name
            " *1: Vorname*
            " *2: Strasse Hausnummer*
            " *3: Plz Wohnort*
            " *4: Geschlecht (M/W)*
            " *5: PKW-Typ*
            " *6: Baujahr*

Mit diesen Informationen wollen wir eine Rückrufaktion starten, bei der alle Besitzer eines Opel-Kadetts des Baujahres 1968 aufgefordert werden, die Werkstatt aufzusuchen. Wir werfen dazu mit Hilfe des Exit-Kommandos alle Fahrer mit Fahrzeugen anderer Typen oder anderer Baujahre zuerst aus dem Druckvorgang.

    {e#6#1968}   ⟵ nur Baujahr 1968 bleibt übrig
    {e#5#OPEL-KADETT}   ⟵ nur OPEL-KADETT bleibt übrig

    {i#4=M/Herrn/Frau}   ⟵ Anrede
    {#1} {#0}   ⟵ Name
    {#2}   ⟵ Strasse/Nr.
    {#3}   ⟵ PLZ/Wohnort

Sehr geehrte{i#4=M/r Herr/ Frau} {#0},   ⟵ Anrede

da Sie Besitzer eines {#5} des Baujahres ⟵ PKW-Typ
{#6} sind, bitten wir Sie, umgehend un- ⟵ Baujahr
sere Werkstatt zu einer Kontrollinspektion aufzusuchen. Sollten Sie Ihren Wagen inzwischen verkauft haben, dann teilen Sie uns bitte den Namen und die Anschrift des Käufers mit.

Mit freundlichem Gruß

Ihr AUTO-MEIER

3.4.2 Das Einrichten einer Adressatendatei

Adressatendateien können wir einfach als Textdateien organisieren. Da diese keine einheitliche Struktur haben, müssen wir als erstes die Anzahl der Dateizeilen angeben, die zu einem Datensatz gehören. Anschließend werden alle benötigten Informationen in der richtigen Reihenfolge abgespeichert.

```
┌─────────────────────────────────────────────────────────────┐
│    erfrage den Dateinamen                                   │
├─────────────────────────────────────────────────────────────┤
│    öffne die Datei zum Schreiben                            │
├─────────────────────────────────────────────────────────────┤
│    erfrage die Anzahl der Komponenten eines Datensatzes     │
├─────────────────────────────────────────────────────────────┤
│    erfrage die Namen der Komponenten                        │
├──────────────────┬──────────────────────────────────────────┤
│    WIEDERHOLE    │  daten eingeben und speichern            │
├──────────────────┴──────────────────────────────────────────┤
│    BIS ende                                                 │
├─────────────────────────────────────────────────────────────┤
│    schliesse die Datei                                      │
└─────────────────────────────────────────────────────────────┘
```

Eine TURBO-PASCAL-Formulierung dieses Verfahrens ergibt z.B.:

```pascal
PROGRAM dateieingabe;

TYPE tname = STRING[12];

VAR  komp_namen : ARRAY[0..9] OF tname;
     komponenten: ARRAY[0..9] OF STRING[40];
     datei      : TEXT;
     dateiname  : tname;
     i, drin    : INTEGER;
     ende       : BOOLEAN;

PROCEDURE oeffne_zum_schreiben(VAR datei: TEXT; dateiname: tname);
   BEGIN
   ASSIGN(datei,dateiname);
   REWRITE(datei)
   END;

PROCEDURE komponentennamen_erfragen;
   VAR i: INTEGER;
   BEGIN
   CLRSCR;
   WRITELN('Geben Sie die Namen der Dateikomponenten ein:'); WRITELN;
   FOR i := 0 TO drin DO
       BEGIN
       WRITE(i:2,'. Komponente: ');
       READLN(komp_namen[i])
       END
   END;
```

```
    PROCEDURE daten_eingeben;
       VAR i: INTEGER;
       BEGIN
       CLRSCR;
       WRITE('Eingabe eines Datensatzes ');
       WRITELN('(Ende mit <RETURN> als erste Eingabe):'); WRITELN; WRITELN;
       WRITE(komp_namen[0]:15,': '); READLN(komponenten[0]);
       IF komponenten[0] <> ''
          THEN BEGIN
               ende := FALSE;
               FOR i := 1 TO drin DO
                   BEGIN
                   WRITE(komp_namen[i]:15,': '); READLN(komponenten[i])
                   END;
               WRITELN; WRITELN('-------------> wird gespeichert!');
               FOR i := 0 TO drin DO
                   WRITELN(datei,komponenten[i]);
               DELAY(500)
               END
          ELSE ende := TRUE
       END;

BEGIN {...................... des Hauptprogramms ...........................}

CLRSCR;
WRITELN('Erstellen einer Adressaten-Datei:'); WRITELN;

WRITE('Name der Datei: --> '); READLN(dateiname);
oeffne_zum_schreiben(datei,dateiname);

REPEAT WRITE('Wie viele Komponenten hat ein Datensatz (0..9) ? '); READLN(drin)
UNTIL drin IN [0..9];
WRITELN(datei,drin);

komponentennamen_erfragen;

REPEAT daten_eingeben
UNTIL ende;

CLOSE(datei)
END.
```

3.4.3 Das Serienbriefprogramm

Das gesuchte Serienbriefprogramm muß jetzt mit Einfügekommandos versehene Texte mit einer angelegten Datei mischen. Dazu liest es zuerst den geschriebenen Text ein, dann lädt es nacheinander die Datensätze und schreibt ggf. Briefe. Zur Papierersparnis wird der Druckerkanal erfragt, damit beim Test der Bildschirm als Ausgabegerät gewählt werden kann. Da nur Zeichenketten verglichen werden, stimmen die Vergleiche numerischer Werte nur dann, wenn die Anzahlen der Zeichen der verglichenen Werte gleich sind.

erfrage den Namen der Adressatendatei
erfrage den Namen der Briefdatei
erfrage den Namen des Druckerkanals
lade den Brieftext
öffne die Adressatendatei zum Schreiben
lies die Anzahl der Komponenten von der Adressatendatei
öffne den Druckerkanal zum Schreiben
SOLANGE die Adressatendatei nicht abgearbeitet ist TUE
lies alle Komponenten von der Adressatendatei
schreibe den Brief (ggf)
schliesse alle geöffneten Dateien

lade_den_brieftext:

öffne die Briefdatei zum Lesen
SOLANGE die Briefdatei nicht abgearbeitet worden ist TUE
lies eine Zeile von der Briefdatei und weise sie der Zeile eines Feldes zu, in dem der Brieftext gespeichert wird.
zeilen_drin ← Anzahl der gelesenen Zeilen
schliesse die Briefdatei

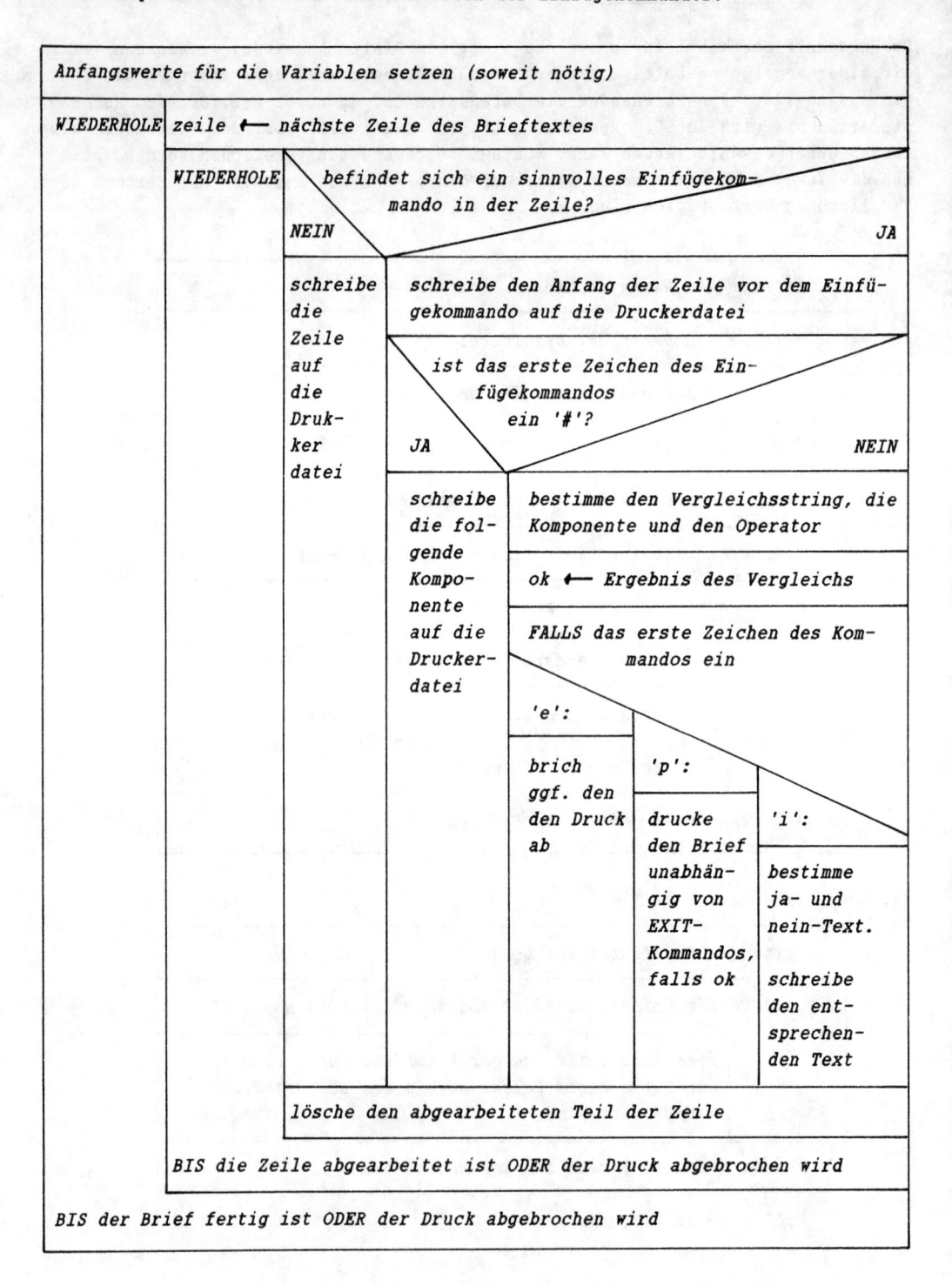

Etwas komplizierter ist nur das Auswerten der Einfügekommandos:

```
┌─────────────────────────────────────────────────────────────────────────────┐
│ Anfangswerte für die Variablen setzen (soweit nötig)                        │
├──────────┬──────────────────────────────────────────────────────────────────┤
│WIEDERHOLE│ zeile ←── nächste Zeile des Brieftextes                          │
│          ├──────────┬───────────────────────────────────────────────────────┤
│          │WIEDERHOLE│    befindet sich ein sinnvolles Einfügekom-           │
│          │          │           mando in der Zeile?                         │
│          │          ├──────────┬────────────────────────────────────────────┤
│          │          │  NEIN    │                                       JA   │
│          │          ├──────────┼────────────────────────────────────────────┤
│          │          │ schreibe │ schreibe den Anfang der Zeile vor dem Ein- │
│          │          │ die      │ fügekommando auf die Druckerdatei          │
│          │          │ Zeile    ├────────────────────────────────────────────┤
│          │          │ auf      │   ist das erste Zeichen des Ein-           │
│          │          │ die      │       fügekommandos                        │
│          │          │ Druk-    │           ein '#'?                         │
│          │          │ ker      ├──────────┬─────────────────────────────────┤
│          │          │ datei    │   JA     │                          NEIN   │
│          │          │          ├──────────┼─────────────────────────────────┤
│          │          │          │ schreibe │ bestimme den Vergleichsstring,  │
│          │          │          │ die fol- │ die Komponente und den Operator │
│          │          │          │ gende    ├─────────────────────────────────┤
│          │          │          │ Kompo-   │ ok ←── Ergebnis des Vergleichs  │
│          │          │          │ nente    ├─────────────────────────────────┤
│          │          │          │ auf die  │ FALLS das erste Zeichen des Kom-│
│          │          │          │ Drucker- │          mandos ein             │
│          │          │          │ datei    ├─────────────────────────────────┤
│          │          │          │          │ 'e':                            │
│          │          │          │          ├──────┬──────────────────────────┤
│          │          │          │          │ brich│ 'p':                     │
│          │          │          │          │ ggf. ├──────┬───────────────────┤
│          │          │          │          │ den  │drucke│ 'i':              │
│          │          │          │          │Druck │den   ├───────────────────┤
│          │          │          │          │ ab   │Brief │ bestimme          │
│          │          │          │          │      │unab- │ ja- und           │
│          │          │          │          │      │hängig│ nein-Text.        │
│          │          │          │          │      │von   │                   │
│          │          │          │          │      │EXIT- │ schreibe          │
│          │          │          │          │      │Komman│ den ent-          │
│          │          │          │          │      │dos,  │ sprechen-         │
│          │          │          │          │      │falls │ den Text          │
│          │          │          │          │      │ok    │                   │
│          │          │          ├──────────┴──────┴──────┴───────────────────┤
│          │          │          │ lösche den abgearbeiteten Teil der Zeile   │
│          │          ├──────────┴────────────────────────────────────────────┤
│          │          │ BIS die Zeile abgearbeitet ist ODER der Druck abge-   │
│          │          │ brochen wird                                          │
│          ├──────────┴───────────────────────────────────────────────────────┤
│          │ BIS der Brief fertig ist ODER der Druck abgebrochen wird         │
└──────────┴──────────────────────────────────────────────────────────────────┘
```

Insgesamt erhält man das folgende Programm:

```
PROGRAM serienbriefe;

CONST maxlaenge = 100;

TYPE tname  = STRING[12];
     tzeile = STRING[80];

VAR daten                             : ARRAY[0..9] OF STRING[40];
    ad_name, br_name, dr_name         : tname;
    adressaten, brief, drucker        : TEXT;
    brieftext                         : ARRAY[1..maxlaenge] OF tzeile;
    i, zeilen_drin, komponenten_drin: INTEGER;

PROCEDURE oeffne_zum_lesen;        { wie angegeben }
PROCEDURE oeffne_zum_schreiben;    { wie angegeben }

PROCEDURE lade_den_brieftext;
  VAR i: INTEGER;
  BEGIN
  oeffne_zum_lesen(brief,br_name);
  i := 0;
  WHILE NOT EOF(brief) DO
        BEGIN
        i := i + 1; READLN(brief,brieftext[i]);
        END;
  zeilen_drin := i;
  CLOSE(brief)
  END;

PROCEDURE schreibe_brief;

    VAR i, j, k, anfang, ende                  : INTEGER;
        c, befehl, operator                    : CHAR;
        zeile, teststring, s_test, s_ja, s_nein : tzeile;
        ok, dr_klar, fehler, abbruch           : BOOLEAN;

    FUNCTION vergleiche(j: INTEGER; op: CHAR; s: tzeile): BOOLEAN;
       BEGIN
       CASE op OF '<': vergleiche := daten[j] < s;
                  '>': vergleiche := daten[j] > s;
                  '=': vergleiche := daten[j] = s;
                  '#': vergleiche := daten[j] <> s
                  END
       END;
```

```
BEGIN
oeffne_zum_schreiben(drucker,dr_name);
dr_klar := FALSE; abbruch := FALSE; i := 1;
REPEAT
zeile := brieftext[i];
REPEAT anfang := POS('{',zeile); ende := POS('}',zeile);
     IF (anfang = 0) OR (ende = 0) OR (ende <= anfang)
        THEN BEGIN WRITE(drucker,zeile); zeile := '' END
        ELSE BEGIN
             IF anfang >=2 THEN WRITE(drucker,COPY(zeile,1,anfang-1));
             DELETE(zeile,1,anfang);
             IF zeile[1] = '#'
                THEN BEGIN
                     j := ORD(zeile[2]) - ORD('0');
                     IF j <= komponenten_drin THEN WRITE(drucker,daten[j]);
                     END
                ELSE BEGIN
                     befehl := UPCASE(zeile[1]);j:=ORD(zeile[3])- ORD('0');
                     fehler := j > komponenten_drin;
                     IF NOT fehler
                        THEN BEGIN
                             operator := zeile[4]; DELETE(zeile,1,4);
                             IF befehl = 'I'
                                THEN k := POS('/',zeile)
                                ELSE k := POS('}',zeile);
                             s_test := COPY(zeile,1,k-1);
                             ok := vergleiche(j,operator,s_test);
                             CASE befehl OF
                                'E': abbruch := ok AND NOT dr_klar;
                                'P': dr_klar := ok;
                                'I': BEGIN
                                     DELETE(zeile,1,k);k := POS('/',zeile);
                                     s_ja := COPY(zeile,1,k-1);
                                     DELETE(zeile,1,k);k := POS('}',zeile);
                                     s_nein := COPY(zeile,1,k-1);
                                     IF ok THEN WRITE(drucker,s_ja)
                                           ELSE WRITE(drucker,s_nein)
                                     END
                                END;
                             END;
                     END;
             DELETE(zeile,1,POS('}',zeile));
             END;
UNTIL (zeile = '') OR abbruch;
WRITELN(drucker); i := i + 1;
UNTIL (i > zeilen_drin) OR abbruch;
WRITELN(drucker); WRITELN(drucker); WRITELN(drucker); READLN; CLOSE(drucker)
END;
```

```
BEGIN {........................des Hauptprogramms...............................}
CLRSCR;
WRITELN('Schreiben von Serienbriefen: ');WRITELN;
WRITE('Name der Adressatendatei: --> '); READLN(ad_name);
WRITE('Name des Brieftextes:     --> '); READLN(br_name);
WRITE('Name des Druckerkanals:   --> '); READLN(dr_name);

lade_den_brieftext;
oeffne_zum_lesen(adressaten,ad_name);
READLN(adressaten,komponenten_drin);
WHILE NOT EOF(adressaten) DO
      BEGIN
      FOR i := 0 TO komponenten_drin DO READLN(adressaten,daten[i]);
      schreibe_brief
      END;
CLOSE(adressaten);
END.
```

3.4.4. Aufgaben

Legen Sie für die folgenden Aufgaben jeweils die Komponenten einer Datei und deren Reihenfolge fest. Schreiben Sie dann Serienbriefentwürfe unter Verwendung der Einfügekommandos.

1. Ein Arzt schickt eine Nachricht an alle Frauen und an alle Kinder unter 10 Jahren unter seinen Patienten, um auf eine *Reihenuntersuchung* hinzuweisen.

2. Ein Fachgeschäft für optische Geräte verschickt einen persönlich gehaltenen *Werbebrief* an Jäger, Fotoamateure, Hobbyastronomen und Opernbesucher.

3. Eine Schule benachrichtigt alle ehemaligen Schüler, die inzwischen vermutlich im Beruf stehen, von der Gründung eines *Fördervereins*.

4. Der *Universitätsverein* einer Kleinstadt fragt alle Mitglieder, die länger nicht die Veranstaltungen des Vereins besucht haben, ob sie noch weiter eingeladen werden möchten.

5. Die *Schülerbibliothek* verschickt über die Klassenlehrer Mahnungen an alle Benutzer, die ihre Bücher schon länger als einen Monat entliehen haben.

6. Ein *Versandhaus* verschickt Serienbriefe an alle Kunden, die entweder
   - im letzten Jahr etwas bestellt haben, oder
   - innerhalb der letzten 3 Jahre für mehr als 1000,- DM bestellt haben.

7. Das *Kraftfahrzeugbundesamt* verschickt Warnungen an alle Autofahrer, die schon mehr als 10 Punkte für Fehlverhalten im Straßenverkehr erhalten haben.

3.5 Textverarbeitung

Im Unterschied zu einem einfachen Zeileneditor erfordert ein *Textverarbeitungsprogramm* Möglichkeiten, Texte kontinuierlich eingeben und ändern zu können. Die einfachste Art für den Benutzer dazu ist, sich mit den Cursorsteuertasten oder einer "Maus" direkt im Text zu bewegen und die Eingaben oder Änderungen so am Bildschirm zu machen, als schriebe er mit der Hand auf einem Stück Papier. Programmtechnisch erfordert dieses einerseits, daß alle Änderungen direkt ausgeführt und am Bildschirm gezeigt werden, andererseits eine Zuordnung der Bildschirmkoordinaten zur momentanen Position im Text. Die Bildschirmdarstellung ist also nicht mehr unabhängig von der momentanen Funktion, und entsprechend sind die Programme komplizierter. Das Produkt des Schreibens ist allerdings nach wie vor eine TEXT-Datei, meist angereichert um spezielle Steuerzeichen, die die Darstellung des Textes oder seinen Druck regeln. Technisch erfordern Textverarbeitungsprogramme zum Bildschirmaufbau einen relativ schnellen Rechner, da alle Änderungen erfolgt sein sollten, bevor die nächste Taste gedrückt wurde. Da solche Geräte zunehmend benutzt werden, können wir das Programm auch in einer eher langsamen Hochsprache formulieren und trotzdem ein gebrauchstüchtiges Produkt erzeugen.

3.5.1 Der Textspeicher als Zeigerstruktur

Um den Speicher des Rechners optimal ausnutzen zu können, wollen wir eine Datenstruktur als Textspeicher benutzen, die im Rahmen des Möglichen den jeweils benötigten Platz zur Verfügung stellt: eine *doppelt verkettete Liste*. Die Vorteile dieser Struktur haben wir schon beim Zeileneditor ausgenutzt, wo wir im Feld die Zeilennummern benutzt hatten, um ohne direkte Änderungen in der gespeicherten Reihenfolge der Textzeilen die logische Reihenfolge des Textes zu ändern. Versetzen von Textblöcken, Einfügen und Löschen von Textzeilen etc. sind dann durch einfaches Umsetzen der benutzten Zeiger zu erledigen. Ein besonderer Vorteil der Liste liegt darin, daß sich durch die einfache Zuordnung der y-Koordinate des Bildschirms zu einem Zeiger auf die aktuelle Textzeile die Darstellung des bearbeiteten Ausschnitts eines längeren Textes auf dem Bildschirm sehr einfach realisieren läßt.

Kommen wir also zur Datenstruktur. Der Anfang des Textes werde durch einen Zeiger *ANFANG* gekennzeichnet, die aktuelle Arbeitszeile durch den Zeiger *Z*. Auf die Vorgänger und Nachfolger der Arbeitszeile zeigen jeweils Zeiger *VOR* und *NACH*, wobei nicht vorhandene Elemente durch *NIL* (<u>n</u>othing <u>i</u>n <u>l</u>ist) als Zeigerwert gekennzeichnet werden. Der Text der Zeile wird als *TEXT*, die Zeilenlänge, weil häufig benötigt, als *DRIN* bezeichnet. Als Beispiel für weitere Attribute wird eine logische Größe *ABSATZENDE* mit verwaltet, die angibt, ob die Zeile die letzte eines Absatzes ist. Diese Information ist wichtig, weil etwa beim Wortumbruch im Fließtext die "überstehenden" Worte immer nur bis zum Ende des Absatzes in die nächste Zeile verschoben werden. Nach diesem Ende wird immer eine neue Zeile begonnen.

Eine entsprechende PASCAL-Typvereinbarung lautet:

```
TYPE   tzeiger = ^tzeile;
       tzeile  = RECORD vor, nach : tzeiger;
                        text      : STRING[z_laenge];
                        drin      : INTEGER;
                        absatzende: BOOLEAN
                 END;
```

Enthält unser Text z.B. die poetischen Zeilen

DAS SCHREIBEN VON PROGRAMMEN STETS
ERFORDERT ZEIT,
DANN ENDLICH GEHT'S.

,dann ergibt sich dafür die folgende Zeigerstruktur. (Nach den letzten beiden Zeilen wurde RETURN gedrückt, nach der ersten nicht. Die Reihenfolge der gespeicherten Informationen ist: VOR - TEXT - DRIN - ABSATZENDE - NACH)

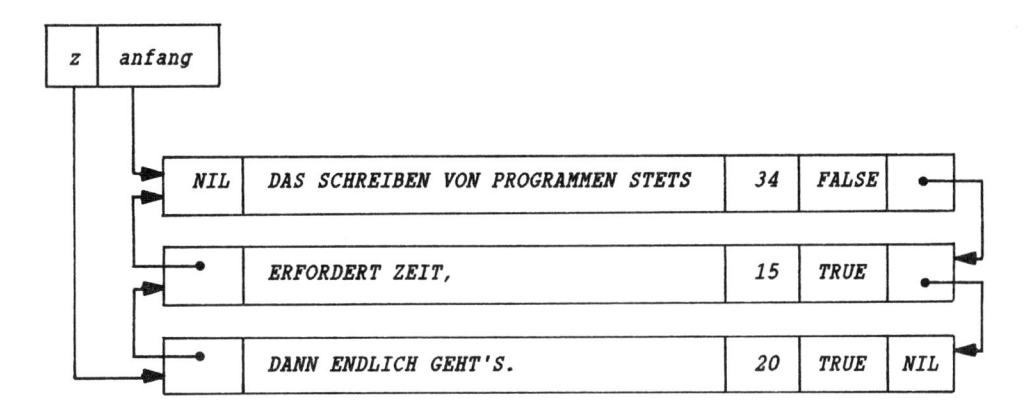

```
┌───┬────────┐
│ z │ anfang │
└───┴────────┘
         │
         ▼
    ┌─────┬──────────────────────────────────┬────┬───────┬───┐
  ┌►│ NIL │ DAS SCHREIBEN VON PROGRAMMEN STETS │ 34 │ FALSE │ ●─┐
  │ └─────┴──────────────────────────────────┴────┴───────┴───┘ │
  │                                                             │
  │ ┌───┬──────────────────┬────┬──────┬───┐                    │
  └─┤ ● │ ERFORDERT ZEIT,  │ 15 │ TRUE │ ●─┼◄───────────────────┘
    └───┴──────────────────┴────┴──────┴───┘
      │                                  │
      │ ┌───┬────────────────────┬────┬──────┬─────┐
      └►│ ● │ DANN ENDLICH GEHT'S.│ 20 │ TRUE │ NIL │
        └───┴────────────────────┴────┴──────┴─────┘
```

3.5.2 Das Bewegen im Text

Die Cursorsteuer- und andere Sondertasten erzeugen Zeichen, die vom Rechner und dem benutzten Programmsystem abhängig sind. Oft erzeugen Sie eine Folge von zwei Zeichen, wobei das erste ein *ESC-Zeichen* (Nr. 27) ist. Wir wollen die Cursorsteuertasten hier einfach mit den Worten *HOCH*, *RUNTER*, *LINKS* und *RECHTS* bezeichnen. Wird eine dieser Tasten gedrückt, dann muß neben der entsprechenden Cursorbewegung auf dem Bildschirm ggf. ein Wechsel der Arbeitszeile im Textspeicher erfolgen. Wir wollen solche Bewegungen nur innerhalb des schon beschriebenen Bereichs zulassen. Verläßt der Cursor den zugelassenen Bereich von z.B. 20 Zeilen nach oben oder unten, dann erfolgt eine Änderung des Bildschirms so, daß der Cursor in der Randzeile verbleibt, der Text aber um eine Zeile nach oben oder unten "gerollt" wird.

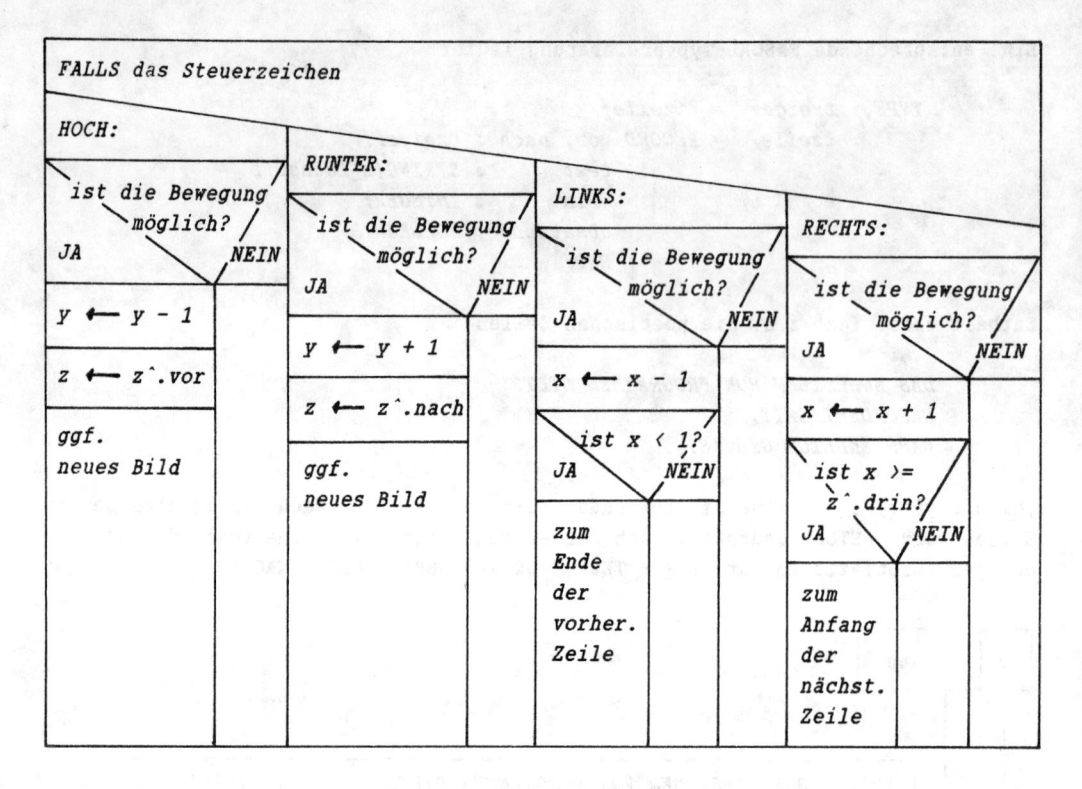

FALLS das Steuerzeichen							
HOCH:							
ist die Bewegung möglich?		RUNTER:					
JA	NEIN	ist die Bewegung möglich?		LINKS:			
y ← y - 1		JA	NEIN	ist die Bewegung möglich?		RECHTS:	
z ← z^.vor		y ← y + 1		JA	NEIN	ist die Bewegung möglich?	
ggf. neues Bild		z ← z^.nach		x ← x - 1		JA	NEIN
		ggf. neues Bild		ist x < 1?		x ← x + 1	
				JA	NEIN	ist x >= z^.drin?	
				zum Ende der vorher. Zeile		JA	NEIN
						zum Anfang der nächst. Zeile	

Falls die Cursorsteuertasten ESC-Codes mit den Nummern *HOCH: 72, RUNTER: 80, LINKS: 75* und *RECHTS: 77* liefern, lautet die entsprechende PASCAL-Formulierung:

```
PROCEDURE hole_zeichen(VAR c: CHAR; VAR ESC: BOOLEAN);
   BEGIN READ(KBD,c); ESC := ORD(c) = 27; IF ESC THEN READ(KBD,c) END;

PROCEDURE ESC_code_bearbeiten(C: CHAR);
   BEGIN
   CASE ORD(c) OF
      72: IF z^.vor <> NIL
             THEN BEGIN y := y-1; z:= z^.vor; IF x > z^.drin THEN x:=z^.drin+1 END;
      80: IF (z^.nach <> NIL)
             THEN BEGIN y := y+1; z:= z^.nach;IF x > z^.drin THEN x:=z^.drin+1 END;
      77: IF x <= z^.drin
             THEN x := x + 1
             ELSE IF z^.nach <> NIL
                     THEN BEGIN x := 1; z := z^.nach; y := y+1 END;
      75: IF x > 1
             THEN x := x - 1
             ELSE IF z^.vor <> NIL
                     THEN BEGIN x := 1; z := z^.vor; y := y-1 END;
      END
   END;
```

3.5.3 Das Einlesen einer Datei

Da nicht nur neue Texte geschrieben werden, soll eine bereits vorhandene TEXT-Datei in den Textspeicher eingelesen werden können. Das Verfahren dazu ist recht einfach. Solange Bedarf besteht, wird jeweils ein neues Listenelement erzeugt und eine Textzeile von der Datei eingelesen. Dabei wird ein Element zuviel erzeugt und kann zuletzt wieder gelöscht werden.

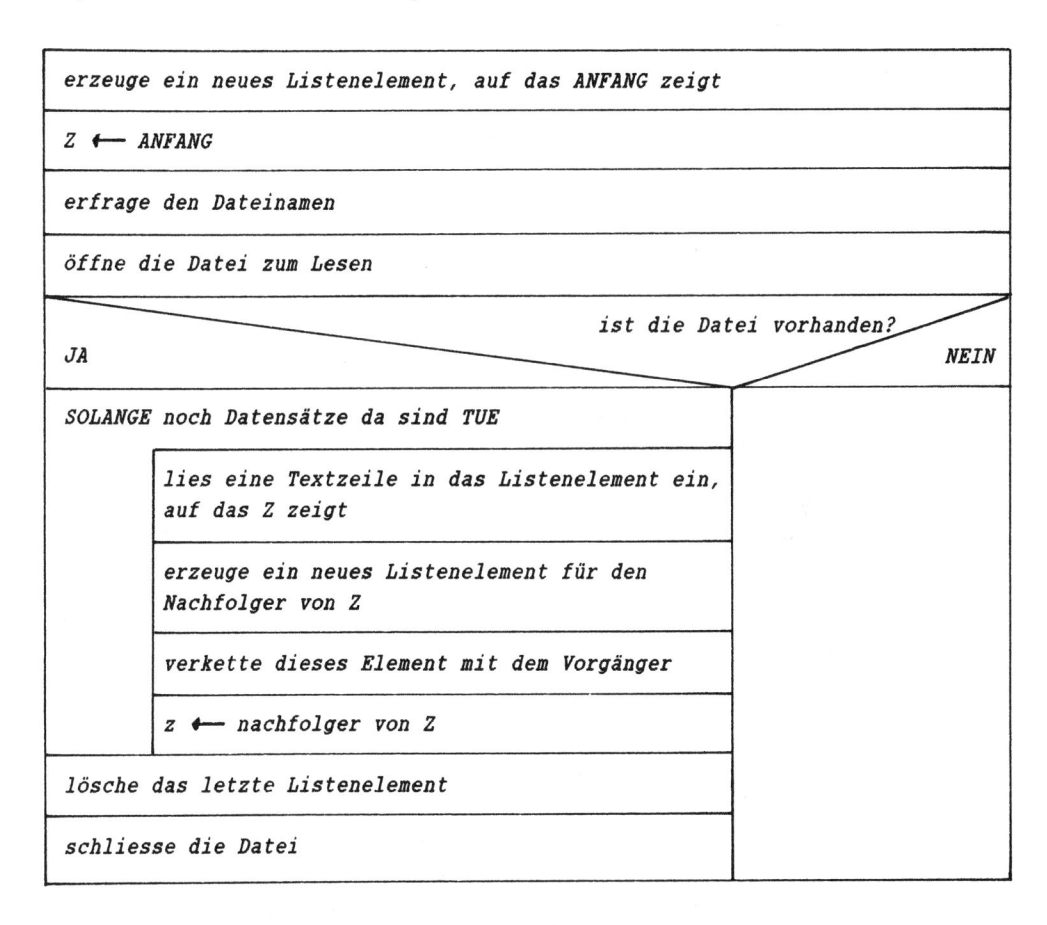

erzeuge ein neues Listenelement, auf das ANFANG zeigt
Z ← ANFANG
erfrage den Dateinamen
öffne die Datei zum Lesen
ist die Datei vorhanden?
JA / NEIN
SOLANGE noch Datensätze da sind TUE (JA-Zweig): lies eine Textzeile in das Listenelement ein, auf das Z zeigt; erzeuge ein neues Listenelement für den Nachfolger von Z; verkette dieses Element mit dem Vorgänger; z ← nachfolger von Z
lösche das letzte Listenelement
schliesse die Datei

Im folgenden TURBO-PASCAL-Programmtext wird davon ausgegangen, daß Absatzenden mit dem Zeichen Nr. 0 markiert worden sind. Das Unterprogramm *NEUE_ZEILE* erzeugt ein neues Listenelement und setzt alle Komponenten auf "leere" Anfangswerte.

```
PROCEDURE neue_zeile(VAR z: tzeiger);
  BEGIN
  NEW(z); z^.nach:=NIL;
  z^.vor:=NIL;    z^.text:='';
  z^.drin:=0;     z^.absatzende := FALSE
  END;
```

```
PROCEDURE hole_datei;
   VAR s: STRING[80];
   BEGIN
   CLRSCR;
   neue_zeile(anfang); z := anfang;
   WRITELN('    T H E   L A S T   W O R D !'); WRITELN;
   WRITELN('Mit welcher Datei wollen Sie arbeiten? ........');
   GOTOXY(40,3); READLN(dateiname); WRITELN;
   oeffne_zum_lesen(datei, dateiname);
   IF IORESULT = 0
      THEN BEGIN
           WHILE NOT EOF(datei) DO
                BEGIN
                READLN(datei,z^.text);
                IF z^.text[LENGTH(z^.text)] = CHR(0)
                   THEN BEGIN
                        z^.absatzende := TRUE;
                        DELETE(z^.text,LENGTH(z^.text),1)
                        END;
                z^.drin := LENGTH(z^.text);
                neue_zeile(z^.nach);
                z^.nach^.vor := z;
                z := z^.nach;
                END;
           z := z^.vor;
           z^.nach := NIL;
           CLOSE(datei);
           END
      ELSE BEGIN WRITELN('Neue Datei'); DELAY(1000) END
   END;
```

3.5.4 Das rekursive Einfügen von Zeichen

Das Hauptproblem bei einem Textverarbeitungssystem ist das Einfügen von Text an einer beliebigen Stelle. Dabei müssen alle Zeichen rechts von der Einfügestelle verschoben werden, so daß die Zeilenlänge über den zur Verfügung stehenden Platz hinauswachsen kann. Tritt dieses ein, dann wird das überstehende Wort - falls möglich - abgetrennt und am Anfang der nächsten Zeile eingefügt. Hierdurch verlängert sich diese wiederum, so daß sich der Prozeß fortsetzen kann, bis das Ende des Textes oder ein Absatzende erreicht wird. Das Einfügen von Text kann also auf das Einfügen, Abtrennen des Restes und erneutes Einfügen zurückgeführt werden, also auf ein *rekursives Verfahren*. Im folgenden Beispiel wird das Einfügen sogar auf einzelne Zeichen beschränkt, da sich jeder andere Einfügevorgang auf dieses Prozeß zurückführen läßt. Ist der Rechner schnell genug und ein Absatz nicht zu lang, dann kann man damit arbeiten. Andernfalls können ganze Zeichenketten auf iterativem Weg eingefügt werden.

Das einzufügende Zeichen bezeichnen wir mit C, den Zeiger auf die aktuelle Zeile mit Z. X und Y geben die Bildschirmposition des Cursors an.

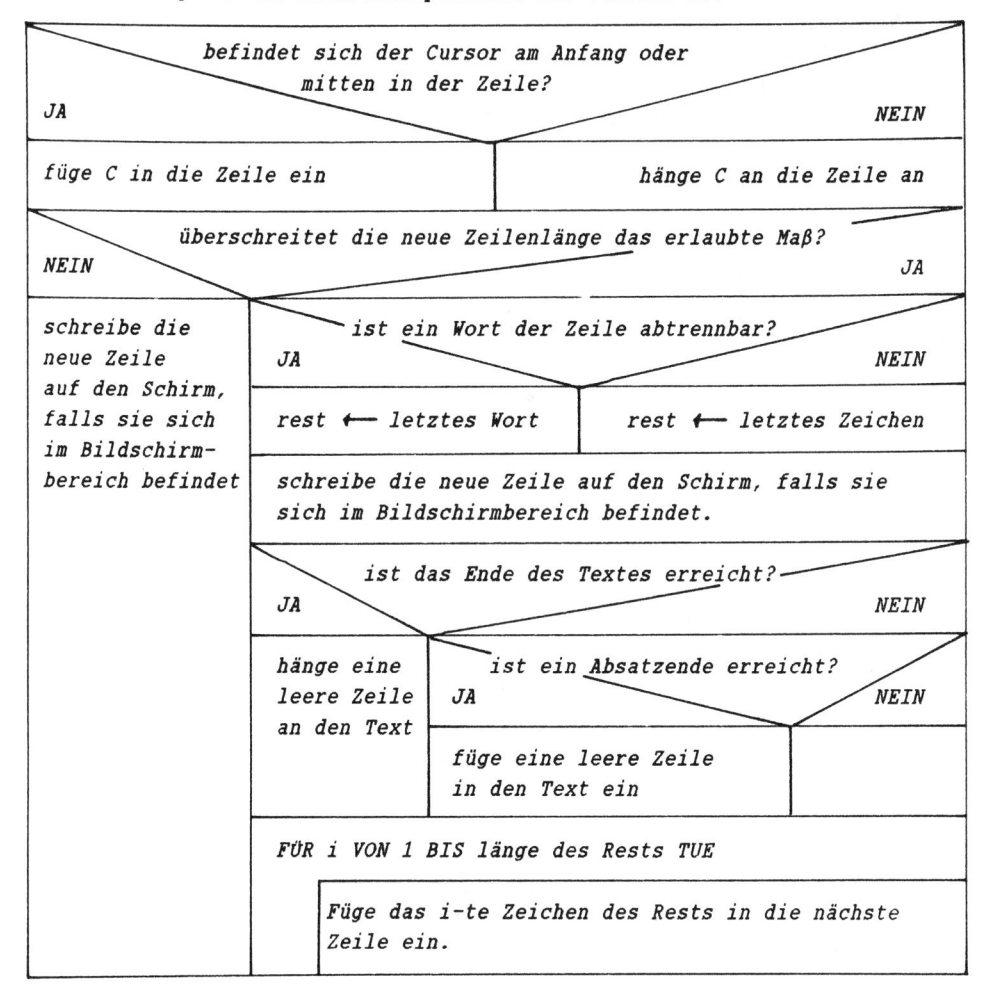

befindet sich der Cursor am Anfang oder mitten in der Zeile?	
JA	NEIN
füge C in die Zeile ein	hänge C an die Zeile an

	überschreitet die neue Zeilenlänge das erlaubte Maß?	
NEIN		JA
schreibe die neue Zeile auf den Schirm, falls sie sich im Bildschirmbereich befindet	ist ein Wort der Zeile abtrennbar?	
	JA	NEIN
	rest ← letztes Wort	rest ← letztes Zeichen
	schreibe die neue Zeile auf den Schirm, falls sie sich im Bildschirmbereich befindet.	
	ist das Ende des Textes erreicht?	
	JA	NEIN
	hänge eine leere Zeile an den Text	ist ein Absatzende erreicht?
		JA	NEIN
		füge eine leere Zeile in den Text ein	
	FÜR i VON 1 BIS länge des Rests TUE	
	Füge das i-te Zeichen des Rests in die nächste Zeile ein.	

Im Programm sind noch einige Manipulationen nötig, um nach dem Einfügen die richtige Stelle für den Cursor zu finden.

```
PROCEDURE einfuegen(z: tzeiger; c: CHAR; x,y: INTEGER; VAR xpos: INTEGER);
  VAR stelle,i,l: INTEGER;
      rest      : STRING[z_laenge];
      h         : tzeiger;
  FUNCTION trennbar(VAR i: INTEGER): BOOLEAN;
    BEGIN
    i := z^.drin;
    WHILE (z^.text[i] <> ' ') AND (i > 0) DO i := i - 1;
    trennbar := i > 0
    END;
```

```
        BEGIN
        IF x <= z^.drin
            THEN INSERT(' ',z^.text,x) ELSE z^.text := CONCAT(z^.text,' ');
        z^.text[x] := c; z^.drin := z^.drin + 1;
        IF z^.drin <= z_laenge - 1
            THEN IF y IN [1..20] THEN BEGIN GOTOXY(1,y+2); CLREOL; WRITE(z^.text) END
            ELSE BEGIN
                IF trennbar(stelle)
                    THEN BEGIN
                        rest := COPY(z^.text,stelle+1,z^.drin-stelle);
                        z^.text := COPY(z^.text,1,stelle-1);
                        z^.drin := LENGTH(z^.text);
                        END
                    ELSE BEGIN
                        rest := COPY(z^.text,z^.drin,1);
                        DELETE(z^.text,z^.drin,1);
                        z^.drin := z^.drin -1
                        END;
                IF y IN [1..20] THEN BEGIN GOTOXY(1,y+2); CLREOL; WRITE(z^.text) END;
                xpos := LENGTH(rest);
                IF z^.nach = NIL
                    THEN neue_zeile(z^.nach)
                    ELSE IF z^.absatzende
                        THEN BEGIN
                            z^.absatzende := FALSE;
                            neue_zeile(h); h^.absatzende := TRUE;
                            h^.nach := z^.nach; z^.nach := h;
                            IF h^.nach <> NIL THEN h^.nach^.vor := h
                            END;
                z^.nach^.vor := z; z := z^.nach; y := y + 1;
                IF z^.drin > 0 THEN einfuegen(z,' ',1,y,1);
                FOR i := LENGTH(rest) DOWNTO 1 DO einfuegen(z,rest[i],1,y,1)
                END
        END;
```

3.5.5 Das (reduzierte) Textverarbeitungsprogramm

Als weitere Grundoperation fehlt nur noch das Löschen eines einzelnen Zeichens im Text, dem ein Zurücksetzen von Worten der nächsten Zeile zu folgen hat, falls diese jetzt in der aktuellen Zeile Platz finden. Das Verfahren läßt sich direkt analog zum Einfügen rekursiv formulieren und wird als Aufgabe zu diesem Abschnitt gestellt. Das Drucken des Textes läßt sich ebenso wie beim Zeileneditor auf das Speichern zurückführen, wenn vorher der Ausgabekanal gewechselt wird. Kopier- und Verschiebeoperationen können auf Manipulationen an der Zeigerstruktur reduziert werden. Als neue Funktionen kommt die Textkosmetik hinzu. Blocksatz, zentrierte oder rechtsbündige Schrift beziehen sich auf Operationen, die sukzessive jeweils auf eine einzige Textzeile anzuwenden sind und sich deshalb sehr leicht umsetzen lassen. Besondere Schriftarten am Bildschirm hängen sehr von den Fähigkeiten des Computers ab und können hier nicht behandelt werden. Sie lassen sich meist auf eine Umsetzung des Zeichencodes reduzieren. Die Druckersteuerung besteht aus dem Einfügen von Steuercodes in den Programmtext, ohne diese auf dem Bildschirm darzustellen. Hierzu kann das Serienbriefprogramm als Beispiel dienen. Insgesamt ergibt sich also mit den schon besprochenen Teilfunktionen das Gerüst eines Textverarbeitungsprogramms, das sich leicht zu einem brauchbaren Hilfsmittel ergänzen läßt.

Neu im Programm ist ein Teil zur Bearbeitung von *CTRL-Codes*, die zum Auslösen von Sonderfunktionen wie Speichern des Textes, Programmabbruch oder dem Einfügen eines Absatzendes benutzt werden. Änderungen in der Bildschirmpositionierung des Textes können außer durch Cursorbewegungen auch durch Einfüge- oder Löschoperationen erfolgen. Wir überlassen die Neugestaltung des Bildschirms deshalb einem gesonderten Programmteil, das jeweils nach Abschluß der Operationen durchlaufen wird, die vom letzten Tastendruck veranlaßt wurden.

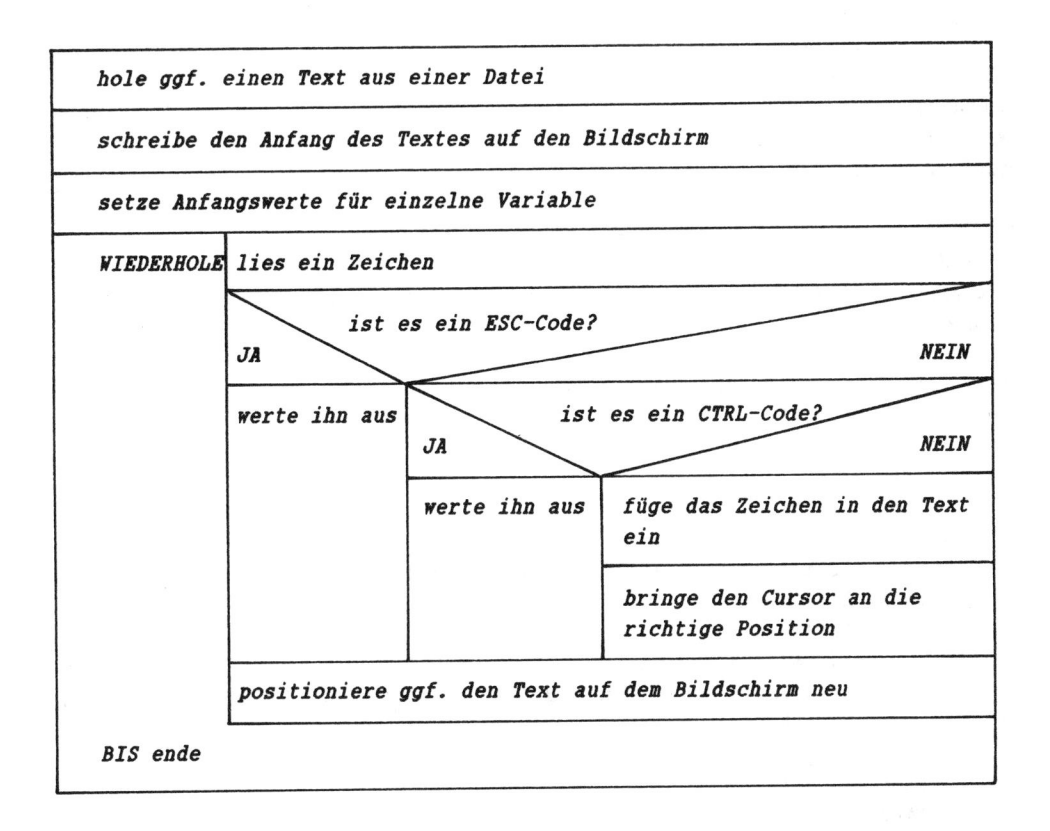

```
┌─────────────────────────────────────────────────────────────────────────┐
│   hole ggf. einen Text aus einer Datei                                  │
├─────────────────────────────────────────────────────────────────────────┤
│   schreibe den Anfang des Textes auf den Bildschirm                     │
├─────────────────────────────────────────────────────────────────────────┤
│   setze Anfangswerte für einzelne Variable                              │
├───────────────┬─────────────────────────────────────────────────────────┤
│  WIEDERHOLE   │  lies ein Zeichen                                       │
│               ├─────────────────────────────────────────────────────────┤
│               │             ist es ein ESC-Code?                        │
│               │   JA                                       NEIN         │
│               ├──────────────┬──────────────────────────────────────────┤
│               │  werte ihn   │        ist es ein CTRL-Code?             │
│               │  aus         │   JA                          NEIN       │
│               │              ├──────────────┬───────────────────────────┤
│               │              │ werte ihn    │ füge das Zeichen in den   │
│               │              │ aus          │ Text ein                  │
│               │              │              ├───────────────────────────┤
│               │              │              │ bringe den Cursor an die  │
│               │              │              │ richtige Position         │
│               ├──────────────┴──────────────┴───────────────────────────┤
│               │  positioniere ggf. den Text auf dem Bildschirm neu      │
├───────────────┴─────────────────────────────────────────────────────────┤
│  BIS ende                                                               │
└─────────────────────────────────────────────────────────────────────────┘
```

```pascal
PROGRAM the_last_word;

CONST  z_laenge = 65;

TYPE   tzeiger  = ^tzeile;
       tzeile   = RECORD vor, nach : tzeiger;
                         text      : STRING[z_laenge];
                         drin      : INTEGER;
                         absatzende: BOOLEAN
                  END;
       tname    = STRING[15];

VAR   anfang, z, h  : tzeiger;      x, y, laenge, i: INTEGER;
      c              : CHAR;         ESC_code, ende : BOOLEAN;
      dateiname      : tname;       datei           : TEXT;

PROCEDURE oeffne_zum_lesen;                                   { wie angegeben }
PROCEDURE oeffne_zum_schreiben;                               { wie angegeben }
PROCEDURE neue_zeile;                                         { wie angegeben }
PROCEDURE hole_zeichen;                                       { wie angegeben }
PROCEDURE hole_datei;                                         { wie angegeben }
PROCEDURE ESC_code_bearbeiten;                                { wie angegeben }
PROCEDURE einfuegen;                                          { wie angegeben }

PROCEDURE kopfzeile;
   BEGIN
   CLRSCR; WRITE('Datei: <',dateiname,'>: <CTRL>-S(ichern  -E(nde.'); WRITELN;
   END;

PROCEDURE CTRL_code_bearbeiten(c: CHAR; VAR z: tzeiger);
   VAR i, j: INTEGER; h: tzeiger;
   BEGIN
   CASE ORD(c) OF
      5: ende := TRUE;
     19: BEGIN
         oeffne_zum_schreiben(datei,dateiname); h := anfang;
         WHILE h <> NIL DO
               BEGIN
               WRITE(datei,h^.text);
               IF h^.absatzende THEN WRITELN(datei,CHR(0)) ELSE WRITELN(datei);
               h := h^.nach
               END;
         CLOSE(datei)
         END;
```

```
    13: BEGIN
          z^.absatzende := TRUE; neue_zeile(h);
          h^.text := COPY(z^.text,x,z^.drin-x+1);h^.drin := LENGTH(h^.text);
          h^.nach := z^.nach; z^.nach := h; h^.vor := z; h^.nach^.vor := h;
          z^.text := COPY(z^.text,1,x-1); z^.drin := x - 1; h := z; i := y;
          WHILE (i <= 20) AND (h <> NIL) DO
                BEGIN
                   GOTOXY(1,i+2); CLREOL; WRITE(h^.text); i := i + 1; h := h^.nach
                END;
          z := z^.nach; y:= y + 1; x := 1;
          END
       END
    END;

PROCEDURE schreibe_ab(z: tzeiger);
   VAR i: INTEGER;
   BEGIN
   kopfzeile; GOTOXY(1,3); i := 0;
   WHILE (z <> NIL) AND (i < 20) DO
         BEGIN i := i + 1; WRITELN(z^.text); z := z^.nach END
   END;

BEGIN {........................ des Hauptprogramms ...................}
hole_datei; x :=1; y := 1; schreibe_ab(anfang); z := anfang; ende := FALSE;
REPEAT GOTOXY(75,1); WRITE(x:2,y:3);
       GOTOXY(x,y+2); hole_zeichen(c,ESC_code);
       IF ESC_code
          THEN ESC_code_bearbeiten(c)
          ELSE IF ORD(c) < 30
                  THEN CTRL_code_bearbeiten(c,z)
                  ELSE BEGIN
                           einfuegen(z,c,x,y,laenge);
                           x := x + 1;
                           IF x > z_laenge
                              THEN BEGIN y := y+1; x := laenge+1; z := z^.nach END;
                           IF x > z^.drin THEN x := z^.drin + 1
                       END;
         IF y < 1
             THEN BEGIN schreibe_ab(z); y := 1 END
             ELSE IF y > 20
                     THEN BEGIN
                             h := z; FOR i := 1 TO 19 DO h := h^.vor;
                             schreibe_ab(h); y := 20
                          END
UNTIL ende;
CLRSCR; WRITELN('Wir danken für Ihre Arbeit mit   T H E   L A S T   W O R D !');
WRITELN; WRITELN
END.
```

3.5.6 Aufgaben

1. Schreiben Sie das Unterprogramm *EINFÜGEN* so um, daß die jeweils "überstehenden" Teile der Textzeilen iterativ jeweils auf die nächsten übertragen werden, bis ein Absatzende oder das Textende erreicht werden.

2.a. Entwerfen Sie als Struktogramm ein Unterprogramm zum *LÖSCHEN* eines Zeichens, das rekursiv analog zu *EINFÜGEN* arbeitet.

   b. Realisieren Sie das Struktogramm als lauffähiges Programm.

3. Ergänzen Sie das Unterprogramm *CTRL_code_bearbeiten* so, daß

   a. das Zeichen *CTRL-V* ein Versetzen von Textteilen an eine andere Stelle im Text bewirkt.

   b. das Zeichen *CTRL-K* ein Kopieren von Textteilen an eine andere Stelle im Text bewirkt.

   c. das Zeichen *CTRL-D* das Drucken des Textes bewirkt.

   d. das Zeichen *CTRL-F* das Suchen eines Wortes im Text bewirkt.

   e. das Zeichen *CTRL-L* das Einlesen des Textes einer anderen Textdatei ab der aktuellen Cursorposition bewirkt.

   f. das Zeichen *CTRL-W* ein Wechseln des Dateinamens bewirkt.

   g. das Zeichen *CTRL-B* bewirkt, daß der Text im Blocksatz dargestellt wird.

   h. das Zeichen *CTRL-Z* bewirkt, daß der Text zentriert dargestellt wird.

   i. das Zeichen *CTRL-R* bewirkt, daß ein bestimmtes Wort im Text überall durch ein anderes ersetzt wird.

   Fehlende Angaben sollen dazu jeweils in der letzten Zeile des Bildschirms erfragt werden.

4. Ergänzen Sie das Unterprogramm *ESC_code_bearbeiten* so, daß durch das Drücken geeigneter Tasten

   a. an den Anfang und das Ende der aktuellen Zeile gesprungen werden kann.

   b. Seitenweise vor- und rückwärts im Text "geblättert" werden kann.

4. Dateiorganisationsformen

4.1 Sequentielle Dateien

Die im letzten Abschnitt besprochenen Textdateien behandeln den Permanentspeicher eines Computersystems ähnlich wie eine Tastatur, von der in beliebiger Reihenfolge unterschiedliche Daten eingelesen werden. Benutzt wird also allein die Speicherfähigkeit des Systems, ohne eine weitere charakteristische Eigenschaft von Dateien auszunutzen: ihre meist einheitliche Struktur. In diesem Abschnitt sollen nun *strukturierte Dateien* untersucht werden, die jeweils eine nur durch das Speichermedium begrenzte Anzahl von Datensätzen desselben Typs, aber natürlich unterschiedlichen Inhalts aufnehmen können.

4.1.1 Die Dateiorganisation

Die einfachste Art, Datensätze zu verwalten, ist, sie nacheinander (sequentiell) auf ein Speichermedium zu schreiben und sie so auch wieder zu lesen. Als Modell eines solchen Speichers kann ein *Magnetband* dienen, das zuerst zurückgespult wird, damit dann nacheinander entweder Datensätze davon gelesen oder darauf geschrieben werden können. Charakteristisch ist, daß bei einem Lese- oder Schreibvorgang das Modellband weitergespult wird, so daß die bearbeitete Information nur nach einem erneuten Rückspulen wieder zur Verfügung steht. Es ist deshalb nur mit Schwierigkeiten möglich, einen Datensatz zu lesen und verändert wieder an die gleiche Stelle der Datei zurückzuschreiben. Zum Beschreiben geöffnete Dateien löschen (wie schon bei den TEXT-Dateien angemerkt) eventuell bestehende Daten auf dem Speichermedium, die unter dem angegebenen Dateinamen in das Dateiverzeichnis eingetragen wurden. Der Schreibkopf steht deshalb nach der Eröffnung der dann leeren Datei und nach jedem Schreibvorgang (- also immer -) am Ende der Datei. Gemischtes Lesen und Schreiben ist auf einer solchen Datei nicht möglich. Erfolgt trotzdem ein Lesezugriff, so stehen keine Daten zum Lesen zur Verfügung und das Programm "stürzt ab", endet also mit einem Fehler. Öffnet man dagegen eine Datei zum Lesen, dann müssen auf dem Speichermedium Daten vorhanden sein. Diese können selbstverständlich auch überschrieben werden, so daß bei diesen Dateien gemischte Zugriffe erlaubt sind. Trotzdem sollten Lese- und Schreibvorgänge bei sequentiellen Dateien nicht gemischt ausgeführt werden, da durch diese Mischung leicht der Überblick über die momentane Kopfposition verloren geht und so Konfusion auftritt.

Zur Dateibearbeitung benutzen wir ebenso wie bei den TEXT-Dateien einen Minimalsatz von Anweisungen. Vorausgesetzt werden jetzt aber Dateien (*FILES*) eines bestimmten, dem Computersystem bekannten oder vereinbarten Typs. Handelt es sich dabei z.B. um die Datensätze einer Personengruppe

```
TYPE tdatensatz = RECORD name, vorname, beruf     : STRING[20];
                         alter, personalnummer    : INTEGER;
                         gehalt, steuersatz       : REAL;
                  END;
```

dann können diese in einer Datei des angegebenen Typs gespeichert werden, also einem

> *FILE OF tdatensatz.*

In dieser Datei brauchen die Datensätze nicht mehr durch besondere Trennzeichen voneinander abgesetzt zu werden, da ihr Typ und damit ihr Platzbedarf bekannt sind. Der Anfang und das Ende eines Datensatzes lassen sich berechnen, wenn man weiß, als wievielter er in der Datei auftritt. Nur noch das Ende der Datei wird durch ein Sonderzeichen, etwa *CTRL-Z*, markiert, und kann z.B. in PASCAL durch die Funktion *EOF(datei)* (*IST_DAS_DATEIENDE_ERREICHT?*) abgefragt werden. Wir benötigen also die Befehle

> *öffne_zum_lesen(datei,dateiname)*
> *öffne_zum_schreiben(datei,dateiname);*
> *lies_einen_datensatz(datei,datensatz)*
> *schreibe_einen_datensatz(datei,datensatz)*
> *schliesse(datei)*

Wir wollen unsere Modellvorstellung von einer sequentiellen Datei auf einem Magnetband anhand eines kleinen, vereinfachten Beispiels noch einmal erläutern. Dazu wollen wir eine Datei erzeugen, in der natürliche Zahlen des Bereichs 0..9 als vierstellige Dualzahlen gespeichert werden. Das Dateiende-Zeichen stellen wir durch die Dualzahl 1111 dar. Als Namen der Datei wählen wir '*ZAHLEN*'.

Zahl	Dualzahl	Befehlsfolge zum Erzeugen der Datei:
0	0000	*öffne_zum_schreiben(datei,'zahlen')*
1	0001	*schreibe_einen_datensatz(datei,3)*
2	0010	*schreibe_einen_datensatz(datei,1)*
3	0011	*schreibe_einen_datensatz(datei,8)*
4	0100	*schliesse(datei)*
5	0101	
6	0110	
7	0111	
8	1000	
9	1001	3 1 8 Ende

erzeugte Datei: 0011000110001111

*(die erste Zahl
steht links)*

Man sollte sich klarmachen, daß in Dateien nicht etwa Zahlen oder Zeichen gespeichert werden, sondern die *Bitmuster*, mit denen diese Elemente codiert werden. Öffnet man eine Datei eines bestimmten Typs zum Lesen, dann werden jeweils soviele Bits, wie einem Datensatz entsprechen, von der Datei geholt und als Werte aus dem Bereich des angegebenen Typs *interpretiert*. Öffnet man eine Datei, in der Daten eines anderen Typs als angegeben gespeichert wurden, so erhält man trotzdem Werte des neuen Typs, da sich die Bitmuster in jedem Fall entsprechend interpretieren lassen. Allerdings sind die Werte dann meist unsinnig.

4.1.2 Einrichten, Lesen und Suchen

Als Beispiel für das Anlegen einer Datei wollen wir der Kürze halber nur die Namen und das Alter von Personen speichern. (Das Ende der Eingabe soll durch einen leeren Namen gekennzeichnet werden.)

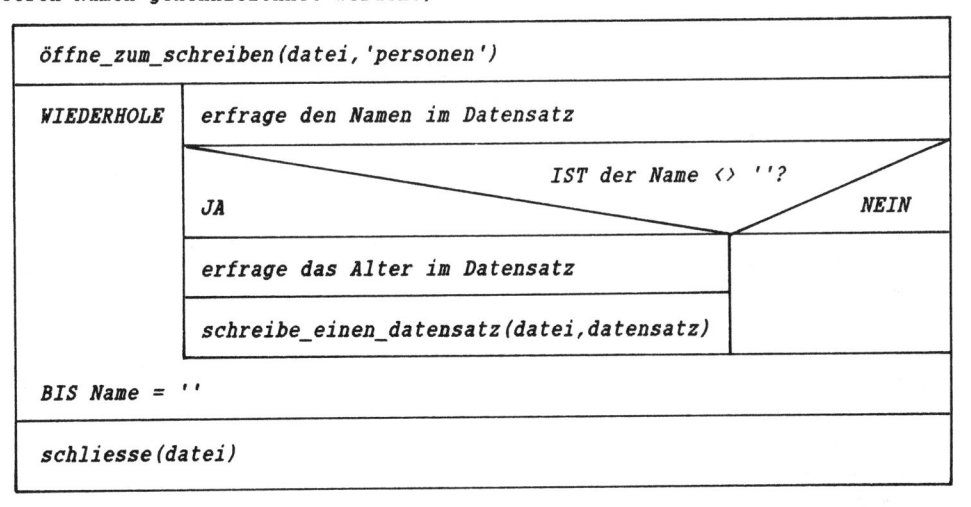

```
┌─────────────────────────────────────────────────────────────────────┐
│ öffne_zum_schreiben(datei,'personen')                               │
├─────────────┬───────────────────────────────────────────────────────┤
│             │ erfrage den Namen im Datensatz                        │
│             ├───────────────────────────────────────┬───────────────┤
│ WIEDERHOLE  │                   IST der Name <> ''? │               │
│             │ JA                                    │ NEIN          │
│             ├───────────────────────────────────────┤               │
│             │ erfrage das Alter im Datensatz        │               │
│             │ schreibe_einen_datensatz(datei,datensatz)             │
├─────────────┴───────────────────────────────────────┴───────────────┤
│ BIS Name = ''                                                       │
├─────────────────────────────────────────────────────────────────────┤
│ schliesse(datei)                                                    │
└─────────────────────────────────────────────────────────────────────┘
```

```
PROGRAM anlegen_einer_datei;

TYPE tname      = STRING[20];
     tdatensatz = RECORD name : tname;
                         alter: INTEGER
                  END;
     tdatei     = FILE OF tdatensatz;

VAR datei    : tdatei;
    datensatz: tdatensatz;

PROCEDURE oeffne_zum_schreiben(VAR datei: tdatei; dateiname: tname);
   BEGIN ASSIGN(datei,dateiname); REWRITE(datei) END;

PROCEDURE schreibe_einen_datensatz(VAR datei: tdatei; datensatz: tdatensatz);
   BEGIN WRITE(datei,datensatz) END;
```

```
PROCEDURE schliesse(VAR datei: tdatei);
  BEGIN CLOSE(datei) END;

BEGIN
CLRSCR;
WRITELN('Dateneingabe in eine Datei (Ende mit <RETURN> als Name):'); WRITELN;
oeffne_zum_schreiben(datei,'PERSONEN');
REPEAT WRITE('Name: '); READLN(datensatz.name);
       IF datensatz.name <> ''
          THEN BEGIN
                   WRITE('Alter: '); READLN(datensatz.alter);
                   schreibe_einen_datensatz(datei,datensatz);
                   WRITELN
               END
UNTIL datensatz.name = '';
schliesse(datei)
END.
```

Man sieht, daß sich die von uns gewählten Befehle zur Dateiverarbeitung unter anderem Namen fast identisch als TURBO-PASCAL-Befehle wiederfinden lassen.

Als Beispiel für das Lesen in einer sequentiellen Datei wollen wir die eben angelegte Datei auf Personen durchsuchen, die ein zu erfragendes Alter erreicht oder überschritten haben:

öffne_zum_lesen(datei,'personen')	
erfrage das vergleichsalter	
SOLANGE das Dateiende nicht erreicht wurde TUE	
lies_einen_datensatz(datei,datensatz)	
IST das Alter im Datensatz >= vergleichsalter ?	
JA	NEIN
schreibe Name und Alter des Datensatzes	
schliesse(datei)	

```
PROGRAM lesen_von_einer_datei;

TYPE .......... { wie im letzten Programm }

VAR datei: tdatei; datensatz: tdatensatz; vergleichsalter, i: INTEGER;
```

```
PROCEDURE oeffne_zum_lesen(VAR datei: tdatei; dateiname: tname);
  BEGIN ASSIGN(datei,dateiname); RESET(datei) END;

PROCEDURE lies_einen_datensatz(VAR datei: tdatei; VAR datensatz: tdatensatz);
  BEGIN READ(datei,datensatz) END;

PROCEDURE schliesse(VAR datei: tdatei);
  BEGIN CLOSE(datei) END;

BEGIN
CLRSCR; WRITELN('Durchsuchen einer Datei nach Personen bestimmten Alters:');
oeffne_zum_lesen(datei,'PERSONEN');
WRITE('Gesucht werden Personen mit einem Alter größer als --> ');
READLN(vergleichsalter); WRITELN; i := 0;
WHILE NOT EOF(datei) DO
      BEGIN
      lies_einen_datensatz(datei,datensatz);
      IF datensatz.alter >= vergleichsalter
         THEN BEGIN
              WRITELN(datensatz.name:20,datensatz.alter:3);
              i := i + 1
              END;
      END;
IF i = 0 THEN WRITELN('........keinen gefunden!');
schliesse(datei)
END.
```

4.2.3 Verlängern einer Datei

Nach den Ausführungen auf Seite 89 ist das Verlängern einer Datei sehr einfach: Man liest sie bis zum Ende und schreibt dann einfach weiter.

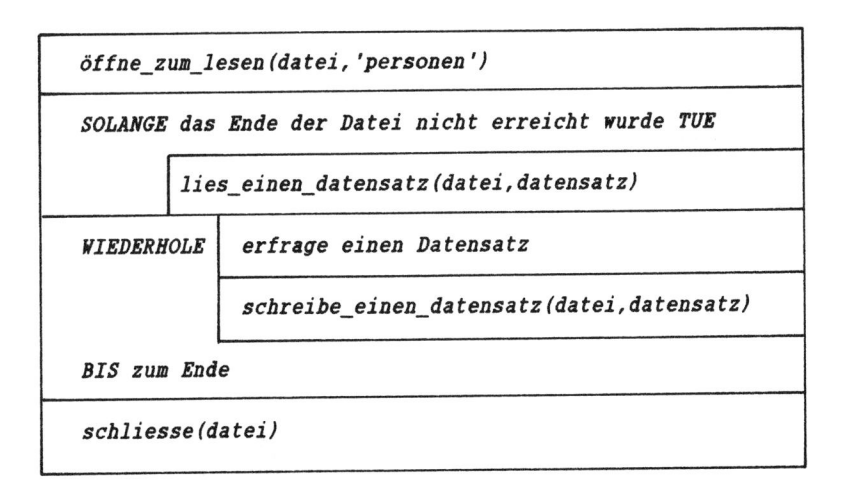

öffne_zum_lesen(datei,'personen')	
SOLANGE das Ende der Datei nicht erreicht wurde TUE	
	lies_einen_datensatz(datei,datensatz)
WIEDERHOLE	erfrage einen Datensatz
	schreibe_einen_datensatz(datei,datensatz)
BIS zum Ende	
schliesse(datei)	

Im Programm werden die gelesenen Daten noch ausgegeben.

```pascal
PROGRAM verlaengern_einer_datei;

TYPE tname      = STRING[20];
     tdatensatz = RECORD name: tname; alter: INTEGER END;
     tdatei     = FILE OF tdatensatz;

VAR datei            : tdatei;
    datensatz        : tdatensatz;

PROCEDURE oeffne_zum_schreiben;        { wie angegeben }
PROCEDURE oeffne_zum_lesen;            { wie angegeben }
PROCEDURE schreibe_einen_datensatz;    { wie angegeben }
PROCEDURE lies_einen_datensatz;        { wie angegeben }
PROCEDURE schliesse;                   { wie angegeben }

BEGIN
CLRSCR;
WRITELN('Verlängern einer Datei:'); WRITELN;

WRITELN('Inhalt der Datei: '); WRITELN;
oeffne_zum_lesen(datei,'PERSONEN');
WHILE NOT EOF(datei) DO
      BEGIN
      lies_einen_datensatz(datei,datensatz);
      WRITELN(datensatz.name:20,datensatz.alter:3);
      END;
WRITELN;

WRITELN('weitere Dateneingabe (Ende mit <RETURN> als Name):'); WRITELN;
REPEAT WRITE('Name: '); READLN(datensatz.name);
       IF datensatz.name <> ''
           THEN BEGIN
                WRITE('Alter: '); READLN(datensatz.alter);
                schreibe_einen_datensatz(datei,datensatz);
                WRITELN
                END
UNTIL datensatz.name = '';

schliesse(datei)
END.
```

4.1.4 Sortieren

Das Sortieren größerer Datenmengen ist eigentlich ein sehr umfangreiches Thema. Die benutzten Verfahren hängen dabei von der Art der zu sortierenden Daten, eventuell schon vorsortierten Teilen und ebenso vom Ort ab, an dem die Daten gespeichert sind. Reicht der Platz im Hauptspeicher aus, dann können die Daten dort sehr schnell sortiert werden, weil die bei Sortiervorgängen notwendigen Vertauschungen effizient durchführbar sind. Müssen die Daten in einer Datei sortiert werden, dann sind die Dateizugriffe der aufwendigste Teil des Prozesses. Wir wollen in diesem Abschnitt Sortierverfahren im Hauptspeicher kennenlernen, mit deren Hilfe Dateien dann sortiert werden können. Dazu werden Teile der Datei im Hauptspeicher sortiert und danach mit den schon sortierten Teilen der Datei gemischt. Da meist mehrere Daten in einem Datensatz enthalten sind, ist es wichtig, festzuhalten, nach welcher Komponente sortiert werden soll. Diese wird als *Schlüsselfeld* oder *KEY* bezeichnet. Alle weiteren Komponenten des Datensatzes werden zusammen mit dem Schlüssel umgeordnet und spielen an dieser Stelle für den eigentlichen Sortierprozeß keine Rolle. Wir werden zur Platzersparnis deshalb hier ausschließlich Datensätze sortieren, die nur aus einer einzigen Komponenten bestehen, die also das Schlüsselfeld bildet.

4.1.4.1 Sortieren im Feld: BUBBLESORT

Das wohl einfachste Verfahren zum Sortieren eines Feldes ist, jeweils zwei benachbarte Elemente zu vergleichen, z.B. nach der Größe, und bei Bedarf zu vertauschen. Wiederholt man diesen Vorgang mit den nächsten Elementen, dann wandert das kleinste (oder größte) Element wie eine Art Luftblase im Wasser zur entsprechenden Feldgrenze. Nachdem das Feld einmal durchlaufen wurde, befindet sich z.B. das kleinste Element am "linken" Rand. Wir beginnen im folgenden Beispiel bei einem sehr kleinen Feld am rechten Rand. Die Doppelpfeile bezeichnen die Elemente, die jeweils verglichen werden. Das Feld wird anschließend wieder im Zustand nach dem Vergleich und eventueller Vertauschung dargestellt.

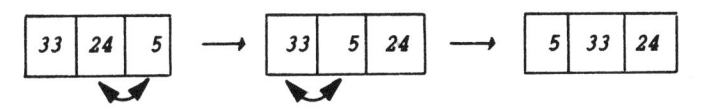

| 33 | 24 | 5 | → | 33 | 5 | 24 | → | 5 | 33 | 24 |

Bezeichnen wir die Feldgröße mit *laenge*, einen Laufindex mit *j* und die linke "Sortiergrenze" mit *i*, dann läßt sich der Prozeß beschreiben als

kleinstes_Element_nach_links:

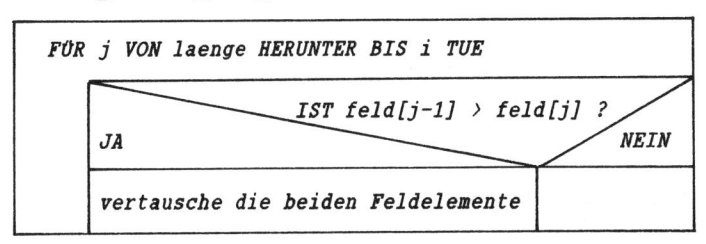

FÜR j VON laenge HERUNTER BIS i TUE		
	IST feld[j-1] > feld[j] ?	
JA		NEIN
vertausche die beiden Feldelemente		

Für das Vertauschen benutzt man einen *Ringtausch*. Einer Hilfsvariablen *h* wird der Wert eines Tauschpartners zugewiesen. Dieser erhält dann den Wert des anderen, und dieser wieder den Wert von h.

```
       erster Tauschpartner              zweiter Tauschpartner

                                (2.)
              ┌────┐ ──────────────────────► ┌────┐
              │ 33 │                         │  5 │
              └────┘ ◄──┐               ┌──► └────┘
                   (3.) │               │ (1.)
                        │    ┌────┐     │
                        └────┤    ├─────┘
                             └────┘
                        Hilfsvariable h
```

Zum vollständigen Sortieren muß wiederholt das kleinste Element der Restmenge nach links gebracht werden, allerdings kann das vorher erste Element dabei unberücksichtigt bleiben, da es sich schon an der richtigen Stelle befindet. Die linke Sortiergrenze *i* rückt deshalb nach jedem Sortiervorgang um eine Stelle nach rechts.

BUBBLESORT:

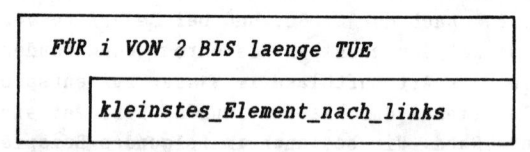

```
┌─────────────────────────────────────────┐
│  FÜR i VON 2 BIS laenge TUE             │
│    ┌─────────────────────────────────┐  │
│    │ kleinstes_Element_nach_links    │  │
│    └─────────────────────────────────┘  │
└─────────────────────────────────────────┘
```

Im folgenden TURBO-PASCAL-Programm wird ein Feld erst mit Zufallszahlen gefüllt, die dann sortiert werden. Zur Verfolgung des Sortiervorgangs wird das Feld nach jedem Durchlauf mit Hilfe der Prozedur *feld_zeigen* auf den Bildschirm geschrieben.

PROGRAM sortieren_mit_bubblesort;

CONST laenge = 10;

VAR feld: ARRAY[1..laenge] OF INTEGER;

PROCEDURE feld_fuellen;
  VAR i: INTEGER;
  BEGIN FOR i := 1 TO laenge DO feld[i] := RANDOM(100) END;

PROCEDURE feld_zeigen;
  VAR i: INTEGER;
  BEGIN FOR i := 1 TO laenge DO WRITE(feld[i]:4); WRITELN END;

```
PROCEDURE bubblesort;
   VAR i,j,h: INTEGER;
   BEGIN
   FOR i := 2 TO laenge DO
      BEGIN
      FOR j := laenge DOWNTO i DO
         IF feld[j-1] > feld[j]
            THEN BEGIN
                 h := feld[j-1]; feld[j-1] := feld[j]; feld[j] := h
                 END;
      feld_zeigen
      END;
   END;
BEGIN {........................des Hauptprogramms............................}
CLRSCR; WRITELN('BUBBLESORT-Demo:'); WRITELN;
feld_fuellen; feld_zeigen; bubblesort
END.
```

4.1.4.2 Sortieren im Feld: QUICKSORT

Als Beispiel für ein effizientes Sortierverfahren wollen wir die folgende Idee verfolgen: Statt jeweils benachbarte Feldelemente zu vertauschen, sollen die Vertauschungen über größere Entfernungen so erfolgen, daß immer ein "großes" und ein "kleines" Element ihre Plätze wechseln. Benutzt man zum Vergleich ein "mittleres" Element, dann entsteht auf diese Weise ein Feld aus zwei meist unterschiedlich großen Teilen, in dem links die "kleinen", rechts die "großen" Elemente stehen. Die Größe der Teile hängt von der relativen Größe des "mittleren" Elements zu den anderen Feldelementen ab. Als "mittleres" Element wählen wir das Element etwa in der Mitte des Feldes, das im folgenden Bild unterstrichen auftritt. Daraufhin durchsuchen wir das Feld von "links", bis wir ein größeres, dann von "rechts", bis wir ein kleineres Element als das "mittlere" gefunden haben. Diese werden vertauscht. Danach wird weiter gesucht und vertauscht. Die momentanen Plätze, bis zu denen das Feld von links bzw. rechts schon durchsucht wurde, werden durch zwei "Zeiger" gekennzeichnet, die wir als "*links*" und "*rechts*" bezeichnen und die im folgenden Bild als kleine Pfeile erscheinen. Die Doppelpfeile verbinden die zu vertauschenden Elemente. Der Prozeß bricht ab, wenn sich die Zeiger treffen (,nicht, wenn das mittlere Element überschritten wird).

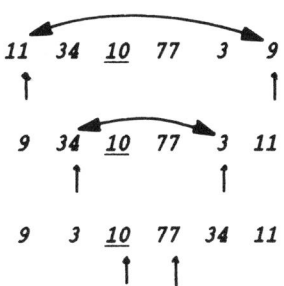

```
        ┌─────────────┐
  11  34  10  77   3   9
   ↑           ↑

        ┌─────────┐
   9  34  10  77   3  11
       ↑       ↑

   9   3  10  77  34  11
           ↑   ↑
```

Das Verfahren funktioniert auch, wenn als mittleres Element zufällig der kleinste oder der größte Wert des Feldes gewählt wird.

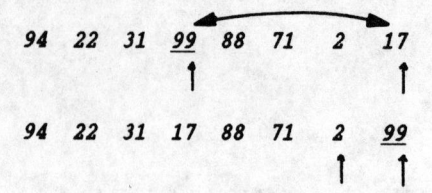

```
94  22  31  99  88  71   2  17
            ↑           ↑

94  22  31  17  88  71   2  99
            ↑           ↑
```

Im Struktogramm lautet das Verfahren bisher wie folgt, wenn die Grenzen, zwischen denen geordnet werden soll, als Parameter *links* und *rechts* übergeben werden:

teile_und_ordne_zwischen(links,rechts):

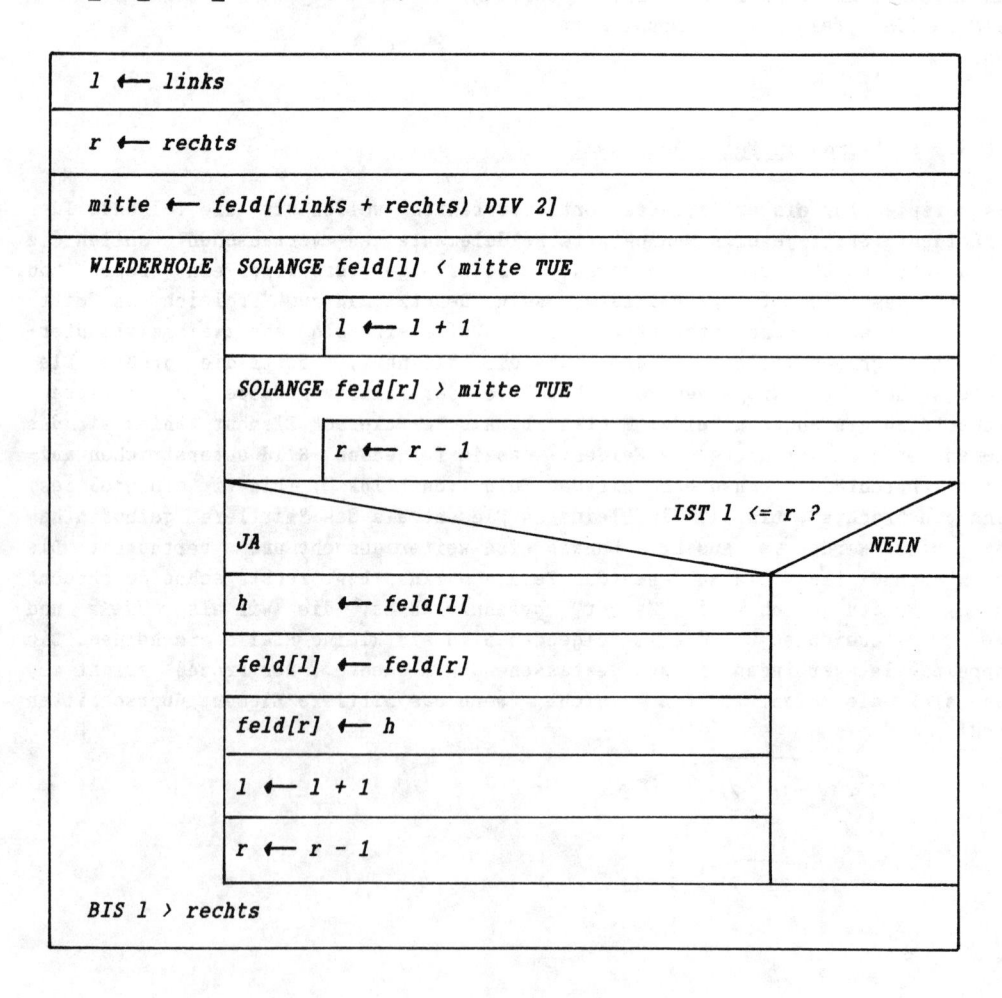

l ← links
r ← rechts
mitte ← feld[(links + rechts) DIV 2]
WIEDERHOLE · SOLANGE feld[l] < mitte TUE · · l ← l + 1 · SOLANGE feld[r] > mitte TUE · · r ← r - 1 · IST l <= r ? · JA: h ← feld[l]; feld[l] ← feld[r]; feld[r] ← h; l ← l + 1; r ← r - 1 · NEIN: — · BIS l > rechts

Das jetzt natürlich noch nicht sortierte Feld kann weiterbearbeitet werden, indem die beiden Teile des Feldes wiederum nach dem gleichen Verfahren geteilt und geordnet werden. Als Grenzen für diesen Prozeß gelten dann entweder der linke Rand und der Treffpunkt der beiden Zeiger bzw. dieser Treffpunkt und der rechte Rand. Das Sortierverfahren ist also *rekursiv* zu formulieren, indem an das obige Struktogramm noch die entsprechenden beiden rekursiven Aufrufe angehängt werden:

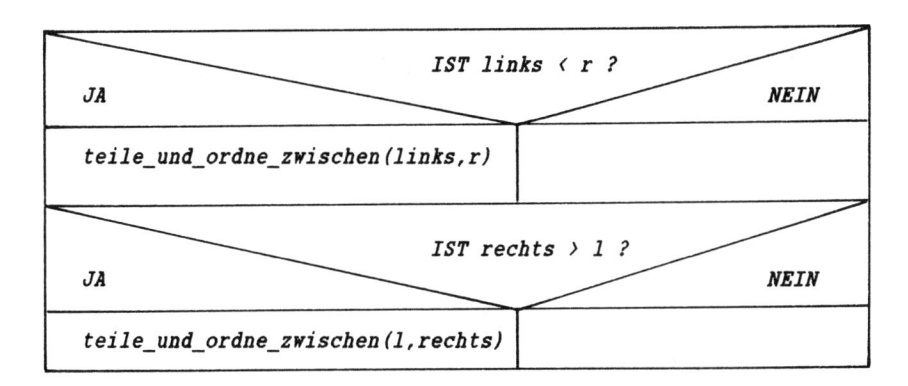

```
+-----------------------------------------------------+
|          \         IST links < r ?        /         |
|    JA     \                              /    NEIN  |
|            \                            /           |
+-----------------------------------------------------+
|                                         |           |
|   teile_und_ordne_zwischen(links,r)     |           |
|                                         |           |
+-----------------------------------------------------+
|          \         IST rechts > l ?       /         |
|    JA     \                              /    NEIN  |
|            \                            /           |
+-----------------------------------------------------+
|                                         |           |
|   teile_und_ordne_zwischen(l,rechts)    |           |
|                                         |           |
+-----------------------------------------------------+
```

Das Quicksort-Verfahren wird gestartet, indem die *teile_und_ordne_zwischen*-Prozedur mit den Grenzen des zu sortierenden Feldes aufgerufen wird:

QUICKSORT:

```
+-----------------------------------------+
|   teile_und_ordne_zwischen(1,laenge)    |
+-----------------------------------------+
```

Im TURBO-PASCAL-Programm wurde die *feld_zeigen*-Prozedur so abgewandelt, daß die Sortierung der einzelnen Feldteile am Bildschirm zu verfolgen ist. Dazu werden die Grenzen *links* und *rechts* des sortierten Feldabschnitts, die letzten Positionen *l* und *r* der Zeiger und die Zeile übergeben, in der der sortierte Feldabschnitt gezeigt werden soll.

```
PROGRAM sortieren_mit_quicksort;

CONST laenge = 10;

VAR feld: ARRAY[1..laenge] OF INTEGER;

PROCEDURE feld_fuellen;
   VAR i: INTEGER;
   BEGIN
   FOR i := 1 TO laenge DO
       feld[i] := RANDOM(100)
   END;
```

```
PROCEDURE feld_zeigen(links,rechts,l,r,zeile: INTEGER);
    VAR i: INTEGER;
    BEGIN
    GOTOXY(4*(links-1)+1,zeile);
    FOR i := links TO rechts DO
        WRITE(feld[i]:4);
    GOTOXY(4*(l-1)+4,zeile+1);WRITE('l');
    GOTOXY(4*(r-1)+4,zeile+1);WRITE('r');
    GOTOXY(1,24); WRITE('Weiter mit <RETURN>.'); READLN;
    END;


PROCEDURE quicksort;

    PROCEDURE teile_und_ordne_zwischen(links,rechts,zeile: INTEGER);
        VAR mitte, l, r, h: INTEGER;
        BEGIN
        l := links; r := rechts;
        mitte := feld[(links + rechts) DIV 2];
        REPEAT WHILE feld[l] < mitte DO l := l + 1;
               WHILE feld[r] > mitte DO r := r - 1;
               IF l <= r
                   THEN BEGIN
                        h      := feld[l];
                        feld[l] := feld[r];
                        feld[r] := h;
                        l := l + 1;
                        r := r - 1
                        END
        UNTIL l > r;
        feld_zeigen(links,rechts,l,r,zeile);
        IF links < r
            THEN teile_und_ordne_zwischen(links,r,zeile+2);
        IF rechts > l
            THEN teile_und_ordne_zwischen(l,rechts,zeile+2)
        END;

    BEGIN
    teile_und_ordne_zwischen(1,laenge,5)
    END;

BEGIN
CLRSCR;
WRITELN('QUICKSORT-Demo:'); WRITELN;
feld_fuellen;
quicksort;
feld_zeigen(1,laenge,1,laenge,20);
END.
```

4.1.4.3 Sortieren im Baum

Im Gegensatz zu Feldern bietet ein Baum die Möglichkeit, eine vorher nicht festgelegte Anzahl von Elementen zu sortieren, solange diese den Hauptspeicherbereich des Rechners nicht erschöpfen. Darüberhinaus kann man unter Verwendung von Zeigern die Reihenfolge größerer Datensätze verändern, ohne diese physisch verschieben zu müssen. Die Quelle dieser Datensätze kann die Tastatur, eine Datei, ein MODEM-Anschluß oder ein beliebiger anderer Kanal sein. Wir wollen hier ein einfaches Verfahren wählen, bei dem, ausgehend von einer *Wurzel*, neue Elemente solange mit den schon im Baum einsortierten Elementen verglichen werden, bis das Ende eines *Astes* erreicht ist. An dieser Stelle wird das neue Element dann einsortiert. Beim Vergleich wird immer dann, wenn das neue Element kleiner als das schon einsortierte ist, der linke Ast für die weitere Suche benutzt, sonst der rechte. Insgesamt erhält man einen Baum, bei dem von jedem Knoten zwei Äste abgehen: einen *Binärbaum*. An jedem Ast eines solchen Baums sitzt wieder ein neuer Binärbaum, der eventuell leer sein kann. Das Einsortieren kann deshalb sehr leicht als *rekursives Verfahren* formuliert werden. Wir benutzen dazu einen Datentyp *tknoten*, der neben einem Namen als Inhalt zwei Zeiger *links* und *rechts* vom Typ *tast* auf solche Knoten enthält, die wiederum die Wurzeln des linken bzw. rechten Teilbaums unterhalb des Knotens darstellen.

> *TYPE tknoten = RECORD inhalt   : tname;*
> *   links, rechts: tast*
> *   END;*

einsortieren(name,zeiger):

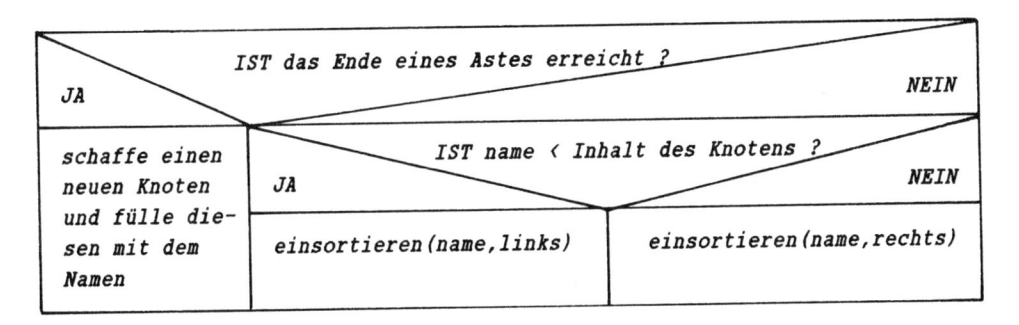

IST das Ende eines Astes erreicht ?				
JA				NEIN
schaffe einen neuen Knoten und fülle diesen mit dem Namen	IST name < Inhalt des Knotens ?			
^	JA		NEIN	
^	einsortieren(name,links)		einsortieren(name,rechts)	

Soll ein neuer Name, z.B. *MEIER*, einsortiert werden, dann wird dieser Vorgang durch den Aufruf des Unterprogramms *EINSORTIEREN* mit der Wurzel als Startwert eingeleitet:

> *einsortieren('MEIER',wurzel)*

Insgesamt entsteht etwa durch die Eingabefolge

MEIER ANDERSEN BERTRAM ZANDER FULLER NEUMANN CAESAR GUSTAF STÜMPEL

der folgende Baum:

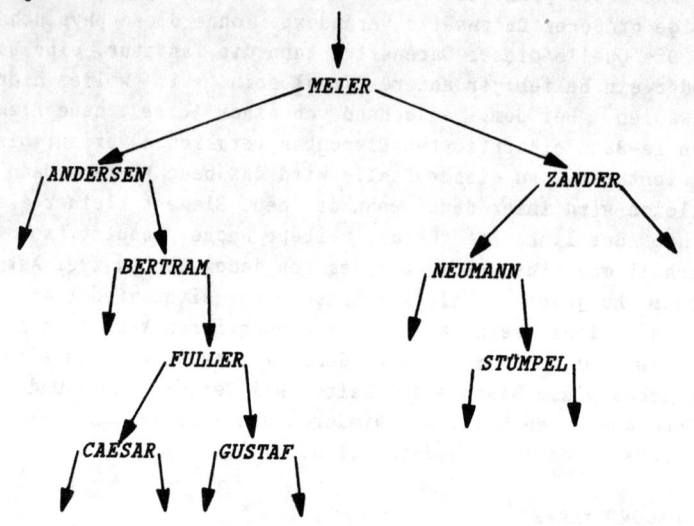

```
                        MEIER
                       /     \
                ANDERSEN       ZANDER
                  /    \       /    \
              BERTRAM          NEUMANN
                /    \          /    \
             FULLER           STÜMPEL
             /    \
         CAESAR   GUSTAF
```

Die Ausgabe der sortierten Elemente geschieht ebenfalls durch ein rekursives Verfahren: zuerst wird der linke Teilbaum ausgegeben, dann der Inhalt des Knotens, danach der rechte Teilbaum. Der Prozeß startet wieder mit der Wurzel.

ausgeben(zeiger):

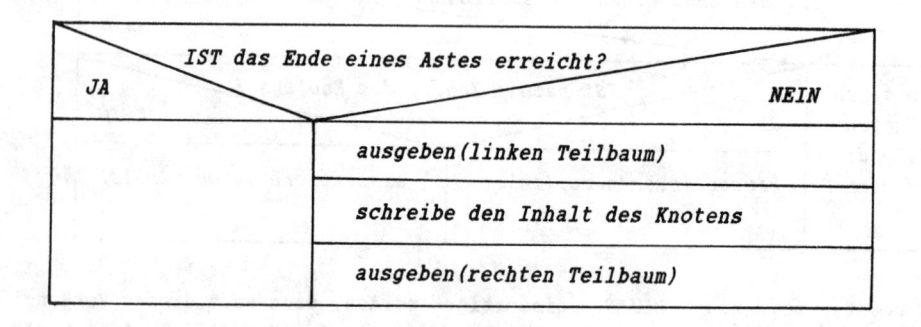

	IST das Ende eines Astes erreicht?	
JA		NEIN
	ausgeben(linken Teilbaum)	
	schreibe den Inhalt des Knotens	
	ausgeben(rechten Teilbaum)	

Im folgenden TURBO-PASCAL-Programm ist zusätzlich die Möglichkeit aufgenommen, die momentane Struktur des Baumes auf dem Bildschirm zu zeigen. Dafür darf der Baum allerdings nur wenige Elemente enthalten.

```
PROGRAM sortieren_im_Baum;

TYPE tname   = STRING[20];
     tast    = ^tknoten;
     tknoten = RECORD rechts, links: tast;
                      inhalt       : tname
               END;

VAR wurzel : tast;
    name   : tname;
    antwort: CHAR;

PROCEDURE neuer_knoten(VAR zeiger: tast);
   BEGIN
   NEW(zeiger);
   WITH zeiger^ DO BEGIN inhalt := ''; links := NIL; rechts := NIL END
   END;

PROCEDURE einsortieren(name: tname; VAR zeiger: tast);
   BEGIN
   IF zeiger = NIL
      THEN BEGIN neuer_knoten(zeiger); zeiger^.inhalt := name END
      ELSE IF name < zeiger^.inhalt
              THEN einsortieren(name,zeiger^.links)
              ELSE einsortieren(name,zeiger^.rechts)
   END;

PROCEDURE baum_zeigen(zeiger: tast; x,y,breite: INTEGER);
   BEGIN
   IF zeiger <> NIL
      THEN BEGIN
           IF x < 1 THEN x := 1;
           GOTOXY(x,y); WRITE(COPY(zeiger^.inhalt,1,breite));
           baum_zeigen(zeiger^.links,x-breite,y+2,breite DIV 2);
           baum_zeigen(zeiger^.rechts,x+breite,y+2,breite DIV 2)
           END
   END;

PROCEDURE ausgeben(zeiger: tast);
   BEGIN
   IF zeiger <> NIL
      THEN BEGIN
           ausgeben(zeiger^.links);
           WRITELN(zeiger^.inhalt);
           ausgeben(zeiger^.rechts)
           END
   END;
```

```
BEGIN
wurzel := NIL;
REPEAT CLRSCR;
       WRITELN('E(ingeben   B(aum_zeigen   L(iste_zeigen   Q(uit');
       READ(KBD,antwort); antwort := UPCASE(antwort);
       CASE antwort OF
           'E': BEGIN
                GOTOXY(1,3);
                REPEAT WRITE('Name: '); READLN(name);
                       IF name <> '' THEN einsortieren(name,wurzel)
                UNTIL name = ''
                END;
           'B': BEGIN
                baum_zeigen(wurzel,40,3,20);
                GOTOXY(1,24); WRITE('Weiter mit <RETURN>.'); READLN
                END;
           'L': BEGIN
                GOTOXY(1,3);
                ausgeben(wurzel);
                GOTOXY(1,24); WRITE('Weiter mit <RETURN>.'); READLN;
                END;
            END
UNTIL antwort = 'Q'
END.
```

4.1.4.4 Mischen von vorsortierten Dateien

Hat man eine sortierte Datei, die etwa durch das Speichern eines sortierten Feldes entstanden ist, dann kann man neue Datensätze, etwa die im Laufe des Tages neu aufgenommenen Patientendaten, wieder zuerst sortieren und dann auf einfache Weise in die bestehende Datei einfügen, indem man beide Dateien liest und den jeweils kleineren Datensatz in eine dritte Datei schreibt. Man spricht vom *Mischen* der Dateien.

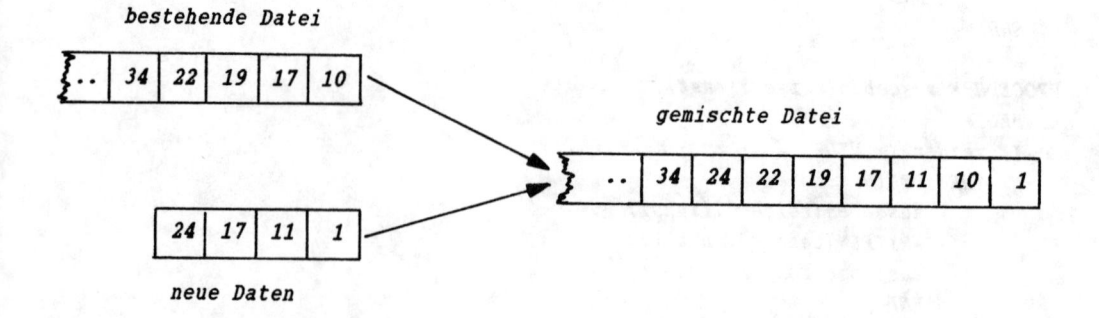

bestehende Datei

| .. | 34 | 22 | 19 | 17 | 10 |

gemischte Datei

| .. | 34 | 24 | 22 | 19 | 17 | 11 | 10 | 1 |

| 24 | 17 | 11 | 1 |

neue Daten

Das Verfahren läßt sich leicht im Struktogramm beschreiben. Wir benutzen verkürzte Namen ähnlich denen aus der obigen Zeichnung:

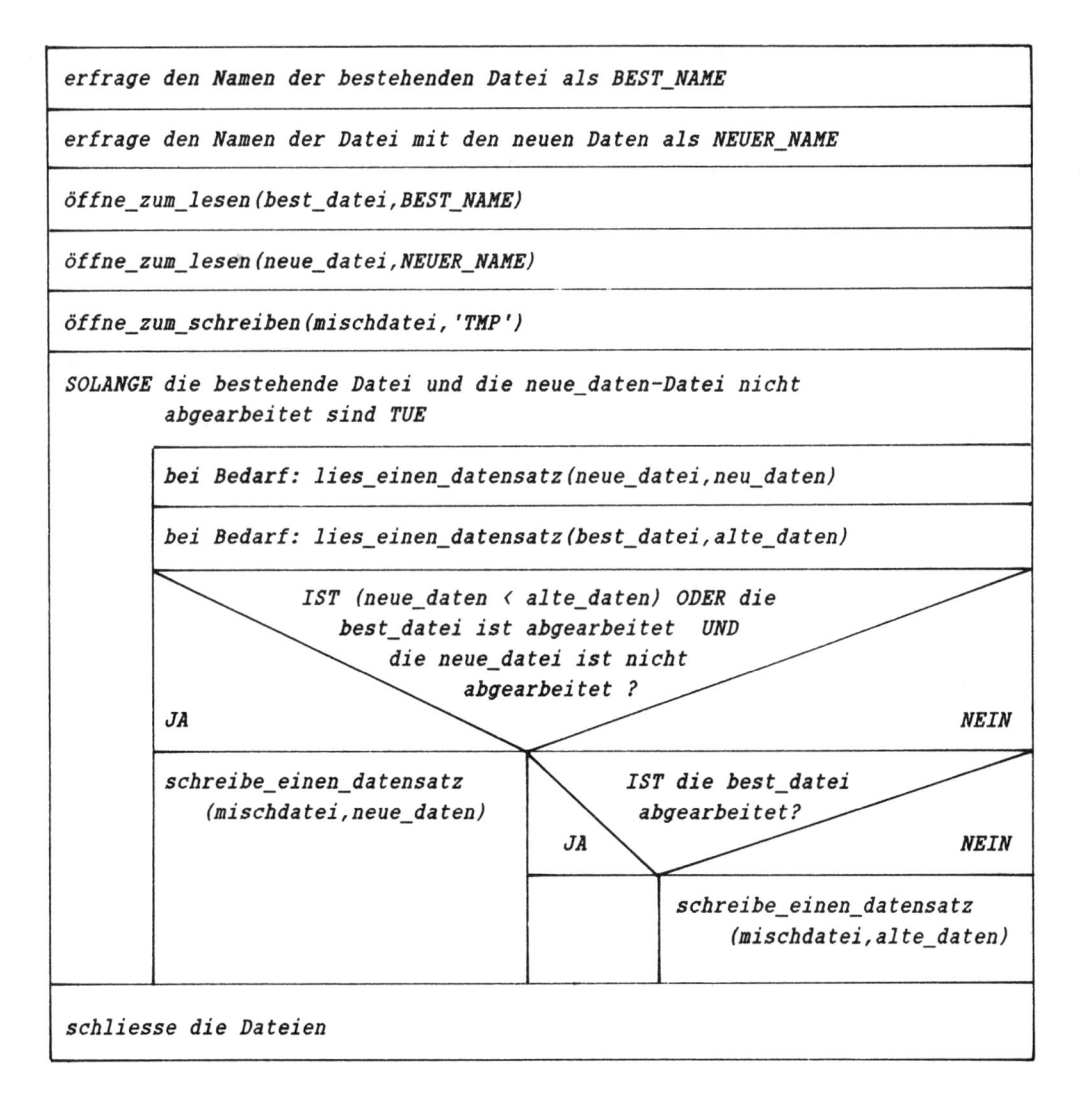

```
┌─────────────────────────────────────────────────────────────────────┐
│ erfrage den Namen der bestehenden Datei als BEST_NAME               │
├─────────────────────────────────────────────────────────────────────┤
│ erfrage den Namen der Datei mit den neuen Daten als NEUER_NAME      │
├─────────────────────────────────────────────────────────────────────┤
│ öffne_zum_lesen(best_datei,BEST_NAME)                               │
├─────────────────────────────────────────────────────────────────────┤
│ öffne_zum_lesen(neue_datei,NEUER_NAME)                              │
├─────────────────────────────────────────────────────────────────────┤
│ öffne_zum_schreiben(mischdatei,'TMP')                               │
├─────────────────────────────────────────────────────────────────────┤
│ SOLANGE die bestehende Datei und die neue_daten-Datei nicht         │
│         abgearbeitet sind TUE                                       │
│   ┌───────────────────────────────────────────────────────────────┐ │
│   │ bei Bedarf: lies_einen_datensatz(neue_datei,neu_daten)        │ │
│   ├───────────────────────────────────────────────────────────────┤ │
│   │ bei Bedarf: lies_einen_datensatz(best_datei,alte_daten)       │ │
│   ├───────────────────────────────────────────────────────────────┤ │
│   │         IST (neue_daten < alte_daten) ODER die                │ │
│   │         best_datei ist abgearbeitet UND                       │ │
│   │         die neue_datei ist nicht                              │ │
│   │         abgearbeitet ?                                        │ │
│   │  JA                                                     NEIN  │ │
│   ├──────────────────────┬────────────────────────────────────────┤ │
│   │ schreibe_einen_      │   IST die best_datei                   │ │
│   │ datensatz            │   abgearbeitet?                        │ │
│   │ (mischdatei,         │  JA              NEIN                  │ │
│   │  neue_daten)         ├──────┬─────────────────────────────────┤ │
│   │                      │      │  schreibe_einen_datensatz       │ │
│   │                      │      │  (mischdatei,alte_daten)        │ │
│   └──────────────────────┴──────┴─────────────────────────────────┘ │
├─────────────────────────────────────────────────────────────────────┤
│ schliesse die Dateien                                               │
└─────────────────────────────────────────────────────────────────────┘
```

Im folgenden TURBO-PASCAL-Programm werden die Inhalte der Dateien auf dem Bildschirm dargestellt, so daß der Kopierprozeß für kleine Dateien zu verfolgen ist. Da eine Datei nicht schon nach dem Lesen des letzten Datensatzes abgearbeitet ist (wenn *EOF* den Wert *TRUE* liefert), sondern erst dann, wenn dieser in die erzeugte Mischdatei geschrieben wurde und so neuer Bedarf nach einem Datensatz entsteht, wird der Mischprozeß durch vier boolesche Variable *bedarf_alt, bedarf_neu, alt_fertig* und *neu_fertig* gesteuert. Der Prozeß ist abgeschlossen, wenn alle Datensätze beider Dateien eingemischt sind, also *alt_fertig* und *neu_fertig* den Wert *TRUE* haben. Als Datensätze werden einfache *STRINGs* verwendet, die natürlich leicht durch komplexere Datensätze zu ersetzen sind.

```pascal
PROGRAM mischen_von_sortierten_dateien;

TYPE tname      = STRING[12];
     tdatensatz = STRING[20];
     tdatei     = FILE OF tdatensatz;

VAR  best_name, neuer_name              : tname;
     best_datei, neue_datei, mischdatei : tdatei;
     alte_daten, neue_daten             : tdatensatz;
     altpos, neupos, mischpos           : INTEGER;
     bedarf_alt, bedarf_neu             : BOOLEAN;
     alt_fertig, neu_fertig             : BOOLEAN;

PROCEDURE oeffne_zum_schreiben;      {wie angegeben}
PROCEDURE oeffne_zum_lesen;          {wie angegeben}
PROCEDURE schreibe_einen_datensatz;  {wie angegeben}
PROCEDURE lies_einen_datensatz;      {wie angegeben}
PROCEDURE schliesse;                 {wie angegeben}

BEGIN
CLRSCR; WRITELN('Mischen von vorsortierten Dateien: '); WRITELN;
WRITE('Name der bestehenden Datei: '); READLN(best_name);
WRITE('Name der neuen Datei      : '); READLN(neuer_name);

CLRSCR;
GOTOXY(1,1);  WRITE('Bestehende Datei:');
GOTOXY(26,1); WRITE('Neue Datei:');
GOTOXY(51,1); WRITE('gemischte Datei:');
altpos := 3; neupos := 3; mischpos := 3;

oeffne_zum_lesen(best_datei,best_name);
oeffne_zum_lesen(neue_datei,neuer_name);
oeffne_zum_schreiben(mischdatei,'TMP');

bedarf_alt := TRUE;  bedarf_neu := TRUE;
alt_fertig := FALSE; neu_fertig := FALSE;

WHILE NOT alt_fertig OR NOT neu_fertig DO
      BEGIN
      IF bedarf_alt
         THEN IF NOT EOF(best_datei)
                 THEN BEGIN
                      lies_einen_datensatz(best_datei,alte_daten);
                      GOTOXY(1,altpos); WRITE(alte_daten);
                      altpos := altpos + 1;
                      bedarf_alt := FALSE
                      END
                 ELSE alt_fertig := TRUE;
```

```
        IF bedarf_neu
           THEN IF NOT EOF(neue_datei)
                   THEN BEGIN
                           lies_einen_datensatz(neue_datei,neue_daten);
                           GOTOXY(26,neupos); WRITE(neue_daten);
                           neupos := neupos + 1;
                           bedarf_neu := FALSE
                        END
                   ELSE neu_fertig := TRUE;

        IF ((neue_daten < alte_daten) OR alt_fertig) AND NOT neu_fertig
           THEN BEGIN
                   schreibe_einen_datensatz(mischdatei,neue_daten);
                   GOTOXY(51,mischpos); WRITE(neue_daten);
                   mischpos := mischpos + 1;
                   bedarf_neu := TRUE
                END
           ELSE IF NOT alt_fertig
                   THEN BEGIN
                           schreibe_einen_datensatz(mischdatei,alte_daten);
                           GOTOXY(51,mischpos); WRITE(alte_daten);
                           mischpos := mischpos + 1;
                           bedarf_alt := TRUE;
                        END;
     END;

schliesse(best_datei);
schliesse(neue_datei);
schliesse(mischdatei);

END.
```

4.1.4.6 Sortieren von Dateien

Da im Hauptspeicher des Computers sehr schnell sortiert werden kann und die Rechner immer größere Speicher besitzen, wollen wir das Sortieren von Dateien auf Sortiervorgänge im Hauptspeicher zurückführen. Wir laden dazu Teile der Datei in den Speicher, sortieren sie und speichern Sie in einer Hilfsdatei ab. Jeweils zwei so sortierte Teildateien werden dann gemischt. Der Prozeß endet, wenn alle Datensätze der Datei zusammengemischt worden sind. Als Sortierverfahren können wir eines der drei vorgestellten oder auch andere benutzen. Zum Mischen steht das besprochene Programm zu Verfügung, wobei die neuen Datensätze statt aus einer Datei jetzt aus einem Feld geholt werden müssen. Die zu sortierende Datei nennen wir *TEST*.

öffne_zum_lesen(datei,'TEST')		
lies Daten der Datei in ein Feld ein		
sortiere das Feld		
IST die gesamte Datei eingelesen worden? JA / NEIN		
schliesse(datei)	öffne_zum_schreiben(hilfe_1,'TMP1')	
öffne_zum_schreiben (datei,'TEST')	schreibe die Daten des Feldes in die Hilfsdatei Nr.1	
	schliesse(hilfe_1)	
schreibe die Daten des Feldes in die Datei	WIEDERHOLE	lies Daten der Datei in das Feld ein
		sortiere das Feld
schliesse(datei)		öffne_zum_schreiben(hilfe_2,'TMP2')
		mische das Feld und die Hilfsdatei Hilfe_1 in die Hilfsdatei Hilfe_2
		schliesse(hilfe_2)
		kopiere die Hilfsdatei Hilfe_2 auf die Hilfsdatei Hilfe_1
	BIS die Datei abgearbeitet ist	
	schliesse(datei)	
	kopiere die Hilfsdatei hilfe_1 auf die Datei	

Im folgenden TURBO-PASCAL-Programm wird als Sortierverfahren *QUICKSORT* gewählt. Zum Mischen der Dateien wird das Programm von Seite 106 fast unverändert als Unterprogramm übernommen. Die restlichen Unterprogramme ergeben sich leicht als Anwendungen der Arbeitsverfahren mit sequentiellen Dateien. Als Datensatztyp werden wieder ganze Zahlen benutzt, weil Quicksort schon mit diesem Datentyp eingeführt wurde. Die von anderen Stellen bekannte Programmteile werden nicht noch einmal aufgeführt.

```
PROGRAM sortieren_von_dateien;

CONST feldlaenge = 100;

TYPE tname      = STRING[12];
    tdatensatz = INTEGER;
    tdatei     = FILE OF tdatensatz;

VAR feld                      : ARRAY[1..feldlaenge] OF tdatensatz;
    datei, hilfe_1, hilfe_2   : tdatei;
    dateilaenge, drin_im_feld : INTEGER;
    freigegeben               : INTEGER;
    fertig                    : BOOLEAN;


PROCEDURE oeffne_zum_schreiben;       {wie angegeben}
PROCEDURE oeffne_zum_lesen;           {wie angegeben}
PROCEDURE schreibe_einen_datensatz;   {wie angegeben}
PROCEDURE lies_einen_datensatz;       {wie angegeben}
PROCEDURE schliesse;                  {wie angegeben}

PROCEDURE datei_erzeugen;
    VAR i, j: INTEGER;
    BEGIN
    oeffne_zum_schreiben(datei,'test');
    FOR i := 1 TO dateilaenge DO
        BEGIN j := RANDOM(100); WRITE(datei,j) END;
    schliesse(datei);
    END;

PROCEDURE quicksort;
    PROCEDURE teile_und_ordne_zwischen;  { wie angegeben }
    BEGIN
    teile_und_ordne_zwischen(1,drin_im_feld)
    END;

PROCEDURE feld_laden(VAR fertig: BOOLEAN; VAR drin: INTEGER);
    BEGIN
    drin := 0;
    WHILE NOT EOF(datei) AND (drin < freigegeben) DO
          BEGIN
          drin := drin + 1; lies_einen_datensatz(datei,feld[drin])
          END;
    fertig := EOF(datei);
    END;

PROCEDURE kopiere_feld_in_datei(VAR d: tdatei);
    VAR i: INTEGER;
    BEGIN FOR i := 1 TO drin_im_feld DO schreibe_einen_datensatz(d,feld[i]) END;
```

```
PROCEDURE mische_feld_und_datei(VAR h1,h2: tdatei);

VAR alte_daten, neue_daten: tdatensatz;
    bedarf_alt, bedarf_neu: BOOLEAN;
    alt_fertig, neu_fertig: BOOLEAN;
    i                     : INTEGER;
BEGIN
bedarf_alt := TRUE;  bedarf_neu := TRUE;
alt_fertig := FALSE; neu_fertig := FALSE;
i := 1;
WHILE NOT alt_fertig OR NOT neu_fertig DO
      BEGIN
      IF bedarf_alt
         THEN IF NOT EOF(h1)
                 THEN BEGIN
                      lies_einen_datensatz(h1,alte_daten); bedarf_alt := FALSE
                      END
                 ELSE alt_fertig := TRUE;
      IF bedarf_neu
         THEN IF i <= drin_im_feld
                 THEN BEGIN
                      neue_daten := feld[i]; i := i + 1; bedarf_neu := FALSE
                      END
                 ELSE neu_fertig := TRUE;
      IF ((neue_daten < alte_daten) OR alt_fertig) AND NOT neu_fertig
         THEN BEGIN
              schreibe_einen_datensatz(h2,neue_daten);
              bedarf_neu := TRUE
              END
         ELSE IF NOT alt_fertig
                 THEN BEGIN
                      schreibe_einen_datensatz(h2,alte_daten); bedarf_alt := TRUE;
                      END;
      END;
   END;

PROCEDURE kopiere_datei(VAR d1,d2: tdatei; name1, name2: tname);
   VAR satz: tdatensatz;
   BEGIN
   oeffne_zum_lesen(d1,name1);
   oeffne_zum_schreiben(d2,name2);
   WHILE NOT EOF(d1) DO
         BEGIN
         lies_einen_datensatz(d1,satz); schreibe_einen_datensatz(d2,satz)
         END;
   schliesse(d1);
   schliesse(d2);
   END;
```

```
PROCEDURE zeige_feld;
   VAR i: INTEGER;
   BEGIN
   CLRSCR; WRITELN('Inhalt des Sortierfeldes:'); WRITELN;
   FOR i := 1 TO drin_im_feld DO WRITE(feld[i]:5);
   READLN; CLRSCR;
   END;

PROCEDURE zeige_datei;
   VAR i: INTEGER;
   BEGIN
   CLRSCR; WRITELN('Inhalt der Datei:'); WRITELN;
   oeffne_zum_lesen(datei,'test');
   WHILE NOT EOF(datei) DO
         BEGIN lies_einen_datensatz(datei,i); WRITE(i:5); END;
   schliesse(datei); READLN; CLRSCR
   END;

BEGIN
CLRSCR; WRITELN('Sortieren einer Datei aus Zufallszahlen:'); WRITELN;
WRITE('Wieviel Zahlen soll die Datei enthalten? --> '); READLN(dateilaenge);
REPEAT WRITE('Wieviel Zahlen sollen jeweils sortiert werden --> ');
       READLN(freigegeben)
UNTIL freigegeben <= feldlaenge;
datei_erzeugen; zeige_datei;
oeffne_zum_lesen(datei,'test');
feld_laden(fertig,drin_im_feld); zeige_feld;
quicksort; zeige_feld;
IF fertig
   THEN BEGIN
        schliesse(datei); oeffne_zum_schreiben(datei,'test');
        kopiere_feld_in_datei(datei); schliesse(datei); zeige_datei
        END
   ELSE BEGIN
        oeffne_zum_schreiben(hilfe_1,'TMP1'); kopiere_feld_in_datei(hilfe_1);
        schliesse(hilfe_1);
        REPEAT feld_laden(fertig,drin_im_feld); zeige_feld;
               quicksort; zeige_feld;
               oeffne_zum_lesen(hilfe_1,'TMP1');
               oeffne_zum_schreiben(hilfe_2,'TMP2');
               mische_feld_und_datei(hilfe_1,hilfe_2);
               schliesse(hilfe_1); schliesse(hilfe_2);
               kopiere_datei(hilfe_2,hilfe_1,'TMP2','TMP1');
        UNTIL fertig;
        schliesse(datei);
        kopiere_datei(hilfe_1,datei,'TMP1','test'); zeige_datei
        END
END.
```

4.1.4.6 Vergleich der Sortierverfahren

Eigentlich ist es überraschend, daß in der Literatur außerordentlich viele unterschiedliche Sortierverfahren zu finden sind, denn im Laufe der Jahre sollte sich doch das beste Verfahren durchgesetzt haben. Wenn dem nicht so ist, dann gibt es augenscheinlich kein "bestes" Verfahren für alle möglichen Fälle. Die Effizienz der Verfahren hängt außerordentlich stark von der Art der zu sortierenden Daten ab. Sind etwa wenige neue Daten in einen schon sortierten Bestand einzuordnen, dann kann es günstig sein, diese einfach im Bubblesort-Verfahren von hinten an ihren richtigen Platz laufen zu lassen. Liegen große Mengen zufällig angeordneter Daten vor, dann ist das Quicksort-Verfahren sicherlich geeigneter. Zusätzlich müssen auch z.B. der Platzbedarf der Daten im Rechner (wenn etwa die Daten in ein zweites, gleichgroßes Feld eingefügt werden sollen), der Zeitbedarf für die verschiedenen Operationen (beim Vertauschen etwa) u.ä. berücksichtigt werden. Ohne genaue Kenntnisse über spezielle Eigenschaften der zu sortierenden Daten läßt sich das geeignetste Verfahren also nicht angeben. Wir gehen deshalb im folgenden von einer zufällig verteilten Datenmenge aus.

Wir wollen mit einem *experimentellen Vergleich* der Verfahren beginnen. Dazu messen wir einfach die Zeit, die die unterschiedlichen Methoden zur Sortierung derselben Felder aus Zufallszahlen benötigen. Ist diese Zeit sehr kurz, werden mehrere Sortierläufe nacheinander durchgeführt und der Mittelwert berechnet. Von dieser Zeit muß jeweils die Zeit abgezogen werden, die das Rahmenprogramm, das etwa die Felder aus Zufallszahlen bereitstellt, selbst benötigt. Auch diese Zeit wird zuerst experimentell ermittelt. Zur Zeitmessung kann die eingebaute Uhr im Rechner benutzt werden. Fehlt diese, dann leistet eine Stoppuhr bei entsprechend vielen Durchgängen und Mittelwertbildung gute Dienste. Das Ende eines Sortiervorgangs sollte dann durch einen Ton angezeigt werden, da man auf diesen schneller reagiert als auf ein optisches Signal. Die Meßwerte für die folgende Grafik wurden mit der Hand gestoppt.

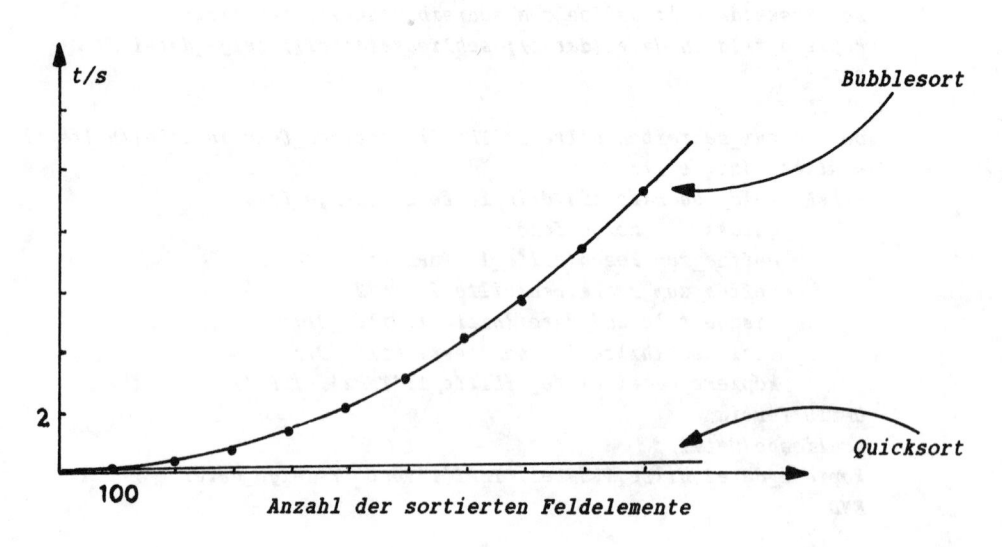

Man sieht, daß Bubblesort für das Sortieren größerer, ungeordneter Datenmengen völlig ungeeignet ist (für das Sortieren sehr kleiner Datenmengen benötigt man keinen Computer), und daß der Zeitbedarf etwa quadratisch mit der Anzahl der zu sortierenden Daten wächst. Der Zeitbedarf von Quicksort scheint im betrachteten Bereich bei dem verwendeten Maßstab eher linear von der Zahl der Datensätze abzuhängen. Versuchen wir also den genauen Zusammenhang herauszufinden.

Bubblesort:

Wir betrachten den ungünstigsten Fall, wenn bei jedem Vergleich auch ein Platztausch der betrachteten Elemente erforderlich wird. Dann sind alle Operationen gleichwertig. Hat unser Feld n Elemente, dann wird das letzte Element mit $(n-1)$ Elementen verglichen, bevor es seinen endgültigen Platz erreicht hat. Das nächste Element wird nur noch mit $(n-2)$ Elementen verglichen, das nächste mit $(n-3)$ usw., bis beim letzten nur noch ein einziger Vergleich benötigt wird. Insgesamt sind zum Sortieren

$$(n-1) + (n-2) + (n-3) + \ldots + 2 + 1 = 0{,}5 * n * (n-1)$$

Vergleiche nötig. Da alle unsere Vergleiche gleichwertig sind, ergibt sich damit auch eine quadratische Abhängigkeit der Sortierzeit von der Zahl der zu sortierenden Elemente. Doch auch im günstigsten Fall eines schon sortierten Feldes, wenn keine Vertauschungen notwendig werden, müssen alle Vergleichsoperationen vollständig durchgeführt werden, so daß die Zeitabhängigkeit quadratisch bleibt, allerdings mit einer anderen Konstanten.

Quicksort:

Nach der Auswahl eines "mittleren" Elements müssen alle anderen Elemente mit diesem verglichen werden: das erfordert $(n-1)$ Vergleiche. Die Zahl der Vertauschungen ist erheblich geringer. Falls das "mittlere" Element wirklich den mittleren Wert der zu sortierenden Werte darstellt, werden im ungünstigsten Fall alle Elemente links von ihm mit den rechten Elementen vertauscht: das ergibt maximal $(n/2)$ Vertauschungen. Beide Ergebnisse ergeben aber eine lineare Abhängigkeit von n. Damit ist das Feld allerdings noch nicht sortiert, denn der Vorgang muß jetzt für die Teilstücke wiederholt werden. Wird das Feld bei jeder Zerlegung halbiert, dann ergibt sich die Anzahl der Zerlegungen aus $ld(n)$, dem Zweierlogarithmus von n, weil umgekehrt das Feld wieder aus 2^n Verdopplungen der entstandenen Teilstücke entsteht und der Zweierlogarithmus die Umkehrfunktion zur Zweierpotenz ist. Da die Teilstücke nun eine kleinere Länge als n haben, ist das Produkt

$$n * ld(n)$$

von $ld(n)$ Durchgängen mit je etwa n Vergleichen eine obere Abschätzung des Aufwands zum Sortieren des Feldes für diesen Fall. Im ungünstigsten Fall wird das Feld allerdings nicht halbiert, sondern in ein einzelnes Element und den Rest aufgeteilt. Insgesamt ergeben sich dann also etwa n Zerlegungen und *(n*n)* Vergleiche. Für ein Feld aus Zufallszahlen ist dieser Fall allerdings extrem unwahrscheinlich, so daß der erste Ansatz eine realistische Abschätzung liefert. Will man sicher gehen, dann kann das "mittlere" Element nicht als zufällig in der Mitte stehendes Element, sondern als Ergebnis eines besonderen Prozesses ermittelt werden.

4.1.4.7 Aufgaben

1. Zur *Ermittlung des Zeitbedarfs* muß die Zeit einer Vergleichsoperation von der eines Austausches von Elementen unterschieden werden. Ermitteln Sie diese Zeiten für unterschiedliche Datensätze und schätzen Sie entsprechend die Rechenzeiten für unterschiedliche Sortierverfahren ab.

2. Ermitteln Sie die *Abhängigkeit des Zeitbedarfs* von Sortierverfahren von der Anzahl der zu sortierenden Elemente experimentell und theoretisch

   a. für Felder aus Zufallszahlen.

   b. für den ungünstigsten Fall, etwa in der "falschen" Reihenfolge vorsortierte Felder.

   c. für den günstigsten Fall, etwa vorsortierte Felder.

3. Realisieren Sie die folgenden *Sortierverfahren* für Felder mit n Elementen, indem Sie zuerst entsprechend verfeinerte Struktogramme entwickeln, die danach in Programme umgesetzt werden. Schätzen Sie den Zeitbedarf der Verfahren ab.

   a. Sortieren durch *direktes Einfügen*:

   ```
   FÜR i VON 2 BIS n TUE
       sortiere das i-te Element am richtigen Platz unter den ersten
       (i-1) Elementen ein.
   ```

   b. Sortieren durch *direktes Auswählen*:

   ```
   FÜR i VON 1 BIS (n-1) TUE
       bestimme den Platz des kleinsten Elements zwischen i und n
       vertausche dieses Element mit dem i-ten.
   ```

c: *Shakersort* ist eine Abwandlung von Bubblesort, in der die Laufrichtung der "Blasen" von Durchgang zu Durchgang gewechselt wird.

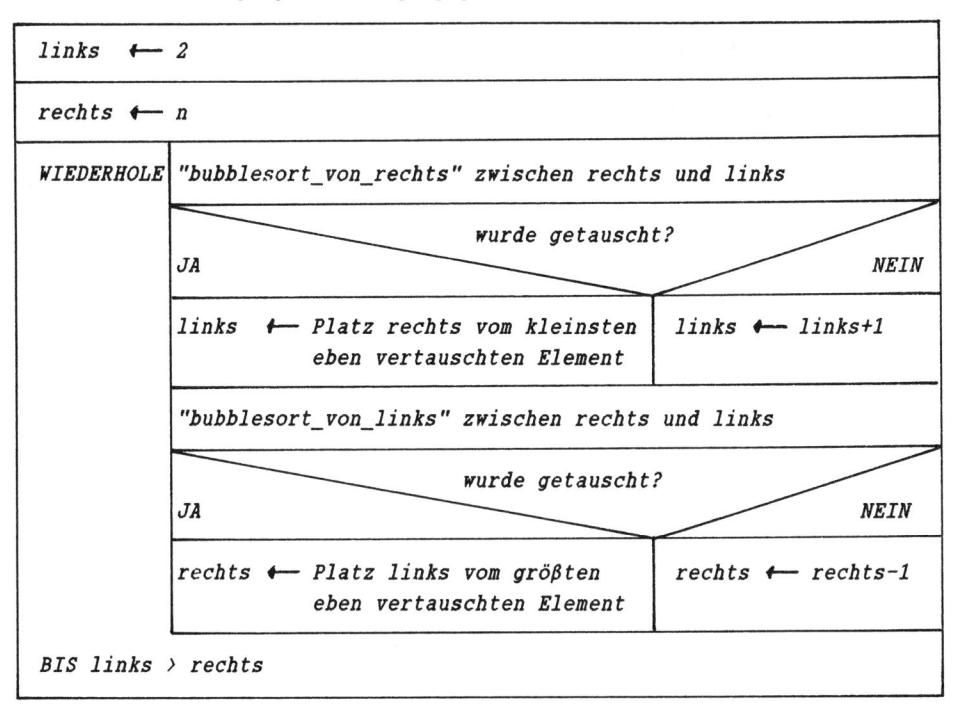

links ← 2		
rechts ← n		
WIEDERHOLE	"bubblesort_von_rechts" zwischen rechts und links	
	wurde getauscht?	
	JA NEIN	
	links ← Platz rechts vom kleinsten eben vertauschten Element	links ← links+1
	"bubblesort_von_links" zwischen rechts und links	
	wurde getauscht?	
	JA NEIN	
	rechts ← Platz links vom größten eben vertauschten Element	rechts ← rechts-1
BIS links > rechts		

4. Realisieren Sie die folgenden *Sortierverfahren für Dateien*, indem Sie zuerst entsprechend verfeinerte Struktogramme entwickeln, die danach in Programme umgesetzt werden.

   a. *Sortieren durch Mischen*:

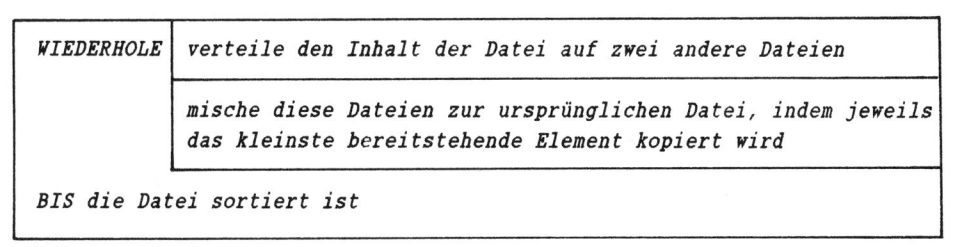

WIEDERHOLE	verteile den Inhalt der Datei auf zwei andere Dateien
	mische diese Dateien zur ursprünglichen Datei, indem jeweils das kleinste bereitstehende Element kopiert wird
BIS die Datei sortiert ist	

   b. *N-Weg-Mischen*:

   Verteilen Sie jetzt die ursprüngliche Datei auf N andere Dateien, die danach wieder zur ursprünglichen Datei zusammengemischt werden. Versuchen Sie die Anzahl der erforderlichen Dateizugriffe in Abhängigkeit von N abzuschätzen.

4.1.5 Robotersteuerung

Als eine sehr spezielle, in ihren Auswirkungen aber wichtige Anwendung sequentieller Dateien wollen wir auf einfache Art die *Programmierung von Maschinen* untersuchen, die wir, wenn sie unterschiedlich programmiert auch unterschiedliche Arbeitsvorgänge ausführen können, einfach Roboter nennen. Als Beispiel wählen wir mit einem *Gabelstapler* ein System, das nur in einer Ebene arbeitet, damit wir die Arbeitsvorgänge problemlos auf dem Bildschirm darstellen können.

4.1.5.1 Die Arbeitsumgebung

Wir stellen uns einen Gabelstapler vor, der vor einem Hochregal steht und Kisten zwischen den einzelnen Etagen des Regals transportieren kann. Außerdem kann sich das Fahrzeug vor und zurück bewegen, etwa um später Kisten zwischen Regal und einem LKW zu transportieren. Aus Platzgründen geben wir uns mit einem sehr einfachen Bild dieser Umgebung zufrieden. Dabei werden nur Zeichen benutzt, die auf jedem Computer darzustellen sind.

```
 Bekannte Befehle:                                     XXXXX      II
 -------------------                          1        XXXXX      II
   1: ganzhoch                                1        XXXXX      II
   2: nach_unten                              1        XXXXX      II
   3: eins_hoeher                             1        --------------II
                                              1                   II
                                              1                   II
                                              1                   II
                _____                      1        XXXXX      II
               |        |                     1        --------------II
               |        |                     1                   II
               |        |                     1                   II
               |       _|_____               1        XXXXX      II
               |      |       | 1                      XXXXX      II
               |      |       | 1                      --------------II
               | 000  | 000   | 1                                 II
               |_00000|_00000_|_1                      XXXXX      II
                 00000  00000   1  XXXX                XXXXX      II
                 000    000     1------                XXXXX      II
 ==============================================================
 Pfeiltasten oder
 N(ehmen A(blegen L(ernen F(ertig M(achen B(elegung S(peichern H(olen E(nde
```

Um das Gerät zu steuern, benötigen wir also die folgenden Befehle:

- *HOCH*, *RUNTER*, *VOR*, *ZURÜCK* zur Steuerung der Bewegung, die direkt den Pfeiltasten der Tastatur zugeordnet werden können.

- *NEHMEN* und *ABLEGEN* zum Transport einer Kiste zwischen Regal und Gabelstapler.

4.1.5.2 Wie lernt ein Roboter?

Mit Hilfe der angegebenen Befehle können wir den Gabelstapler bewegen und Arbeiten am Regal ausführen lassen. Eine solche Arbeit könnte es sein, die einzige Kiste aus dem untersten Regal in das darüberliegende leere zu transportieren. Wir bringen dazu das Fahrzeug in eine Standardlage vor dem Regal (z.B. drei Schritte davor mit der Gabel einen Schritt über dem Boden) und geben die Befehlsfolge

> *VOR VOR RUNTER NEHMEN HOCH HOCH HOCH HOCH HOCH ABLEGEN*

ein. Das Gerät kann diese Befehlsfolge als neuen Befehl "lernen", indem wir ihm den Vorgang "vormachen" und dabei dafür sorgen, daß sich ein Rechner die eingegebenen Elementarbefehle in ihrer Reihenfolge "merkt". Werden diese dann unter einem entsprechenden Namen gespeichert, so entsteht eine sequentielle Datei, deren Inhalt, als Elementarbefehle dem Gabelstapler eingegeben, die entsprechende Aktion bewirkt. Einfache Arbeiten wie das Umstapeln der Kisten auf möglichst hohe Positionen im Regal oder (bei einer entsprechenden Erweiterung) das Beladen eines LKWs können so leicht vom Automaten ausgeführt werden. Fassen wir den in einer bestimmten Umgebung erforderlichen Befehlsvorrat zu einem Satz von Einzelbefehlen zusammen, dann kann auch dieser gesamte Befehlssatz in einer Datei gespeichert werden. Im folgenden gehen wir diesen Weg. Wir wollen es aus Platzgründen bei diesem ersten Ansatz zur Programmierung von Robotern belassen, diesen aber realisieren. Dazu müssen wir das System um einige Befehle erweitern:

- *LERNEN* bringt den Gabelstapler in eine Standardposition und speichert alle folgenden Befehle unter einem eingegebenen Namen. Die schon bekannten Befehle werden am Bildschirm angegeben.

- *FERTIG* beendet den Lernvorgang.

- *MACHEN* bringt den Gabelstapler in die Standardposition und führt einen bekannten Befehl aus.

- *BELEGUNG* erfragt die Anfangsbelegung der Regals mit Kisten.

- *SPEICHERN* speichert die bekannten Befehle unter einem einzugebenden Namen in einer Datei.

- *HOLEN* holt Befehle aus einer solchen Datei.

- *ENDE* beendet die Arbeit mit dem Gabelstapler.

Alle Befehle werden über ihre Anfangsbuchstaben aufgerufen.

4.1.5.3 Ein Gabelstapler-Programm

Im Hauptteil eines Simulationsprogramms für unsere Maschine müssen nach einigen Vorbereitungsschritten, in denen die Arbeitsfläche gezeichnet wird und benötigte Größen Anfangswerte erhalten, wiederholt Befehle eingelesen und ausgewertet werden. Bei Änderungen wird ggf. der neue Zustand des Systems gezeichnet.

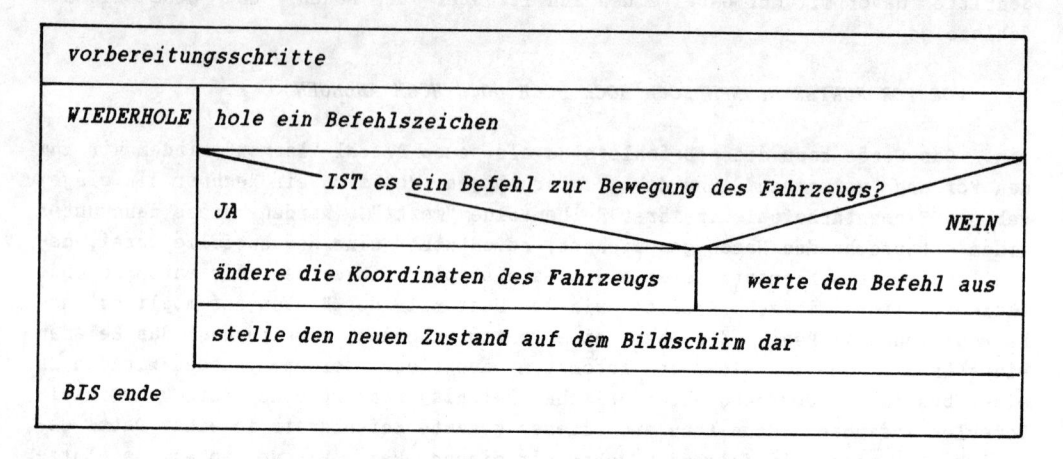

```
┌─────────────────────────────────────────────────────────────────────────┐
│ vorbereitungsschritte                                                   │
├────────────┬────────────────────────────────────────────────────────────┤
│ WIEDERHOLE │ hole ein Befehlszeichen                                    │
│            ├────────────────────────────────────────────────────────────┤
│            │        ╲   IST es ein Befehl zur Bewegung des Fahrzeugs? ╱ │
│            │  JA     ╲                                               ╱  │
│            │          ╲                                             ╱   NEIN
│            ├───────────────────────────────────────┬────────────────────┤
│            │ ändere die Koordinaten des Fahrzeugs  │ werte den Befehl aus│
│            ├───────────────────────────────────────┴────────────────────┤
│            │ stelle den neuen Zustand auf dem Bildschirm dar            │
├────────────┴────────────────────────────────────────────────────────────┤
│ BIS ende                                                                │
└─────────────────────────────────────────────────────────────────────────┘
```

Im Unterprogramm *hole_zeichen*, das den nächsten Befehl bereitstellt, muß einerseits unterschieden werden, ob die Eingabe von der Tastatur (normalerweise) oder aus einem gespeicherten Befehl (falls beim "Machen") erfolgt. Andererseits müssen beim "Lernen" die eingegebenen Zeichen gespeichert werden. Alle anderen Teilfunktionen sind einfache Anwendungen bekannter Verfahren und sollten direkt aus dem folgenden TURBO-PASCAL-Programm verständlich sein.

```
PROGRAM gabelstapler;

CONST maxbefehle = 20;

TYPE tname    = STRING[12];
     tbefehl  = RECORD name: tname; inhalt: STRING[255] END;
     tdatei   = FILE OF tbefehl;

VAR xpos, hoehe, stockwerk, lage, bef_nr : INTEGER;
    versuche, befehle_drin, befehlsnummer: INTEGER;
    xalt, alte_hoehe                     : INTEGER;
    c                                    : CHAR;
    ESC_code, beladen, kiste_da          : BOOLEAN;
    lernen, machen, altbeladen           : BOOLEAN;
    lager                                : ARRAY[0..3] OF INTEGER;
    befehle                              : ARRAY[1..maxbefehle] OF tbefehl;
    befehl                               : tbefehl;
    dateiname                            : tname;
    datei                                : tdatei;
```

```
PROCEDURE oeffne_zum_schreiben;        { wie angegeben }
PROCEDURE oeffne_zum_lesen;            { wie angegeben }
PROCEDURE schreibe_einen_datensatz;    { wie angegeben }
PROCEDURE lies_einen_datensatz;        { wie angegeben }
PROCEDURE schliesse;                   { wie angegeben }

PROCEDURE h_line(xa,xe,y: INTEGER; c: CHAR);
   VAR i: INTEGER; BEGIN GOTOXY(xa,y); FOR i := xa TO xe DO WRITE(c) END;

PROCEDURE v_line(x,yo,yu: INTEGER; c: CHAR);
   VAR i: INTEGER; BEGIN FOR i:=yo TO yu DO BEGIN GOTOXY(x,i); WRITE(c) END END;

PROCEDURE arbeitsflaeche;
   BEGIN
   CLRSCR; h_line(5,75,20,'='); v_line(75,1,20,'I'); v_line(74,1,20,'I');
   h_line(60,73,5,'-'); h_line(60,73,10,'-'); h_line(60,73,15,'-');
   END;

PROCEDURE fahrzeug_zeichnen(x,h: INTEGER; beladen: BOOLEAN);
   BEGIN
   h_line(x,x+22,17,'_'); v_line(x,9,17,'|'); v_line(x+10,9,17,'|');
   h_line(x-1,x+10,9,'_'); h_line(x+11,x+20,13,'_'); v_line(x+20,14,17,'|');
   h_line(x+3,x+5,16,'O'); h_line(x+2,x+6,17,'O'); h_line(x+2,x+6,18,'O');
   h_line(x+3,x+5,19,'O'); h_line(x+15,x+17,16,'O'); h_line(x+14,x+18,17,'O');
   h_line(x+14,x+18,18,'O'); h_line(x+15,x+17,19,'O');
   v_line(x+22,2,19,'1'); h_line(x+23,x+28,h,'-');
   IF beladen THEN h_line(x+25,x+28,h-1,'X') ELSE h_line(x+25,x+28,h-1,' ')
   END;

PROCEDURE fahrzeug_loeschen(x,h: INTEGER);
   BEGIN
   h_line(x,x+22,17,' '); v_line(x,9,17,' '); v_line(x+10,9,17,' ');
   h_line(x-1,x+10,9,' '); h_line(x+11,x+20,13,' '); v_line(x+20,14,17,' ');
   h_line(x+3,x+5,16,' '); h_line(x+2,x+6,17,' '); h_line(x+2,x+6,18,' ');
   h_line(x+3,x+5,19,' '); h_line(x+15,x+17,16,' '); h_line(x+14,x+18,17,' ');
   h_line(x+14,x+18,18,' '); h_line(x+15,x+17,19,' '); v_line(x+22,2,19,' ');
   h_line(x+23,x+28,h,' '); h_line(x+25,x+28,h-1,' '); h_line(5,75,20,'=')
   END;

PROCEDURE gabel_zeichnen(beladen: BOOLEAN);
   BEGIN
   h_line(xalt+23,xalt+28,alte_hoehe,' ');
   h_line(xalt+25,xalt+28,alte_hoehe-1,' ');
   h_line(5,75,20,'='); h_line(xalt+23,xalt+28,hoehe,'-');
   IF beladen
      THEN h_line(xalt+25,xalt+28,hoehe-1,'X')
      ELSE h_line(xalt+25,xalt+28,hoehe-1,' ');
   DELAY(100)
   END;
```

```
PROCEDURE piep; BEGIN SOUND(800); DELAY(200); NOSOUND END;

PROCEDURE hole_zeichen(VAR c: CHAR; VAR ESC: BOOLEAN);

   PROCEDURE anfuegen(c: CHAR);
     BEGIN
     bef_nr := bef_nr + 1;
     WITH befehl DO
         BEGIN inhalt := CONCAT(inhalt,' '); inhalt[LENGTH(inhalt)] := c END
     END;

   BEGIN
   IF NOT machen
      THEN REPEAT READ(KBD,c); ESC := ORD(c) = 27; IF ESC THEN READ(KBD,c)
           UNTIL (UPCASE(c) IN ['N','A','L','M','F','S','H','B','E'])
                 OR (ORD(c) IN [72,75,77,80])
      ELSE IF bef_nr <= LENGTH(befehl.inhalt)
              THEN BEGIN
                   c := befehl.inhalt[bef_nr]; ESC := ORD(c) = 27;
                   bef_nr := bef_nr + 1;
                   IF ESC
                      THEN BEGIN
                           c := befehl.inhalt[bef_nr]; bef_nr := bef_nr + 1
                           END
                   END
              ELSE BEGIN
                   machen := FALSE; GOTOXY(1,24); CLREOL
                   END;
   c := UPCASE(c);
   IF lernen
      THEN IF (ESC OR (c IN ['N','A'])) AND (bef_nr < 255)
              THEN BEGIN
                   IF ESC THEN anfuegen(chr(27));
                   anfuegen(c)
                   END
              ELSE BEGIN ESC := FALSE; c := 'F' END
   END;

PROCEDURE lager_zeigen;
   VAR i, j: INTEGER;
   BEGIN
   FOR i := 0 TO 3 DO
      FOR j := 1 TO 4 DO
         IF j <= lager[i]
            THEN h_line(61,65,20-5*i-j,'X') ELSE h_line(61,65,20-5*i-j,' ')
   END;
```

```
PROCEDURE anfangsbestand;
   VAR i: INTEGER;
   BEGIN
   GOTOXY(1,22); WRITE('Der Lagerbestand zu Beginn (jeweils 0..4 Kisten):');
   FOR i := 0 TO 3 DO lager[i] := 0;
   GOTOXY(1,24); CLREOL; WRITE('Ganz    oben: -->  '); READLN(lager[3]);
   lager_zeigen;
   GOTOXY(1,24); CLREOL; WRITE('2. von oben: -->  '); READLN(lager[2]);
   lager_zeigen;
   GOTOXY(1,24); CLREOL; WRITE('3. von oben: -->  '); READLN(lager[1]);
   lager_zeigen;
   GOTOXY(1,24); CLREOL; WRITE('unten        : -->  '); READLN(lager[0]);
   lager_zeigen; GOTOXY(1,22); CLREOL; GOTOXY(1,24); CLREOL;
   GOTOXY(1,21); WRITELN('Pfeiltasten oder');
   WRITE('N(ehmen A(blegen L(ernen F(ertig M(achen ');
   WRITE('B(elegung S(peichern H(olen E(nde');
   END;

PROCEDURE zeige_befehle;
   VAR i,j: INTEGER;
   BEGIN
   GOTOXY(1,1); WRITELN('Bekannte Befehle:'); WRITELN('-----------------');
   FOR i := 1 TO befehle_drin DO WRITELN(i:2,': ',befehle[i].name);
   END;

PROCEDURE auswerten(c: CHAR);
   VAR i: INTEGER;
   BEGIN
   CASE UPCASE(c) OF

       'N': IF NOT beladen AND (xpos = 31)
              THEN BEGIN
                  stockwerk := 3 - (hoehe - 1) DIV 5;
                  lage     := 5 - (hoehe - 1) MOD 5;
                  IF lage IN [1..4]
                     THEN kiste_da := lager[stockwerk] = lage
                     ELSE kiste_da := FALSE;
                  IF kiste_da
                     THEN BEGIN
                           lager[stockwerk]:=lager[stockwerk]-1;
                           beladen := TRUE;
                           lager_zeigen
                          END
                     ELSE piep
                   END
              ELSE piep;
```

```pascal
'A': IF beladen AND (xpos = 31)
        THEN BEGIN
               stockwerk := 3 - (hoehe - 1) DIV 5;
               lage      := 5 - (hoehe - 1) MOD 5;
               IF lage IN [1..4]
                  THEN kiste_da := lager[stockwerk] = lage
                  ELSE kiste_da := FALSE;
               IF (lage IN [1..4]) AND NOT kiste_da
                  THEN BEGIN
                          lager[stockwerk]:=lager[stockwerk]+1;
                          beladen := FALSE;
                          lager_zeigen
                       END
                  ELSE piep
             END
        ELSE piep;

'S': BEGIN
     GOTOXY(1,24);
     WRITE('Name der Datei: --> '); READLN(dateiname);
     oeffne_zum_schreiben(datei,dateiname);
     FOR i := 1 TO befehle_drin DO
         schreibe_einen_datensatz(datei,befehle[i]);
     schliesse(datei);
     GOTOXY(1,24); CLREOL
     END;

'H': BEGIN
     GOTOXY(1,24); WRITE('Name der Datei: --> '); READLN(dateiname);
     oeffne_zum_lesen(datei,dateiname);
     WHILE NOT EOF(datei) AND (befehle_drin < maxbefehle) DO
           BEGIN
           befehle_drin := befehle_drin + 1;
           lies_einen_datensatz(datei,befehle[befehle_drin]);
           END;
     schliesse(datei);
     GOTOXY(1,24); CLREOL; zeige_befehle
     END;

'L': IF befehle_drin < maxbefehle
        THEN BEGIN
               GOTOXY(1,24); CLREOL; WRITE('Name des Befehls: -->');
               READLN(befehl.name); lernen := TRUE;
               bef_nr := 0; befehl.inhalt := '';
               hoehe := 17; xpos := 20;
               GOTOXY(1,24); CLREOL;
               WRITE('Lernen des Befehls <',befehl.name,'>.');
             END;
```

- 122 -

```
          'F': IF lernen
                THEN BEGIN
                      lernen := FALSE; befehle_drin := befehle_drin +1;
                      befehle[befehle_drin] := befehl;
                      GOTOXY(1,24); CLREOL; zeige_befehle
                      END;

          'M': IF NOT lernen
                THEN BEGIN
                      REPEAT GOTOXY(1,24); CLREOL;
                            WRITE('Ausführen des Befehls Nr.: --> ');
                            READLN(befehlsnummer)
                      UNTIL befehlsnummer <= befehle_drin;
                      machen := TRUE; bef_nr := 1;befehl := befehle[befehlsnummer];
                      GOTOXY(1,24); CLREOL;
                      WRITE('Machen: Ausführen des Befehls <',befehl.name,'>.');
                      hoehe := 17; xpos := 20
                      END;

          'B': anfangsbestand;
          END
      END;

BEGIN {.................... des Hauptprogramms ..........................}
arbeitsflaeche; fahrzeug_zeichnen(20,17,FALSE); anfangsbestand;
xpos := 20; hoehe := 17; beladen := FALSE; lernen := FALSE;
machen := FALSE; befehle_drin := 0; zeige_befehle;
REPEAT GOTOXY(1,23); hole_zeichen(c,ESC_code);
      xalt := xpos; alte_hoehe := hoehe; altbeladen := beladen;
      IF ESC_code
        THEN CASE ORD(c) OF
                77 : IF xpos < 31 THEN xpos := xpos + 1 ELSE piep;
                75 : IF xpos > 20  THEN xpos := xpos - 1 ELSE piep;
                72 : IF hoehe > 2  THEN hoehe := hoehe - 1 ELSE piep;
                80 : IF hoehe < 20 THEN hoehe := hoehe + 1 ELSE piep;
             END
        ELSE auswerten(c);
      IF altbeladen <> beladen
        THEN IF beladen
                THEN h_line(xalt+25,xalt+28,hoehe-1,'X')
                ELSE h_line(xalt+25,xalt+28,hoehe-1,' ');
      IF xalt <> xpos
        THEN BEGIN
              fahrzeug_loeschen(xalt,alte_hoehe);
              fahrzeug_zeichnen(xpos,hoehe,beladen)
              END
        ELSE IF alte_hoehe <> hoehe THEN gabel_zeichnen(beladen);
UNTIL UPCASE(c) = 'E';
END.
```

4.1.6 Aufgaben

1. Definieren Sie einen geeigneten Datensatztyp für sequentielle Dateien, die in den folgenden Bereichen benutzt werden sollen. Geben Sie dazu jeweils exakt an, zu welchem Zweck die Daten gespeichert werden, welche Funktionen das Dateiverarbeitungssystem entsprechend ausführen muß und welche Komponenten der Datensatz deshalb enthalten muß. Schreiben Sie Programme, die jeweils entsprechende Dateien anlegen, diese mit Inhalt füllen können und diese nach Datensätzen bestimmten Inhalts durchsuchen.

   a. Verwaltung der Daten der *Schüler der Sekundarstufe I* einer allgemeinbildenden Schule.

   b. Überprüfung der Auflagen der Schüler für die *Abiturzulassung*.

   c. Verwaltung der Bücher einer *Bibliothek*.

   d. Organisation des Warenlagers einer *Spedition*.

   e. Organisation eines *Reisebüros*.

2. Erzeugen Sie eine Fahrzeughalterdatei, in der Angaben über das Fahrzeug und den Halter unterschiedlicher PKWs gespeichert sind. Entwickeln Sie dann ein Programm *FAHRERFLUCHT*, in dem ein sonst leerer Datensatz unvollständig mit den Angaben der Zeugen eines Unfalls gefüllt werden kann. Mit diesem Vergleichssatz wird dann die Datei durchsucht, wobei diejenigen Fahrzeughalter ausgegeben werden, die als Fahrer des geflohenen PKWs in Frage kommen.

3. Entwickeln Sie ein Programm, mit dessen Hilfe die Dateien aus Aufgabe 1 nach unterschiedlichen Komponenten ihrer Datensätze sortiert werden können.

4. Erweitern Sie die Möglichkeiten des Gabelstaplers wie folgt:

   a. Führen Sie einen *LKW* ein, der be- oder entladen werden kann.

   b. Führen Sie einen *Sensor* ein, der feststellt, ob sich direkt vor der Gabel eine Kiste befindet. Erweitern Sie den Befehlssatz der Maschine um die Befehle *AUFWAERTS_BIS_KISTE* bzw. *AUFWAERTS_BIS_KEINE_KISTE* und die entsprechenden *ABWAERTS*-Befehle. Schreiben Sie mit Hilfe dieser Befehle "Programme" zur Bearbeitung des Lagers.

   c. Mit Hilfe des Sensors können *Schleifen* und *Verzweigungen* in der Programmierung der Arbeitsgänge eingeführt werden. Entwickeln Sie unter Verwendung von Zeilennummern eine entsprechende "Robotersprache".

4.2 Dateien mit wahlfreiem Zugriff

4.2.1 Die Dateiorganisation

Vergleichen wir das im letzten Abschnitt für die sequentiellen Dateien benutzte Modell eines Magnetbandes mit den tatsächlich in einem Computersystem benutzten Massenspeichern, so finden wir fast immer *Floppy-Disk-* oder *Festplattensysteme*, kaum jedoch magnetbandähnliche Systeme. Plattenspeicher verwalten ihre Speichermedien aber anders als ein Band: unter einem oder mehreren Schreib-/Leseköpfen rotiert eine beschreibbare und/oder lesbare Scheibe, so daß den Köpfen zwar alle Informationen, die auf einer Kreisspur (oder Zylinder) unter ihnen durchrotieren, sequentiell zugeführt werden, trotzdem aber mit Hilfe von Spurwechseln, die einer Kopfverschiebung entsprechen, schnell alle Teile einer Datei erreicht werden können, ohne den vorher liegenden Teil zu lesen.

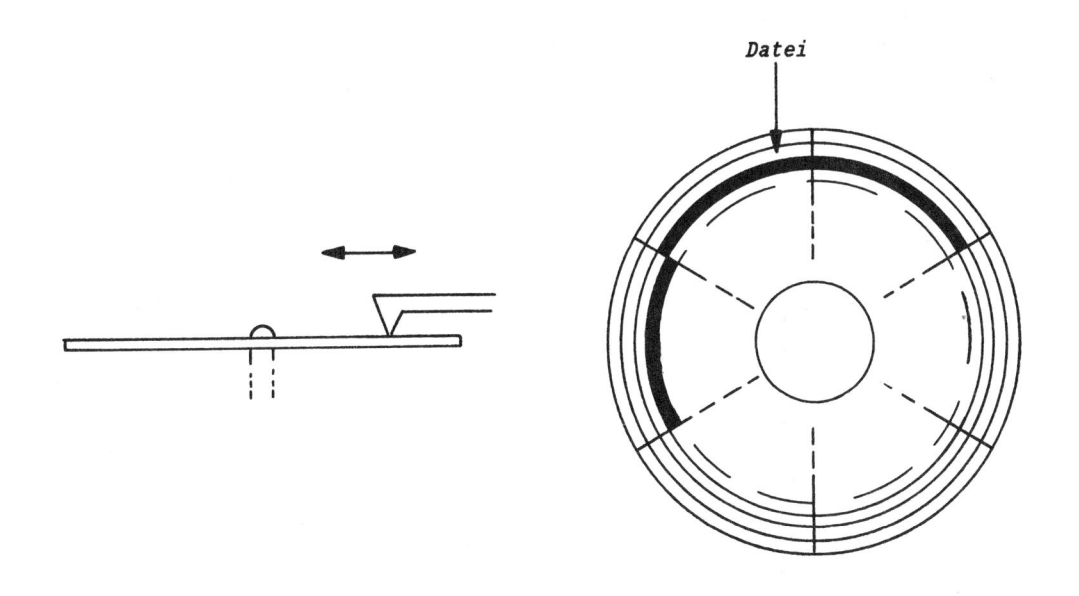

Speicherplatte mit Schreib-/Lesekopf   Platte mit Spuren und Sektoren

Jede Kreisspur ist wiederum in mehrere *Sektoren* unterteilt, die jeweils eine bestimmte Anzahl von Bits aufnehmen können. Eine Datei verteilt sich dann auf einen oder mehrere dieser Sektoren. Trägt man in einigen bestimmten Spuren der Speicherplatte den Namen, die Größe und die Sektorennummer ein, in denen die Datei gespeichert wurde, dann erhält man ein *Inhaltsverzeichnis*, das vom Betriebssystem des Computers zur Verwaltung der Speicherplatte benutzt wird. Berücksichtigt man, daß die gelesenen Daten oft den Lesekopf schneller passieren, als sie dem Computersystem übermittelt werden können, dann sind zum Lesen einer Datei mehrere Zugriffe auf dieselbe Spur nötig, um alle Daten zu erreichen. Es kann z.B. vorkommen, daß zwischen dem Lesen zweier benachbarter Datensätze die Platte erst einmal unter dem Lesekopf durchrotieren muß, damit die zuerst gelesenen Daten in dieser Zeit übermittelt werden können. Folglich werden auch die benachbart in einer Spur gespeicherten Daten nicht unbedingt sequentiell gelesen, sondern der Lesekopf wartet, bis der entsprechende Sektor wieder zugänglich ist. Insgesamt ergibt sich ein Zugriffsverfahren, bei dem der Kopf des Plattenspeichers die richtige Spur anfährt und wartet, bis der richtige Sektor gelesen werden kann. Erst dann erfolgt der Zugriff auf die Daten. Auf diese Weise kann aber jeder Datensatz im Mittel gleichgut erreicht werden. Wir haben einen Massenspeicher mit *wahlfreiem Zugriff*. Zu seiner Benutzung führen wir zwei neue Befehle ein:

lies_wahlfrei(datei,satz,datensatz)
schreibe_wahlfrei(datei,satz,datensatz)

satz gibt dabei die laufende Nummer des Datensatzes in der Datei an. Meist wird diese Zahl als *Satznummer* bezeichnet. Der erste Datensatz einer Datei hat dann die Satznummer 0. Die anderen, schon bekannten Befehle zur Dateibearbeitung behalten ihre Gültigkeit, da nach wie vor auf Dateien desselben Mediums zugegriffen wird.

4.2.2 Schlüsselfelder

Jeder in einer Datei gespeicherte Datensatz muß eindeutig identifizierbar sein. Stimmen zwei Datensätze in allen Komponenten überein, dann sind sie identisch und brauchen nicht doppelt gespeichert zu werden. Also müssen nur im schlimmsten Fall alle Komponenten herangezogen werden, um ihn von anderen Sätzen zu unterscheiden, normalerweise genügen ein oder nur wenige Komponenten dafür. Solche den Satz identifizierende Felder nennen wir Schlüsselfelder oder KEY, mit deren Hilfe die Datei verwaltet wird. Beispiele dafür sind

- *die Kombination aus Name, Geburtsdatum und Geburtsort*
- *die Patientennummer*
- *Bauteilnummer und Hersteller*

Dieselbe Datei kann über mehrere Schlüsselfelder verfügen, die etwa für das Sortieren nach unterschiedlichen Kriterien herangezogen werden können. Nur einer dieser Schlüssel aber, der *Primärschlüssel*, dient zur Ermittlung des Speicherplatzes und später wieder zum Auffinden des Datensatzes. Wir wollen im weiteren davon ausgehen, daß schon ein einziges Feld des Datensatzes als Primärschlüssel geeignet ist. Notfalls kann dieses immer erreicht werden, etwa indem eine besondere Identifikationsnummer eingeführt wird. Ist die Datei dann beispielsweise nach diesem Schlüsselfeld geordnet, dann können weitere Informationen wie etwa Sortierungen nach anderen Schlüsseln nur gespeichert werden, indem entsprechende Verweise zusätzlich in die Datei selbst oder an anderer Stelle aufgenommen werden.

4.2.3 Direkter Zugriff über Schlüsselfelder

Die einfachste Art, eine Datei im direkten Zugriff zu verwalten, ist es, den Primärschlüssel selbst als Satznummer des Datensatzes in der Datei zu verwenden. Hat also z.B. eine Firma weniger als 100 Mitarbeiter mit den entsprechenden Personalnummern zwischen 0 und 100, dann können die Daten des n-ten Mitarbeiters im Datensatz Nummer n der Mitarbeiterdatei gespeichert und über einen einzigen Zugriff jederzeit wieder erreicht werden. Ein Nachteil dieses Verfahrens ist, daß bei sehr gestreut liegenden Nummern, die sich ja oft etwa aus dem Geburtsdatum, der Abteilungsnummer und ähnlichen Werten ergeben, auch in der Datei sehr große unbenutzte Bereiche auftreten, die das Verfahren unwirtschaftlich machen. Wir wollen es trotzdem realisieren, da es die beiden neuen Dateizugriffsarten demonstriert.

Wir legen dazu eine leere Datei *'TEST'* an, in die Daten eingetragen oder von der Daten gelesen werden können. Als Datensatz verwenden wir einfach eine Kombination aus Personalnummer und Name. Weitere Daten können dann leicht ergänzt werden.

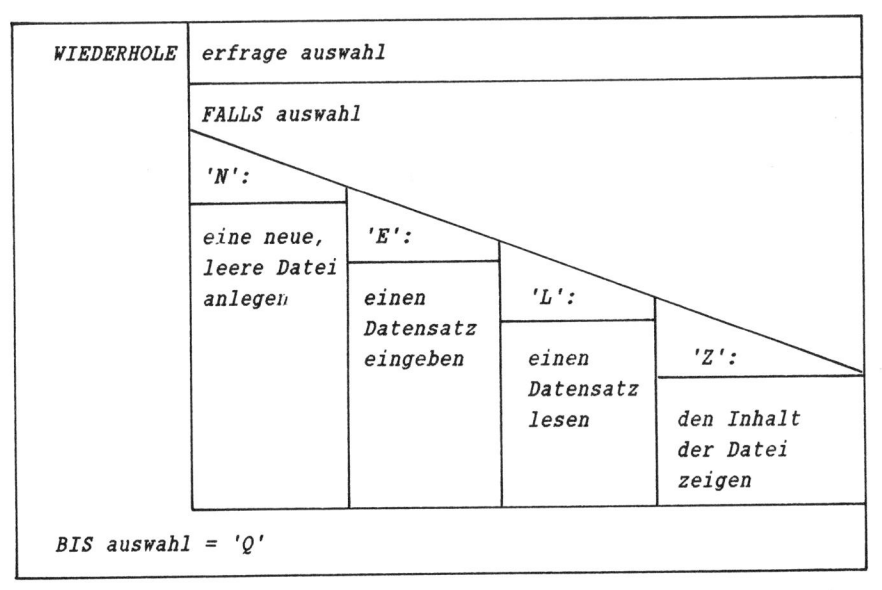

```
| WIEDERHOLE | erfrage auswahl                                                                                                |
|            | FALLS auswahl                                                                                                  |
|            | 'N':                                                                                                           |
|            |   eine neue,   | 'E':                                                                                          |
|            |   leere Datei  |                                                                                               |
|            |   anlegen      | einen           | 'L':                                                                        |
|            |                | Datensatz       |                                                                             |
|            |                | eingeben        | einen         | 'Z':                                                        |
|            |                |                 | Datensatz     |                                                             |
|            |                |                 | lesen         | den Inhalt                                                  |
|            |                |                 |               | der Datei                                                   |
|            |                |                 |               | zeigen                                                      |
| BIS auswahl = 'Q'                                                                                                           |
```

Der direkte Zugriff auf einen Datensatz erfolgt in PASCAL, indem ein vom System für jede strukturierte Datei geführter interner *Dateizeiger*, der die gerade bearbeitete Satznummer enthält, auf den gewünschten Wert gesetzt wird. Anschließend kann wie gewohnt von der Datei gelesen oder auf sie geschrieben werden. Da der Dateizeiger nach jedem Zugriff automatisch erhöht wird, muß, wenn ein eben gelesener Datensatz wieder beschrieben werden soll, der Dateizeiger wieder auf den richtigen Wert gebracht werden.

PROCEDURE lies_wahlfrei(VAR datei: tdatei; satz: INTEGER; VAR datensatz:
tdatensatz);
    BEGIN SEEK(datei,satz); READ(datei,datensatz) END;

```
PROCEDURE schreibe_wahlfrei(VAR datei: tdatei; satz: INTEGER; datensatz:
                                                                  tdatensatz);
   BEGIN SEEK(datei,satz); WRITE(datei,datensatz) END;
```

Das folgende TURBO-PASCAL-Programm arbeitet wie angegeben.

```
PROGRAM wahlfreier_dateizugriff;

TYPE tname      = STRING[12];
     tdatensatz = RECORD pers_nr: INTEGER; name  : tname END;
     tdatei     = FILE OF tdatensatz;


VAR datei  : tdatei;     datensatz  : tdatensatz;
    auswahl: CHAR;       datei_offen: BOOLEAN;           drin: INTEGER;

PROCEDURE oeffne_zum_schreiben;       { wie angegeben }
PROCEDURE oeffne_zum_lesen;           { wie angegeben }
PROCEDURE schreibe_einen_datensatz;   { wie angegeben }
PROCEDURE lies_einen_datensatz;       { wie angegeben }
PROCEDURE lies_wahlfrei;              { wie angegeben }
PROCEDURE schreibe_wahlfrei;          { wie angegeben }
PROCEDURE schliesse;                  { wie angegeben }

PROCEDURE pause;
   BEGIN GOTOXY(1,24); WRITE('Weiter mit <RETURN>.'); READLN END;

PROCEDURE warnung;
   BEGIN
   CLRSCR; GOTOXY(20,10); WRITE('W A R N U N G');
   GOTOXY(20,12); WRITE('Die Datei <TEST> ist nicht geoeffnet !'); pause
   END;

PROCEDURE neue_datei;
   VAR i: INTEGER;
   BEGIN
   CLRSCR; WRITELN('Einrichten einer neuen, leeren Datei:'); WRITELN;
   WRITE('Wie viele Datensätze soll die Datei <TEST> enthalten? --> ');
   READLN(drin); WRITELN;
   IF datei_offen THEN schliesse(datei);
   oeffne_zum_schreiben(datei,'TEST');
   WITH datensatz DO BEGIN pers_nr := -1; name := '' END;
   FOR i := 1 TO drin DO schreibe_einen_datensatz(datei,datensatz);
   schliesse(datei); oeffne_zum_lesen(datei,'TEST'); datei_offen := TRUE
   END;
```

```
PROCEDURE lesen;
   VAR i: INTEGER;
   BEGIN
   IF NOT datei_offen
      THEN warnung
      ELSE BEGIN
           CLRSCR; WRITELN('Lesen eines Datensatzes:'); WRITELN;
           WRITE('Geben Sie die Personalnummer ein --> '); READLN(i);
           lies_wahlfrei(datei,i,datensatz); WRITELN;
           IF datensatz.pers_nr < 0
              THEN WRITELN('Die Nummer ist unbekannt!')
              ELSE WRITELN('Die Personalnummer ',i,' gehört ',datensatz.name);
           pause
           END
   END;

PROCEDURE eingeben;
   VAR i: INTEGER;
   BEGIN
   IF NOT datei_offen
      THEN warnung
      ELSE BEGIN
           CLRSCR; WRITELN('Eingeben eines Datensatzes:'); WRITELN;
           WRITE('Geben Sie die Personalnummer ein --> '); READLN(i);
           lies_wahlfrei(datei,i,datensatz); WRITELN;
           IF datensatz.pers_nr >= 0
              THEN WRITELN('Die Personalnummer ',i,' gehört ',datensatz.name);
           WRITE('Name --> '); READLN(datensatz.name);
           datensatz.pers_nr := i;
           schreibe_wahlfrei(datei,i,datensatz)
           END;
   END;

PROCEDURE zeigen;
   BEGIN
   IF NOT datei_offen
      THEN warnung
      ELSE BEGIN
           CLRSCR; WRITELN('Zeigen des Dateiinhalts:'); WRITELN;
           schliesse(datei);
           oeffne_zum_lesen(datei,'TEST');
           WHILE NOT EOF(datei) DO
                BEGIN
                lies_einen_datensatz(datei,datensatz);
                WITH datensatz DO WRITELN(pers_nr:3,' ',name)
                END;
           pause
           END
   END;
```

```
BEGIN
  datei_offen := FALSE;
  REPEAT CLRSCR; WRITE('N(eue_Datei   L(esen   E(ingeben   Z(eigen   Q(uit');
    REPEAT READ(KBD,auswahl); auswahl := UPCASE(auswahl)
    UNTIL auswahl IN ['N','L','E','Z','Q'];
    CASE auswahl OF 'N': neue_datei;
                    'L': lesen;
                    'E': eingeben;
                    'Z': zeigen
                    END
  UNTIL auswahl = 'Q';
  schliesse(datei)
END.
```

4.2.4 Indexdateien

Oft ist es erforderlich, auf Datensätze einer Datei, die nach einem Primärschlüssel organisiert ist, über einen anderen Schlüssel zuzugreifen. Eine Möglichkeit, solche Zugriffe effizient zu organisieren, ist, für jeden Schlüssel der Datei eine eigene Indexdatei anzulegen, die zu jedem Schlüsselwert den Speicherplatz des entsprechenden Datensatzes enthält. Auf diese Art läßt sich auch für den Primärschlüssel eine Indexdatei anlegen, so daß die Probleme bei der Wahl des Primärschlüssels direkt als Speicherplatzadresse entfallen. Zu Beginn der Arbeit mit einer Datei werden dann alle Indexdateien in Felder geladen, so daß bei Dateizugriffen zuerst der gesuchte Speicherplatz aus den Indexdaten ermittelt werden kann, so daß pro Datensatz nur einmal direkt auf die Datei zugegriffen werden muß. Ein Nachteil des Verfahrens ist der große Speicherbedarf, der zur Verwaltung der Indexdateien notwendig ist. Bei mehreren Schlüsselfeldern kann der Platzbedarf der Indexdateien leicht den Speicherbedarf der Datendatei übersteigen. Wählen wir als Datei das im letzten Abschnitt behandelte Beispiel, in dem Personalnummer und Name von Mitarbeitern einer Firma gespeichert wurden, dann ergibt sich etwa:

Inhalt der Datei:

Satznr.:	13	14	15	16	17
	45 Meier	67 Müller	78 Andersen	88 Petersen	98 Volkert

Inhalt der Indexdatei für den Primärschlüssel PERS_NR:

45 13	67 14	78 15	88 16	98 17	

Inhalt der Indexdatei für den Schlüssel NAME:

Andersen 15	Meier 13	Müller 14	Petersen 16	Volkert 17

4.2.5 Aufgaben

1.a: Entwerfen Sie einen Datensatz für die in einem *Gestüt* großgezogenen Rennpferde. Neben den allgemeinen Daten müssen Eltern, Trainingszeiten und Rennerfolge gespeichert werden können.

   b: Legen Sie einen Primärschlüssel fest und organisieren Sie eine Rennpferde-Datei im wahlfreien Zugriff nach diesem Schlüssel.

   c: Legen Sie für den Primärschlüssel und weitere Schlüssel Indexdateien an, die den Zugriff auf die Datei erleichtern.

   d: Statt Indexdateien zu benutzen, legen Sie jetzt in jedem Datensatz für weitere Schlüssel Zeigerfelder an, die die Nummer des in der Rangfolge nächsten Datensatzes nach diesem Schlüssel enthalten. Verketten Sie die Datensätze in besonderen Suchläufen. Die Anfangswerte der Zeigerketten sollen in einer besonderen Datei gespeichert werden.

2. Behandeln Sie wie in Aufgabe 1

   a: den Fuhrpark eines *Mietwagenunternehmens*.

   b: die *Maschinendaten* einer Fabrik mit zahlreichen automatischen Drehbänken, die zu unterschiedlichen Zeiten unterschiedliche Zahlen unterschiedlicher Teile herstellen können. Aus den Mengen und den Daten der Teile und des angelieferten Materials sollen Materialflußpläne erstellt werden, die die erforderlichen Transportkapazitäten für Material und Abfall enthalten.

   c: die Daten der Rechner einer privaten *Computerschule*, aus denen sich die Kosten (Preis, Betriebskosten, Wartung, Reparaturen) einerseits und die Nutzungsart und -dauer andererseits bestimmen lassen, so daß die Kosten pro Arbeitsstunde bestimmbar sind.

3. Verschlüsseln und entschlüsseln Sie die Daten der Dateien vor dem Speichern bzw. nach dem Lesen nach einem der in 2.2.4 angegebenen Verfahren.

4. Messen Sie die *Zugriffszeiten* für Dateien

   - mit wahlfreiem Zugriff, bei denen der Primärschlüssel direkt als Speicheradresse benutzt wird.
   - mit Zugriff über eine Indexdatei.
   - mit Zugriff über Zeiger, die in der Datei selbst gespeichert sind.

   Wählen Sie dabei Datensätze nach einem Zufallsverfahren aus. Benutzen Sie unterschiedliche Dateigrößen mit sehr wenigen, einigen Dutzend und sehr vielen Datensätzen. Wie erklären Sie die Unterschiede?

4.3 Indexsequentielle Dateien

Die Nachteile des direkten Zugriffs auf Datensätze über Schlüsselfelder lassen sich vermeiden, wenn man zur Dateiorganisation eine Mischung aus Direktzugriff und sequentieller Dateiorganisation wählt. Dazu wird neben der eigentlichen Datei eine Indexdatei angelegt, die den Speicherplatz einiger ausgewählter Datensätze enthält. Sucht man einen Datensatz, dann wird dessen Primärschlüssel mit den Schlüsselfeldern der in der Indexdatei vermerkten Sätze verglichen und der nächst kleinere Datensatz in der Indexdatei gesucht. Danach wird ab diesem Datensatz die Datei sequentiell gelesen. Der Vorteil des Verfahrens ist also, daß einerseits die Datei sequentiell, also stellenweise dicht, beschrieben wird, andererseits zum Finden gespeicherter Informationen aber nicht die gesamte Datei, sondern nur ein kleiner Teil derselben durchsucht werden muß. Damit auch neue Datensätze eingegeben werden können, ohne die gesamte Datei jeweils neu zu organisieren, müssen zwischen den schon beschriebenen Teilen Lücken offengehalten werden, in denen die neuen Informationen gespeichert werden.

4.3.1 Die Dateiorganisation

Wir wollen die Datei logisch in *Blöcke* unterteilen, die wir in einer uns vertretbar scheinenden Zeit durchsuchen können. Dazu sollte man wissen, daß das Betriebssystem generell nicht einzelne Datensätze von Dateien lädt, sondern ganze Sektoren der Datei in einen *Dateipuffer* kopiert, aus dem dann einzelne Datensätze gelesen oder in ihn geschrieben wird. Erst beim Überschreiten des Pufferspeichers wird tatsächlich ein neuer Dateizugriff ausgeführt. Es liegt damit nahe, die Blockgröße an den vom Betriebssystem benutzten Pufferspeicher der Datei anzupassen. Speichern wir in der Indexdatei für alle Blöcke der Datei jeweils den kleinsten Primärschlüssel und die entsprechende Blocknummer, dann werden Dateizugriffe realisiert, indem aus der Indexdatei der Block, in dem der zu bearbeitende Datensatz liegt, bestimmt wird. Dieser Block wird in ein Feld eingelesen. Befindet sich ein gesuchter Datensatz in der Datei, dann muß er sich auch in dem gelesenen Block befinden. Wählen wir für unsere Datei wieder die Datensätze aus dem letzten Beispiel von Seite 128, dann lautet das entsprechende Struktogramm:

erfrage die Personalnummer	
suche in der Indexdatei die Blocknummer	
lade den entsprechenden Block	
durchsuche den Block nach der Personalnummer	
wurde sie gefunden?	
JA	NEIN
gib den Datensatz aus	*Fehlermeldung*

In den entsprechenden folgenden TURBO-PASCAL-Prozeduren wird vorausgesetzt, daß noch freie Datensätze durch den Primärschlüsselwert (-1) gekennzeichnet wurden. Die Indexdatei wird beim Programmstart in ein Indexfeld eingelesen, so daß zur Bestimmung der Blocknummer keine Dateizugriffe notwendig sind.

```
PROCEDURE suche_im_indexfeld(nr: INTEGER; VAR bnr,indexnr: INTEGER);
  VAR i: INTEGER;
  BEGIN
  i := 0;
  WHILE (index[i].key <> -1) AND (index[i].key < nr) AND (i < maxbloecke) DO
      i := i + 1;
  IF i > 0 THEN i := i - 1;
  IF i < maxbloecke THEN BEGIN bnr := index[i].blocknr; indexnr := i END;
  IF bnr < 0 THEN bnr := 0;
  END;

PROCEDURE lesen;
  VAR i, j, nr, blocknummer, drin: INTEGER;
      gefunden                   : BOOLEAN;
  BEGIN
  IF NOT datei_offen
     THEN warnung
     ELSE BEGIN
         CLRSCR; WRITELN('Lesen eines Datensatzes:'); WRITELN;
         WRITE('Geben Sie die Personalnummer ein --> '); READLN(nr);
         suche_im_indexfeld(nr,blocknummer,j);
         lade_block(blocknummer,drin);
         i := -1; gefunden := FALSE;
         WHILE NOT gefunden AND (i < blockgroesse) DO
             BEGIN i := i + 1; gefunden := block[i].pers_nr = nr END;
         IF NOT gefunden
            THEN WRITELN('Die Nummer ist unbekannt!')
            ELSE WRITELN('Die Personalnummer ',nr,' gehört ',block[i].name);
         pause
         END
  END;
```

4.3.2 Eingabe neuer Datensätze

Neue Datensätze werden eingegeben und in den aus dem Primärschlüssel bestimmten Block einsortiert, danach wird der bearbeitete Block zurückgeschrieben. Dabei wird es vorkommen, daß der bearbeitete Block schon voll ist. Das Hauptproblem bei dieser Art der Dateiorganisation ist dann die Behandlung dieses Falls. Wir wollen das Problem lösen, indem solche Blöcke gespalten werden, also ihr Inhalt auf den alten und einen neuen, bisher freien Block verteilt wird. Nach jeder solchen Spaltung muß dann auch die Indexdatei aktualisiert werden. Wir können die Aufspaltung eines Blocks wie folgt beschreiben:

bestimme die Mitte des Blockes
kopiere die obere Hälfte des Blockes in einen Hilfsblock, lösche dabei die kopierten Daten im alten Block
fülle den Hilfsblock mit gelöschten Datensätzen auf
speichere den alten Block
ermittle aus der Indexdatei einen leeren Block
speichere den Hilfsblock in diesem leeren Block
aktualisiere die Indexdatei

```
PROCEDURE spalte_block;
   VAR leerer_satz: tdatensatz; i, haelfte, neue_blocknr: INTEGER;
       hilfsblock : tblock;       h                      : tindexkomp;
   BEGIN
   neue_blocknr := -1;
   FOR i := 0 TO maxbloecke DO
       IF index[i].blocknr > neue_blocknr THEN neue_blocknr := index[i].blocknr;
   neue_blocknr := neue_blocknr + 1;
   IF neue_blocknr >= maxbloecke
      THEN BEGIN
           CLRSCR; GOTOXY(20,10); WRITE('W A R N U N G');
           GOTOXY(20,12); WRITE('Es ist kein Block mehr frei !');
           GOTOXY(20,14); WRITE('Die letzten Daten werden nicht gespeichert!');
           pause
           END
      ELSE BEGIN
           WITH leerer_satz DO BEGIN pers_nr := -1; name := '' END;
           haelfte := blockgroesse DIV 2;
           FOR i := haelfte + 1 TO blockgroesse DO
               BEGIN
               hilfsblock[i - haelfte - 1] := block[i]; block[i] := leerer_satz;
               END;
           FOR i := blockgroesse - haelfte TO blockgroesse DO
               hilfsblock[i] := leerer_satz;
           speichere_block(blocknummer);
           block := hilfsblock;
           speichere_block(neue_blocknr);
           WITH index[neue_blocknr] DO
                BEGIN
                key := block[0].pers_nr; blocknr := neue_blocknr
                END;
```

```
            FOR i := neue_blocknr DOWNTO 1 DO
                IF index[i].key < index[i-1].key
                    THEN BEGIN
                            h := index[i];
                            index[i] := index[i-1];
                            index[i-1] := h
                         END
            END
END;
```

Wird ein neuer Datensatz eingegeben, dann kann er einfach in den bestehenden Block einsortiert werden, indem er vom Ende her in einer Art Bubblesort-Verfahren solange mit den vorherigen Datensätzen vertauscht wird, bis er seinen richtigen Platz im Block erreicht hat. Auf die gleiche Art kann das Indexfeld nach der Spaltung eines Blocks sortiert werden.

```
PROCEDURE einsortieren(drin: INTEGER);
    VAR i: INTEGER;
        h: tdatensatz;
    BEGIN
    FOR i := drin DOWNTO 1 DO
        IF block[i].pers_nr < block[i-1].pers_nr
            THEN BEGIN
                    h := block[i];
                    block[i] := block[i-1];
                    block[i-1] := h
                 END
    END;
```

4.3.3 Ein Beispielprogramm

Insgesamt ergibt sich das folgende TURBO-PASCAL-Programm, in dem so weit wie möglich die gleichen Prozeduren wie beim Beispielprogramm zum wahlfreien Dateizugriff von Seite 128 benutzt werden. Die Indexdatei wird auf einen Schlag in ein Indexfeld geladen oder von dort aus beschrieben. Das Einlesen oder Speichern eines Blocks geschieht durch wahlfreie Zugriffe. Eine neue Datei wird eingerichtet, indem eine aus der Blockgröße und der Blockzahl zu berechnende Zahl leerer Datensätze sequentiell in eine Datei geschrieben wird. Zusätzlich wird eine leere Indexdatei erzeugt, in der die Komponenten wieder durch (-1) als unbenutzt gekennzeichnet werden. Mit Hilfe des Unterprogramms *zeigen* kann die aktuelle Belegung der Datei angesehen werden. Das Hauptmenü wurde um den Punkt *datei_waehlen* erweitert, da es jetzt mit den angelegten Indexdateien zu umständlich wird, immer nur neue Dateien zu bearbeiten. Die eigentliche Datendatei wird jeweils mit dem Zusatz 'DTA', die Indexdatei mit dem Zusatz 'IDX' bezeichnet.

```pascal
PROGRAM indexsequentielle_dateiorganisation;

CONST blockgroesse = 10;
      maxbloecke   = 8;

TYPE tname       = STRING[12];
     tdatensatz  = RECORD pers_nr: INTEGER; name   : tname END;
     tdatei      = FILE OF tdatensatz;
     tindexkomp  = RECORD key, blocknr: INTEGER END;
     tindex      = ARRAY[0..maxbloecke] OF tindexkomp;
     tindexdatei = FILE OF tindex;
     tblock      = ARRAY[0..blockgroesse] OF tdatensatz;

VAR datei       : tdatei;
    dateiname   : tname;
    indexdatei  : tindexdatei;
    index       : tindex;
    datensatz   : tdatensatz;
    block       : tblock;
    auswahl     : CHAR;
    datei_offen : BOOLEAN;


PROCEDURE oeffne_zum_schreiben;       { wie angegeben }
PROCEDURE oeffne_zum_lesen;           { wie angegeben }
PROCEDURE schreibe_einen_datensatz;   { wie angegeben }
PROCEDURE lies_einen_datensatz;       { wie angegeben }
PROCEDURE lies_wahlfrei;              { wie angegeben }
PROCEDURE schreibe_wahlfrei;          { wie angegeben }
PROCEDURE schliesse;                  { wie angegeben }

PROCEDURE lade_block(bnr: INTEGER; VAR drin: INTEGER);
   VAR i: INTEGER;
   BEGIN
   drin := 0;
   FOR i := 0 TO blockgroesse-1 DO
       BEGIN
       lies_wahlfrei(datei,bnr*blockgroesse+i,block[i]);
       IF block[i].pers_nr <> -1 THEN drin := drin + 1
       END;
   WITH block[blockgroesse] DO BEGIN pers_nr := -1; name := '' END
   END;

PROCEDURE speichere_block(bnr: INTEGER);
   VAR i: INTEGER;
   BEGIN
   FOR i := 0 TO blockgroesse-1 DO
       schreibe_wahlfrei(datei,bnr*blockgroesse+i,block[i]);
   END;
```

```
PROCEDURE speichere_indexfeld(name: tname);
  BEGIN
  ASSIGN(indexdatei,CONCAT(name,'.IDX')); REWRITE(indexdatei);
  WRITE(indexdatei,index); CLOSE(indexdatei)
  END;

PROCEDURE lade_indexfeld(name: tname);
  BEGIN
  ASSIGN(indexdatei,CONCAT(name,'.IDX')); RESET(indexdatei);
  READ(indexdatei,index); CLOSE(indexdatei)
  END;

PROCEDURE neue_datei;
  VAR i: INTEGER;
  BEGIN
  CLRSCR;
  WRITE('Einrichten einer neuen, leeren Datei aus ',blockgroesse*maxbloecke);
  WRITELN(' Datensätzen:'); WRITELN;
  WRITE('Wie soll die Datei heißen? --> '); READLN(dateiname);
  IF datei_offen THEN schliesse(datei);
  oeffne_zum_schreiben(datei,CONCAT(dateiname,'.DTA'));
  WITH datensatz DO BEGIN pers_nr := -1; name := '' END;
  FOR i := 1 TO blockgroesse * maxbloecke DO
      schreibe_einen_datensatz(datei,datensatz);
  schliesse(datei);
  oeffne_zum_lesen(datei,CONCAT(dateiname,'.DTA'));
  datei_offen := TRUE;
  FOR i := 0 TO maxbloecke DO
      WITH index[i] DO BEGIN key := -1; blocknr := -1 END;
  speichere_indexfeld(dateiname)
  END;

PROCEDURE pause;                      { wie angegeben }
PROCEDURE warnung;                    { wie angegeben }
PROCEDURE suche_im_indexfeld;         { wie angegeben }
PROCEDURE lesen;                      { wie angegeben }
PROCEDURE zeigen;                     { wie angegeben }

PROCEDURE datei_waehlen;
  BEGIN
  CLRSCR;
  WRITE('Mit welcher Datei wollen Sie arbeiten? --> '); READLN(dateiname);
  oeffne_zum_lesen(datei,CONCAT(dateiname,'.DTA'));
  datei_offen := TRUE;
  lade_indexfeld(dateiname);
  END;
```

```
PROCEDURE eingeben;
    VAR i, nr, blocknummer, drin, indexnr: INTEGER;
        gefunden                          : BOOLEAN;
        name                              : tname;
    PROCEDURE einsortieren;      { wie angegeben }
    PROCEDURE spalte_block;      { wie angegeben }
    BEGIN
    IF NOT datei_offen THEN warnung
        ELSE BEGIN
            CLRSCR; WRITELN('Eingeben eines Datensatzes:'); WRITELN;
            WRITE('Geben Sie die Personalnummer ein --> '); READLN(nr);
            suche_im_indexfeld(nr,blocknummer,indexnr);
            lade_block(blocknummer,drin);
            i := -1; gefunden := FALSE;
            WHILE NOT gefunden AND (i < blockgroesse) DO
                BEGIN i := i + 1; gefunden := block[i].pers_nr = nr END;
            IF gefunden
                THEN WRITELN('Die Personalnummer ',nr,' gehört ',block[i].name);
            WRITE('Name --> '); READLN(name);
            IF gefunden THEN block[i].name := name
                ELSE BEGIN
                    block[drin].pers_nr := nr; block[drin].name := name;
                    einsortieren(drin); index[indexnr].key := block[0].pers_nr;
                    index[indexnr].blocknr := blocknummer;
                    END;
            IF drin < blockgroesse THEN speichere_block(blocknummer)
                ELSE spalte_block;
            END;
    END;

BEGIN {............................des Hauptprogramms......................}
datei_offen := FALSE;
dateiname := '';
REPEAT CLRSCR;
    WRITELN('Indexsequentieller Dateiverarbeitung: Datei <',dateiname,'>');
    WRITELN; WRITE('N(eue_Datei  D(atei_wählen  L(esen    E(ingeben    ');
    WRITE('Z(eigen    Q(uit');
    REPEAT READ(KBD,auswahl); auswahl := UPCASE(auswahl)
    UNTIL auswahl IN ['N','D','L','E','Z','Q'];
    CASE auswahl OF 'N': neue_datei;  'D': datei_waehlen;
                    'L': lesen;       'E': eingeben;
                    'Z': zeigen
                    END
UNTIL auswahl = 'Q';
IF datei_offen THEN BEGIN schliesse(datei); speichere_indexfeld(dateiname) END
END.
```

4.3.4 Aufgaben

1. Erweitern Sie das Programm zur indexsequentiellen Dateiorganisation um eine Möglichkeit, Datensätze zu *löschen*. Aktualisieren Sie dabei jeweils die Indexdatei, falls Blöcke ganz geleert werden, oder falls der kleinste Datensatz des Blocks gelöscht wird.

2. Ergänzen Sie Aufgabe 1 so, daß "fast leere" Blöcke wieder *verschmolzen* werden können.

3. Wird ein neuer Datensatz in einen schon vollen Block eingegeben, dann kann es beim Spalten passieren, daß kein leerer Block mehr zu Aufnahme des halben Inhalts des Blocks vorhanden ist. Statt dann eine Warnung auszugeben, soll das Programm einen *Reorganisationslauf* starten, bei dem die Datei in gleichmäßig zu einem vorzugebenden Prozentsatz gefüllte Blöcke aufgeteilt wird. Der Prozentsatz kann aus dem Verhältnis der Zahl der vorhandenen zu der der maximal möglichen Datensätze bestimmt werden.

4. Statt volle Blöcke zu spalten, kann eine indexsequentielle Dateiorganisation auch anders realisiert werden:

   Die Datei wird in gleichgroße Blöcke aufgeteilt, in die etwa nach der erwarteten Häufigkeit neue Datensätze eingetragen werden. (Z.B. die mit 'A' in den ersten Block, die mit 'B' in den zweiten usw.) Ist ein Block voll, dann werden die weiteren, eigentlich zu ihm gehörenden Datensätze in einen *Überlaufbereich* geschrieben. Bei regelmäßigen Reorganisationsläufen wird die Datei neu eingeteilt, wobei der Überlaufbereich wieder "eingearbeitet" wird.

   a. Vergleichen Sie das Verfahren kritisch mit der vorgestellten "Spaltungsmethode".

   b. Realisieren Sie das Verfahren.

5. Normalerweise ändert sich bei der *Verschlüsselung* von Daten ihre (z.B. alphabetische) Rangordnung. Damit muß bei jedem Dateizugriff über Indextabellen der Datensatz zuerst entschlüsselt werden, selbst wenn er später gar nicht benötigt wird. Versuchen Sie ein Verschlüsselungsverfahren zu finden, bei dem die Rangordnung der Schlüsselfelder erhalten bleibt, so daß der Entschlüsselungsprozeß nur bei wirklichem Bedarf gestartet werden muß.

4.4 Gestreute Speicherung

Ein weiteres Verfahren, das kurze Zugriffszeiten bei Dateioperationen durch das Freihalten zahlreicher Leerstellen in der Datei erkauft, ist die gestreute Speicherung. Dabei wird mit Hilfe einer *HASH*-Funktion aus dem Primärschlüssel des Datensatzes eine Dateiadresse berechnet, an der die Daten dann gespeichert werden. Da die Adresse berechnet wird, erübrigen sich alle Indexdateien oder sonstige andere "Notizen" über die Belegung der Datei. Das Verfahren ist so gleichzeitig schnell und platzsparend. Bei der Adressenberechnung kann es natürlich vorkommen, daß unterschiedliche Datensätze den gleichen Platz beanspruchen. Diese *Kollisionen* werden gesondert behandelt.

4.4.1 Die Dateiorganisation

Bevor Daten eingegeben werden können, wird eine zunächst leere Datei erzeugt, die n Datensätze aufnehmen kann. Nach der Dateneingabe wird aus dem Primärschlüssel des Datensatzes eine Zahl z abgeleitet. (Handelt es sich beim Primärschlüssel schon um eine Zahl, dann erübrigt sich diese Operation.) Ein übliches HASH-Verfahren ist dann, diese Zahl z mit einer Primzahl p zu multiplizieren, und aus dem Ergebnis den Rest r bei der Division durch die Zahl n der in der Datei maximal zu speichernden Datensätze zu bilden. Dieser Rest kann genau n Werte annehmen, so daß bei einer geeigneten Wahl der Primzahl die Datensätze gleichmäßig über die gesamte Datei gestreut werden.

Ein HASH-Verfahren:

leite aus dem Primärschlüssel eine Zahl z ab
multipliziere diese Zahl mit einer Primzahl p
bilde den Rest r, der bei der Division des Produktes durch die Zahl n der zur Verfügung stehenden Datensätze auftritt
wähle r als Satzadresse des Datensatzes in der Datei

4.4.2 Eingabe und Löschen von Datensätzen

Das Hauptproblem bei der Dateiorganisation nach dem HASH-Verfahren ist die Behandlung von Kollisionen. Ermittelt die HASH-Funktion als Satzadresse einen Platz, der schon belegt ist, dann muß ein *Ausweichverfahren* gestartet werden, um den Satz trotzdem unterzubringen. Im einfachsten Fall kann die Datei einfach sequentiell weitergelesen werden, bis ein freier Speicherplatz gefunden wird. An diesem Platz wird der Datensatz dann gespeichert und kann auch relativ schnell wiedergefunden werden. Das Verfahren hat aber einige Nachteile:

- Die an einem "falschen" Ort gespeicherten Datensätze belegen den Platz von anderen, die dann selbst wieder am nächsten freien Platz gespeichert werden müssen. Tritt dieser Fall häufiger auf, dann vergrößern sich die Suchzeiten zunehmend. Die einfache Ausweichlösung konterkariert die Vorteile des HASH-Verfahrens.

- Wird ein Datensatz nicht an dem Platz gefunden, an dem er nach dem Ergebnis der HASH-Funktion erwartet wird, dann kann erst nach einer sequentiellen, also zeitaufwendigen Suche entschieden werden, ob er überhaupt vorhanden ist.

- Durch das sequentielle Weiterlesen der Datei werden Ketten aufgebaut, die etwa beim Löschen von Datensätzen nicht zerstört werden dürfen. Soll also ein Datensatz gelöscht werden, dann muß zuerst entschieden werden, ob er zu einer oder mehreren solcher Ketten gehört. Das ist ein sehr aufwendiges Verfahren. Die einfache Ausweichlösung beim Eingeben von Datensätzen erfordert damit eine sehr komplexe Lösung für das Löschen.

Wir wollen daher ein anderes Verfahren zur Behandlung von Kollisionen vorschlagen: Ermittelt die HASH-Funktion eine schon belegte Satzadresse, dann wird der neu zu speichernde Datensatz im ersten freien Platz eines an die eigentliche Datei angehängten Überlaufbereichs gespeichert. Um ihn dort zu finden, wird jeder Datensatz um ein Zeigerfeld erweitert, das angibt, wo der nächste Datensatz zu finden ist, der die gleiche Satzadresse haben müßte. Auch die Sätze im Überlaufbereich enthalten dieses Zeigerfeld und verweisen so auf weitere Sätze, die zur gleichen, in einem Feld der eigentlichen Datendatei beginnenden Kette gehören. Wir wollen die Belegung einer solchen Datei für den Fall darstellen, daß eine besonders ungeschickt gewählte HASH-Funktion den Namen *ALBRECHT* und *ANDERSEN* einerseits, *MEIER*, *MÜLLER* und *MORRISON* andererseits jeweils dieselbe Satzadresse zuweist. Der Name *BELLOW* habe noch keine Kollision erfahren. Freie Sätze und Kettenenden erhalten den Zeigerwert (-1).

Satznummer	Name	Zeiger	
...	....	...	
...	....	...	
110	ALBRECHT	901	
...	....	...	Datei
134	MEIER	900	
...	....	...	
157	BELLOW	-1	
...	....	...	
...	....	...	
...	....	...	
900	MÜLLER	902	
901	ANDERSEN	-1	
902	MORRISON	-1	Überlaufbereich
...	....	...	
...	....	...	

Das Eingeben neuer Datensätze läßt sich damit im Struktogramm beschreiben:

erfrage die Daten des neuen Datensatzes
ermittle mit Hilfe der HASH-Funktion seine Satzadresse in der Datei
SOLANGE der Zeigerwert dieser Adresse auf einen Nachfolger verweist TUE
wähle diesen Zeigerwert als neue Satzadresse
IST der Platz der gewählten Adresse noch frei?   JA / NEIN

JA	NEIN
speichere den Datensatz	suche den ersten freien Platz im Überlaufbereich
	schreibe seine Adresse als Zeigerwert an den momentanen Speicherplatz
	speichere den Datensatz am freien Platz im Überlaufbereich

Beim Löschen von Datensätzen können wir einfach den zu löschenden Satz durch den letzten Satz der Kette ersetzen.

erfrage den Primärschlüsselwert des zu löschenden Satzes
ermittle mit Hilfe der HASH-Funktion seine Satzadresse in der Datei
SOLANGE (der Primärschlüsselwert des gespeicherten Satzes verschieden vom eingegebenen Schlüsselwert ist) UND (der Zeiger des gespeicherten Satzes auf einen Nachfolger verweist) TUE
wähle den Zeigerwert als neue Satzadresse
wurde der gesuchte Satz gefunden?   JA / NEIN

JA	NEIN
kopiere den letzten Satz der Kette an den Platz des zu löschenden Datensatzes	Fehler
lösche den letzten Satz der Kette	
markiere ggf. den vorletzten Satz der Kette als Kettenende	

Wird ein Datensatz gesucht, dann entspricht das Suchverfahren genau dem ersten Teil des Löschprozesses.

4.4.3 Aufgaben

1. Verfolgen Sie die Arbeitsweise der gestreuten Speicherung anhand eines einfachen Beispiels auf dem Papier im *"Trockentest"*, indem Sie Eingabe- und Löschprozesse simulieren.

2. Setzen Sie die angegebenen Struktogramme in Programme ihrer Programmiersprache um. Verfolgen Sie die Arbeitsweise analog zu Aufgabe 1 jetzt mit Hilfe des Programms.

3. Ermitteln Sie experimentell den *prozentualen Anteil von Kollisionen* für verschiedene Dateigrößen, Dateibelegungen und Primzahlen in der HASH-Funktion. Ermitteln Sie dabei die Primärschlüsselwerte aus Zufallszahlen. Versuchen Sie einen Prozentsatz abzuschätzen, bis zu dem eine nach dem HASH-Verfahren organisierte Datei maximal gefüllt sein darf, damit das Verfahren zufriedenstellend arbeitet.

4. Entwickeln Sie *HASH-Funktionen*, die anders als angegeben arbeiten.

5. Vergleichen Sie die *Zugriffszeiten* für Dateien, die sequentiell, index-sequentiell oder gestreut organisiert sind, für eine Folge von Datensatzaufrufen, deren Primärschlüssel

   a. aufsteigend aufeinander folgen.

   b. absteigend aufeinander folgen.

   c. zufällig verteilt sind.

4.5 B-Bäume

Bei sehr großen Datenmengen ist es nicht mehr möglich, alle benötigten Informationen über eine Datei im Hauptspeicher des Rechners etwa in Indextabellen unterzubringen. Diese Hilfsmittel müssen also zumindest teilweise auch im Massenspeicher aufgehoben werden. Bei Suchprozessen sind damit direkte Dateizugriffe notwendig, was die Suchzeiten stark vergrößert. Es werden also Verfahren benötigt, die einerseits mit möglichst wenig Dateizugriffen gesuchte Datensätze finden, andererseits aber die Suchinformationen in der Datei selbst nicht zu häufig ändern, da hierfür ja wiederum Dateizugriffe erforderlich sind. Verbreitete Dateiorganisationsformen, die diese Anforderungen erfüllen, sind die verschiedenen Abarten der sogenannten *B-(Bayer)-Bäume*.

4.5.1 Die Dateiorganisation

Grundidee der B-Bäume ist, Daten und Suchinformationen zusammen auf sogenannten *Seiten* unterzubringen und in einer Baumstruktur anzuordnen. Die Seiten können sich teilweise im Hauptspeicher des Rechners, überwiegend aber im Massenspeicher befinden und von dort bei Bedarf geladen werden. Insgesamt bilden diese Seiten einen Baum, dessen Wurzel und erste Nachfolger sich sinnvollerweise im Hauptspeicher befinden, da alle Vorgänge im Baum an der Wurzel beginnen. Um den Organisationsaufwand gering zu halten und trotzdem die einzelnen Seiten ausreichend zu füllen, wird gefordert, daß alle Seiten eines B-Baums zwischen n und 2n Datensätze enthalten. Nur die Wurzel ist von dieser Forderung ausgenommen. Man spricht von einem B-Baum der Ordnung n. Enthält der Baum N Datensätze, dann kann jeder Datensatz im Baum der Ordnung n mit höchstens $LOG_n(N)$ Seitenzugriffen gefunden werden. Für n=10 und N=1000 sind z.B. maximal 3 Seitenzugriffe erforderlich. Beträgt in einem größeren System, das eine Million Datensätze gespeichert hat (N=1000000) die Ordnung des B-Baums n=100, dann können auch hier mit höchstens 3 Seitenzugriffen alle Sätze gefunden werden. B-Bäume eignen sich damit besonders zur Organisation des Datenbestandes von *Datenbanken*.

Zwischen, vor und hinter den Datensätzen eines B-Baums befinden sich *Zeiger*, die auf diejenigen Seiten des Baums zeigen, die Datensätze mit Primärschlüsseln enthalten, die zwischen, vor oder hinter den Datensätzen der betreffenden Seiten liegen. Dabei zeigen entweder alle Zeiger (bei Seiten innerhalb des Baums) oder keiner (bei Endseiten oder *Blättern*) auf existierende Seiten. Das Verfahren bewirkt, daß der Primärschlüssel des in einer Seite mit Nachfolgerseiten gespeicherten Datensatzes einen Wert etwa in der Mitte zwischen den Werten der Schlüssel der Seiten hat, auf den die Zeiger vor und hinter ihm zeigen. Man kann sich vorstellen, daß jeweils der mittlere Schlüssel zweier Folgeseiten auf die nächst höhere Ebene im Baum "angehoben" worden ist. Wir wollen den Zustand eines Baumes der Ordnung 2 nach einigen Eingaben betrachten, bei dem nur die Werte der Primärschlüssel, sonst aber keine weiteren Daten angegeben werden:

```
        ┌─────────┐
        │  7   19 │
        └─────────┘
       ↙     ↓      ↘
┌───────┐ ┌───────┐ ┌──────────────┐
│  2  5 │ │ 8  10 │ │ 22 28 29 35  │
└───────┘ └───────┘ └──────────────┘
```

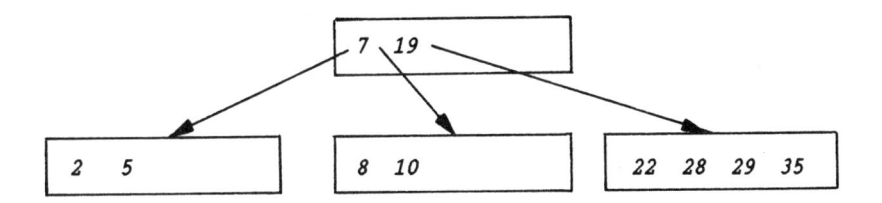

4.5.2 Einfügen von Datensätzen

Wird ein neuer Datensatz eingegeben, dann muß zuerst durch Auswertung seines Primärschlüssels sein Platz im Baum ermittelt werden, also die Seite, in der er gespeichert werden kann. Danach gibt es zwei Möglichkeiten:

1. Die Seite hat noch einen Platz frei. Dann kann der neue Datensatz ohne Probleme eingefügt werden.

2. Die Seite ist voll. Dann stehen insgesamt (2n+1) Datensätze zur Verfügung, die auf zwei Seiten verteilt werden. Die volle Seite wird also gespalten. Der Datensatz mit dem mittleren Primärschlüssel wird, wie oben beschrieben, auf die nächst höhere Ebene im Baum angehoben. Dabei kann es natürlich passieren, daß auch diese Seite "überläuft". Der Spaltprozeß wird dann auch für diese Seite gestartet, was zu einem Überlauf der nächst-höheren Ebene führen kann, usw. Wird auch die Wurzel gespalten, dann wächst der Baum um eine Stufe (,und das ist auch der einzige Weg, auf dem der Baum wachsen kann). Das Einfügen von Datensätzen in einen B-Baum ist damit, wie bei Bäumen nicht anders zu erwarten, ein rekursiver Prozeß. Wir wollen die Spaltung einer Seite an einem Beispiel verfolgen. Zuerst der alte Zustand des Baumes:

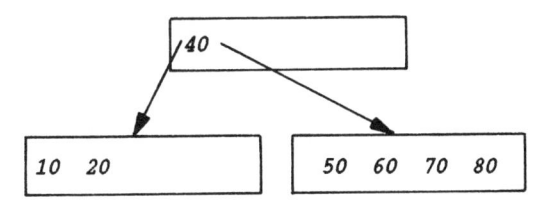

```
              ┌──────────────┐
              │      40      │
              └──────────────┘
             ↙                ↘
   ┌──────────┐      ┌──────────────────┐
   │  10  20  │      │  50  60  70  80  │
   └──────────┘      └──────────────────┘
```

Eingefügt werden soll der Satz mit dem Primärschlüsselwert 65. Dabei läuft die schon volle Seite unten rechts über und wird gespalten. 65 ist dann selbst der mittlere Schlüsselwert der zu verteilenden fünf Werte und wird auf die vorhergehende Seite, hier die Wurzelseite, angehoben.

```
                    ┌─────────────┐
                    │   40   65   │
                    └─────────────┘
                   ↙      ↓      ↘
      ┌─────────┐   ┌─────────────┐   ┌─────────────┐
      │ 10   20 │   │   50   60   │   │   70   80   │
      └─────────┘   └─────────────┘   └─────────────┘
```

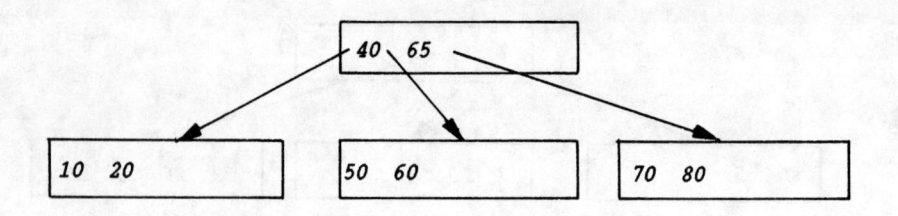

Im folgenden wollen wir von einer Dateiorganisation ausgehen, in der alle Seiten in einer Datei gehalten und nur bei Bedarf geladen werden. In der ersten Seite der Datei wird ein einziger Zeiger z0 gespeichert, der die Seitennummer der Wurzelseite enthält. Eine neue Datei enthält dann nur diese Anfangsseite und eine weitere Wurzelseite. Bei Erzeugen neuer Seiten werden zunächst leere Seiten an die Datei angehängt. Die beim Löschen entstandenen leeren Seiten werden bei neuen Einfügevorgängen bevorzugt benutzt. Gibt n die Ordnung des Baumes an, dann enthält die Konstante *zwei_n* den Wert 2*n. Als Datensatz wählen wir das schon bekannte Beispiel einer Kombination aus Personalnummer und Name, wobei die Personalnummer als Primärschlüssel fungiert. Eine Seite besteht dann aus einem Feld von *zwei_n* Komponenten mit Inhalten aus jeweils einem Zeiger und einem Datensatz. Der noch fehlende erste Zeiger wird als *z0* gesondert behandelt. Die Komponente *drin* speichert die in einer Seite tatsächlich enthaltenen Datensätze. In PASCAL erhalten wir dann die entsprechenden Datentypen:

```
    tname       = STRING[12];
    tdatensatz  = RECORD pers_nr: INTEGER; name: tname END;
    tinhalt     = RECORD z   : INTEGER; daten : tdatensatz END;
    tseite      = RECORD drin, z0: INTEGER;
                         inhalt : ARRAY[1..zwei_n] OF tinhalt
                  END;
    tdatei      = FILE OF tseite;
```

Wir wollen auf dieser Basis das Einfügeverfahren im Struktogramm beschreiben. Dazu wird ein rekursives Unterprogramm *fuege_ein* benutzt, das über einen booleschen Parameter *baum_waechst* dem rufenden Programm mitteilt, ob ein Seitenüberlauf eingetreten ist. Der neu eingegebene Datensatz wird *fuege_ein* unter dem Namen *neu* übergeben. Das Unterprogramm reicht den Satz solange weiter, bis er an der richtigen Stelle seinen Platz gefunden hat. Die Änderung der Datensatzzahl führt meist zu einem neuen mittleren Element, das auf die nächst höhere Seite im Baum angehoben werden muß. Wird so ein Ausgleich zwischen den Seiten des Baums erforderlich (angezeigt durch *baum_waechst)*, dann wird der jetzt freie Parameter *neu* bei der Rückkehr durch den mittleren Datensatz ersetzt, der auf der höheren Ebene einzufügen ist. Wächst der Baum noch nach Abarbeitung des einstmals ersten Aufrufes, dann muß die Wurzel gespalten werden, wobei eine neue Wurzel erzeugt wird.

erfrage die Daten des neuen Datensatzes		
füge den neuen Satz in den Baum ein		
	wächst der Baum?	
JA		NEIN
erzeuge eine neue Wurzelseite		
speichere den zurückgegebenen mittleren Datensatz in dieser Seite		
vermerke diese Seite als neue Wurzel		

Als etwas komplizierter erweist sich das eigentliche Einfügen, für das wir die Parameterliste des Unterprogramms angeben wollen. (nr enthält die Nummer der Seite, auf der das Einfügen versucht werden soll, beim ersten Aufruf also die Wurzel.)

PROCEDURE fuege_ein(VAR neu: tinhalt; nr: INTEGER; VAR waechst: BOOLEAN);

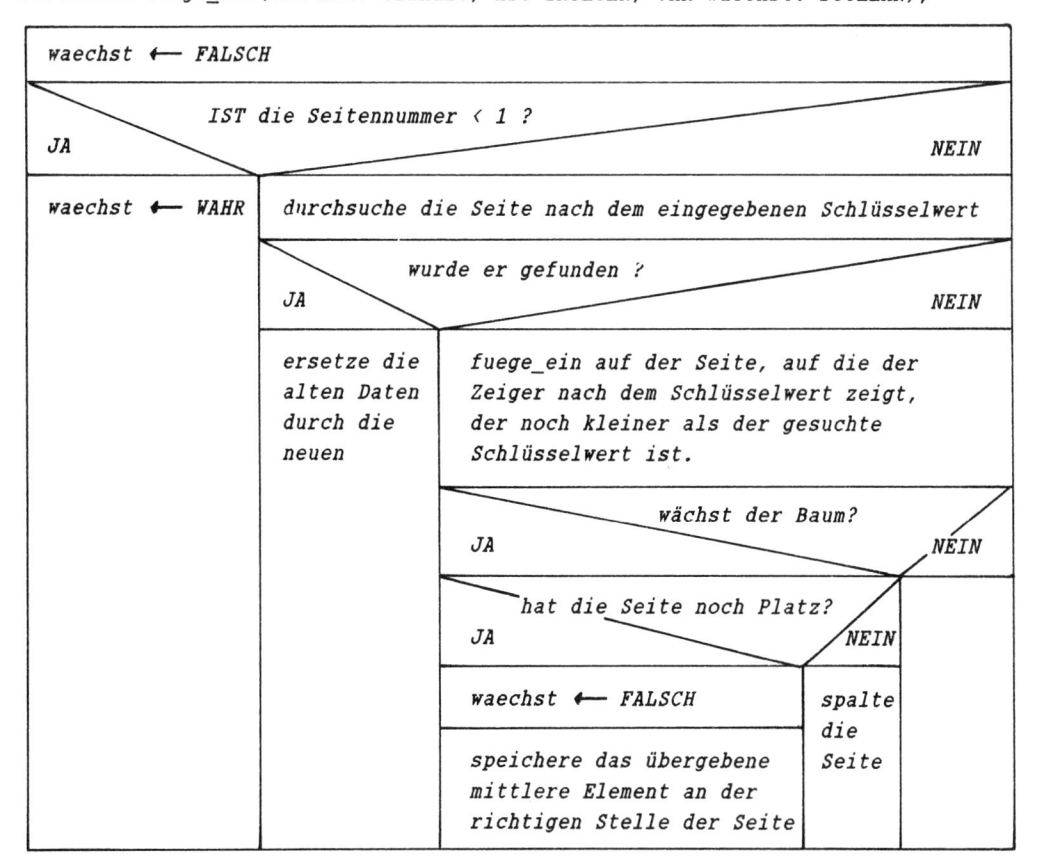

waechst ← FALSCH				
	IST die Seitennummer < 1 ?			
JA				NEIN
waechst ← WAHR	durchsuche die Seite nach dem eingegebenen Schlüsselwert			
	wurde er gefunden ?			
	JA			NEIN
	ersetze die alten Daten durch die neuen	fuege_ein auf der Seite, auf die der Zeiger nach dem Schlüsselwert zeigt, der noch kleiner als der gesuchte Schlüsselwert ist.		
		wächst der Baum?		
		JA		NEIN
		hat die Seite noch Platz?		
		JA	NEIN	
		waechst ← FALSCH	spalte die Seite	
		speichere das übergebene mittlere Element an der richtigen Stelle der Seite		

Und wie spaltet man eine Seite?

waechst ⟵ WAHR
erzeuge eine neue Seite
speichere den neuen Datensatz in einer Hilfsvariablen hilfe
ersetze den neuen Datensatz durch den mittleren Satz der Seite
verteile die übrigen Sätze auf die alte und die neue Seite, lösche dabei die freien Stellen

Insgesamt ergibt sich das folgende TURBO-PASCAL-Unterprogramm:

```
PROCEDURE eingeben;
   VAR baum_waechst: BOOLEAN; neu, rueckgabe: tinhalt; neue_wurzel: INTEGER;

   PROCEDURE fuege_ein(VAR neu: tinhalt; nr: INTEGER; VAR waechst: BOOLEAN);
      VAR vorgaenger, i: INTEGER; gefunden: BOOLEAN;

      PROCEDURE seite_spalten;
         VAR neue_seite: tseite; neue_nr, i: INTEGER; hilfe,leer: tinhalt;
         BEGIN
         waechst := TRUE;
         WITH leer DO
             BEGIN z := 0; daten.pers_nr := -1; daten.name := '' END;
         seite_anhaengen(neue_nr);
         lade_seite(neue_nr,neue_seite);
         hilfe := neu;
         IF vorgaenger <= n
            THEN BEGIN
                IF vorgaenger < n
                   THEN BEGIN
                       neu := seite.inhalt[n];
                       FOR i := n-1 DOWNTO vorgaenger+1 DO
                           seite.inhalt[i+1] := seite.inhalt[i];
                       seite.inhalt[vorgaenger+1] := hilfe;
                       END;
                END
            ELSE BEGIN
                neu := seite.inhalt[n+1];
                FOR i := n+2 TO vorgaenger DO
                    seite.inhalt[i-1] := seite.inhalt[i];
                seite.inhalt[vorgaenger] := hilfe;
                END;
```

```
        FOR i := n+1 TO zwei_n DO
            BEGIN
            neue_seite.inhalt[i-n] := seite.inhalt[i];
            seite.inhalt[i] := leer
            END;
        seite.drin := n;           neue_seite.drin := n;
        neue_seite.z0 := neu.z;    neu.z := neue_nr;
        speichere_seite(nr,seite); speichere_seite(neue_nr,neue_seite);
        END;
BEGIN
waechst := FALSE;
IF nr < 1 THEN waechst := TRUE
    ELSE BEGIN
            lade_seite(nr,seite);
            WITH seite DO
                BEGIN
                vorgaenger := 0; i := 1; gefunden := FALSE;
                WHILE (i <= drin) AND NOT gefunden DO
                        BEGIN
                        gefunden := inhalt[i].daten.pers_nr=neu.daten.pers_nr;
                        IF inhalt[i].daten.pers_nr < neu.daten.pers_nr
                            THEN vorgaenger := i;
                        i := i + 1
                        END;
                IF gefunden
                    THEN inhalt[i-1].daten := neu.daten
                    ELSE BEGIN
                            IF vorgaenger = 0
                                THEN fuege_ein(neu,z0,waechst)
                                ELSE fuege_ein(neu,inhalt[vorgaenger].z,waechst);
                            IF waechst
                                THEN BEGIN
                                        lade_seite(nr,seite);
                                        IF drin < zwei_n
                                            THEN BEGIN
                                                    waechst := FALSE;
                                                    FOR i := drin DOWNTO vorgaenger+1 DO
                                                        inhalt[i+1] := inhalt[i];
                                                    inhalt[vorgaenger+1] := neu;
                                                    drin := drin + 1;
                                                    speichere_seite(nr,seite)
                                                END
                                            ELSE seite_spalten;
                                    END
                        END
                END
        END
END;
```

```
BEGIN
   CLRSCR; WRITELN('Eingeben eines Datensatzes:'); WRITELN;
   WITH neu DO
       BEGIN
       z := 0;
       WRITE('Geben Sie die Personalnummer ein: '); READLN(daten.pers_nr);
       WRITE('Geben Sie den Namen ein         : '); READLN(daten.name)
       END;
   fuege_ein(neu,wurzel,baum_waechst);
   IF baum_waechst
     THEN BEGIN
          seite_anhaengen(neue_wurzel); lade_seite(neue_wurzel,seite);
          WITH seite DO
               BEGIN drin := 1; inhalt[1] := neu; z0 := wurzel END;
          speichere_seite(neue_wurzel,seite);
          lade_seite(0,seite);
          seite.z0 := neue_wurzel;
          speichere_seite(0,seite);
          wurzel := neue_wurzel
          END;
END;
```

4.5.3 Löschen von Datensätzen

Das Löschen von Datensätzen erfolgt direkt invers zum Einfügen.

1. Steht der zu löschende Satz auf einer Seite ohne Nachfolgeseiten (einem Blatt), dann kann er einfach gelöscht werden.

2. Befindet sich die Seite, auf der der zu löschende Datensatz liegt, mitten im Baum und hat damit Nachfolgerseiten, dann kann der Satz durch den Datensatz mit dem größten Primärschlüssel im linken Teilbaum (oder mit dem kleinsten Primärschlüssel im rechten Teilbaum) ersetzt werden.

Nach dem Löschen kann es vorkommen, daß die Seite, auf der der gelöschte Satz lag oder von der der eingewechselte Satz stammt, jetzt zu wenig Datensätze enthält. Ist das der Fall, dann wird wieder eine boolesche Variable *baum_schrumpft* auf den Wert WAHR gesetzt. Wir wollen diesen Fall an einem Beispiel erläutern. Gelöscht wird der Satz mit dem Schlüsselwert 40 im folgenden Baum:

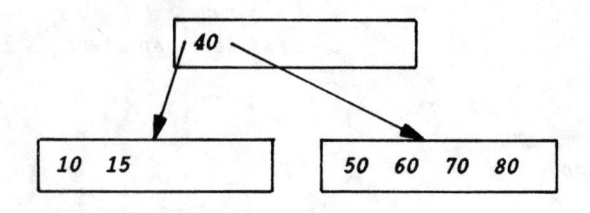

Da 40 auf keiner Blattseite liegt, wird sie durch den größten Wert im linken Teilbaum, die 15, ersetzt:

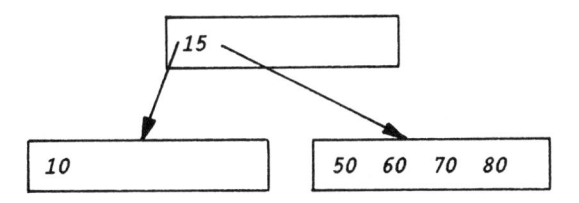

```
            ┌─────────┐
            │ 15      │
            └─┬─────┬─┘
         ┌───┘     └────────┐
    ┌────▼───┐         ┌────▼──────────┐
    │ 10     │         │ 50  60  70  80│
    └────────┘         └───────────────┘
```

Enthält eine Seite nach dem Löschen zu wenig Datensätze, dann kann auf zwei Weisen reagiert werden:

- enthält eine Nachbarseite mehr als n Sätze, dann kann ein Satz "geborgt" werden. Dabei wird der Satz der höher liegenden Seite nach unten kopiert und durch den jetzt mittleren Satz der vollen Seite ersetzt. Im oben angegebenen Beispiel wird nach dem Auswechseln von 40 gegen 15 ein Ausgleich hergestellt, indem die nach oben geholte 15 wieder zurückkopiert und durch die 50 aus dem rechten Satz ersetzt wird.

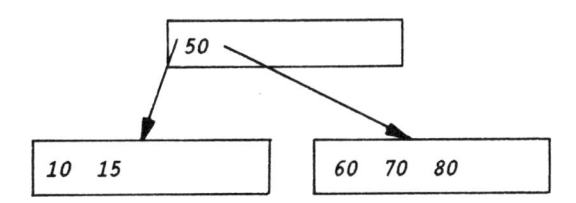

```
            ┌─────────┐
            │ 50      │
            └─┬─────┬─┘
         ┌───┘     └────────┐
    ┌────▼───┐         ┌────▼──────┐
    │ 10  15 │         │ 60  70  80│
    └────────┘         └───────────┘
```

- enthält die Nachbarseite nur n Sätze, dann kann sie unter Hinzuziehung des mittleren Elements von der nächst höheren Seite zu einer einzigen Seite verschmolzen werden. Die nächst höhere Seite verliert damit ein Element und kann damit ebenfalls zu klein werden. Damit muß das Ausgleichsverfahren auch für diese Seite gestartet werden, und so fort, ggf. bis zur Wurzel. Auf diese Weise kann, wenn die Wurzelseite leer wird, der Baum auch wieder schrumpfen. Zur Erläuterung wollen wir im oben angegebenen Baum noch die Elemente 60 und 70 löschen. Wir erhalten dann einen Baum aus einer einzigen Wurzelseite:

```
    ┌──────────────────┐
    │ 10  15  50  80   │
    └──────────────────┘
```

Wir wollen auch das Löschen wieder im Struktogramm beschreiben:

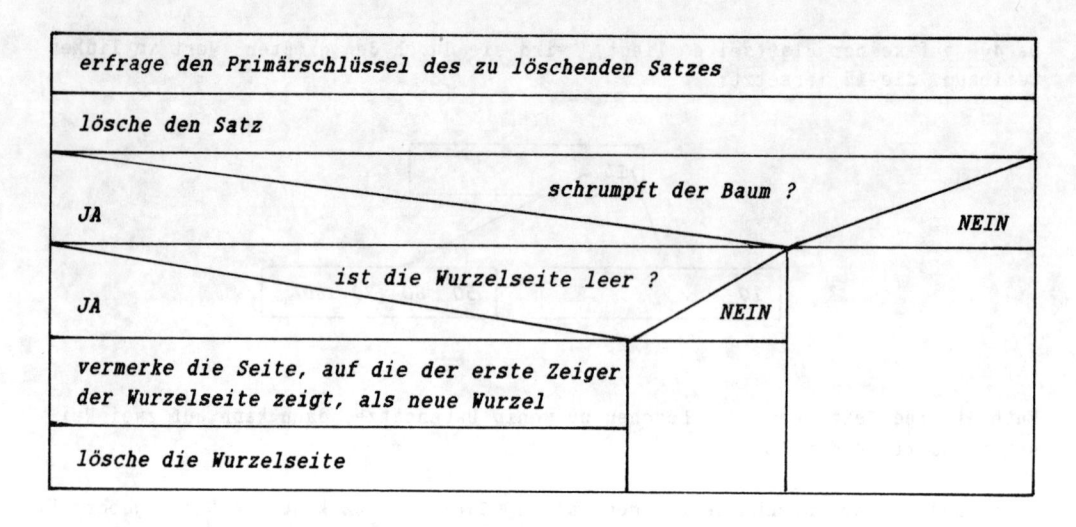

erfrage den Primärschlüssel des zu löschenden Satzes		
lösche den Satz		
schrumpft der Baum ?		
JA		NEIN
ist die Wurzelseite leer ?		
JA	NEIN	
vermerke die Seite, auf die der erste Zeiger der Wurzelseite zeigt, als neue Wurzel		
lösche die Wurzelseite		

Doch wie löscht man einen Datensatz rekursiv? Mit einem Unterprogramm *loesche*, das den folgenden Parametersatz enthält:

PROCEDURE loesche(neu: tinhalt; nr: INTEGER; VAR schrumpft: BOOLEAN);

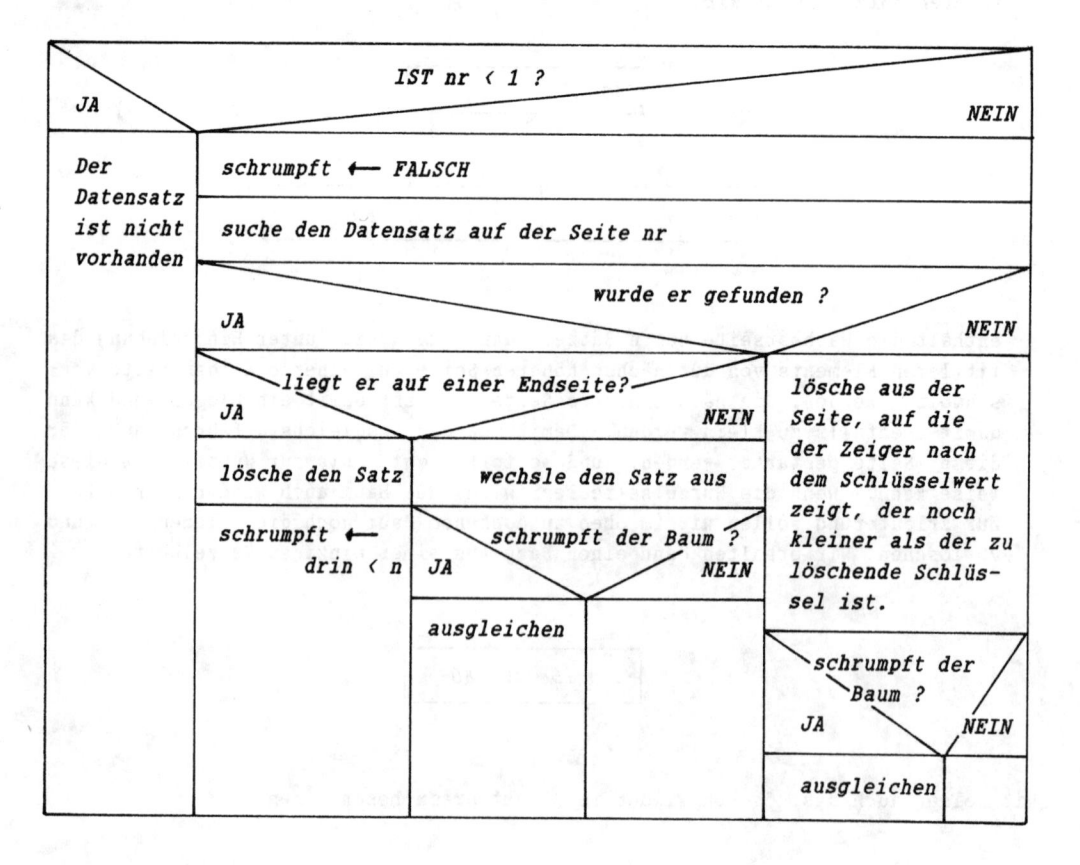

IST nr < 1 ?			
JA			NEIN
Der Datensatz ist nicht vorhanden	schrumpft ← FALSCH		
	suche den Datensatz auf der Seite nr		
	wurde er gefunden ?		
	JA		NEIN
	liegt er auf einer Endseite?		lösche aus der Seite, auf die der Zeiger nach dem Schlüsselwert zeigt, der noch kleiner als der zu löschende Schlüssel ist.
	JA	NEIN	
	lösche den Satz	wechsle den Satz aus	
	schrumpft ← drin < n	schrumpft der Baum ?	
		JA	NEIN	
		ausgleichen		
			schrumpft der Baum ?
			JA	NEIN
				ausgleichen

Die Verfahren zum Ausgleichen und zum Auswechseln von Datensätzen wurden schon am Beispiel beschrieben, so daß das folgende TURBO-PASCAL-Unterprogramm verständlich sein sollte. Die Prozesse wurden schrittweise programmiert, so daß anhand von Beispielen die einzelnen Schritte nachvollziehbar sind.

```
PROCEDURE loeschen;
   VAR alte_wurzel   : INTEGER;
       neu, leer     : tinhalt;
       baum_schrumpft: BOOLEAN;

   PROCEDURE loesche(neu: tinhalt; nr: INTEGER; VAR schrumpft: BOOLEAN);
      VAR hilfsseite             : tseite;
          hilfs_z,i,vorgaenger: INTEGER;
          gefunden               : BOOLEAN;

      PROCEDURE ausgleichen(z_oben,z_rechts: INTEGER; VAR schrumpft: BOOLEAN);
         VAR z_links, i, pos_oben                : INTEGER;
             seite_oben,seite_links, seite_rechts: tseite;
      BEGIN
      lade_seite(z_oben,seite_oben);
      IF seite_oben.z0 = z_rechts
         THEN BEGIN
               z_links := z_rechts; pos_oben := 1;
               z_rechts := seite_oben.inhalt[1].z;
               lade_seite(z_rechts,seite_rechts);
              END
         ELSE BEGIN
               lade_seite(z_rechts,seite_rechts); pos_oben := 1;
               WHILE seite_oben.inhalt[pos_oben].z <> z_rechts DO
                     pos_oben := pos_oben + 1;
               IF pos_oben = 1
                  THEN z_links := seite_oben.z0
                  ELSE z_links := seite_oben.inhalt[pos_oben-1].z
              END;
      lade_seite(z_links,seite_links);
      IF (seite_links.drin + seite_rechts.drin) >= zwei_n
         THEN IF seite_links.drin < n
                THEN BEGIN
                      schrumpft := FALSE;
                      seite_links.drin := seite_links.drin + 1;
                      seite_links.inhalt[seite_links.drin] :=
                                        seite_oben.inhalt[pos_oben];
                      seite_links.inhalt[seite_links.drin].z :=
                                        seite_rechts.z0;
                      seite_oben.inhalt[pos_oben] := seite_rechts.inhalt[1];
                      seite_rechts.z0 := seite_oben.inhalt[pos_oben].z;
                      seite_oben.inhalt[pos_oben].z := z_rechts;
                      seite_rechts.drin := seite_rechts.drin - 1;
```

```
                    FOR i := 1 TO seite_rechts.drin DO
                        seite_rechts.inhalt[i] := seite_rechts.inhalt[i+1];
                    seite_rechts.inhalt[seite_rechts.drin+1] := leer;
                    speichere_seite(z_oben,seite_oben);
                    speichere_seite(z_links,seite_links);
                    speichere_seite(z_rechts,seite_rechts)
                    END
              ELSE BEGIN
                    schrumpft := FALSE;
                    FOR i := 1 TO seite_rechts.drin DO
                        seite_rechts.inhalt[i+1]:=seite_rechts.inhalt[i];
                    seite_rechts.drin := seite_rechts.drin + 1;
                    seite_rechts.inhalt[1] := seite_oben.inhalt[pos_oben];
                    seite_rechts.inhalt[1].z := seite_rechts.z0;
                                seite_oben.inhalt[pos_oben] :=
                                seite_links.inhalt[seite_links.drin];
                    seite_rechts.z0 := seite_oben.inhalt[pos_oben].z;
                    seite_oben.inhalt[pos_oben].z := z_rechts;
                    seite_links.inhalt[seite_links.drin] := leer;
                    seite_links.drin := seite_links.drin - 1;
                    speichere_seite(z_oben,seite_oben);
                    speichere_seite(z_links,seite_links);
                    speichere_seite(z_rechts,seite_rechts)
                    END
        ELSE BEGIN
            seite_links.drin := seite_links.drin + 1;
            seite_links.inhalt[seite_links.drin] :=
                                            seite_oben.inhalt[pos_oben];
            seite_links.inhalt[seite_links.drin].z := seite_rechts.z0;
            FOR i := 1 TO seite_rechts.drin DO
                BEGIN
                seite_links.drin := seite_links.drin + 1;
                seite_links.inhalt[seite_links.drin] :=
                seite_rechts.inhalt[i];
                seite_rechts.inhalt[i] := leer
                END;
            seite_oben.drin := seite_oben.drin - 1;
            FOR i := pos_oben TO seite_oben.drin DO
                seite_oben.inhalt[i] := seite_oben.inhalt[i+1];
            seite_oben.inhalt[seite_oben.drin+1] := leer;
            schrumpft := seite_oben.drin < n;
            speichere_seite(z_links,seite_links);
            speichere_seite(z_oben,seite_oben);
            seite_loeschen(z_rechts);
            END;
END;
```

```
PROCEDURE auswechseln(zh,zw,platz: INTEGER; VAR schrumpft: BOOLEAN);
   VAR hilfe            : INTEGER;
       hilfs_s, h_seite: tseite;
   BEGIN
   lade_seite(zh,hilfs_s);
   WITH hilfs_s DO
     BEGIN
     hilfe := inhalt[drin].z;
     IF hilfe <> 0
        THEN BEGIN
             auswechseln(hilfe,zw,platz,schrumpft);
             IF schrumpft THEN ausgleichen(zh,hilfe,schrumpft)
             END
        ELSE BEGIN
             lade_seite(zw,h_seite);
             inhalt[drin].z := h_seite.inhalt[platz].z;
             h_seite.inhalt[platz] := inhalt[drin];
             inhalt[drin] := leer;
             drin := drin - 1;
             schrumpft := drin < n;
             speichere_seite(zh,hilfs_s);
             speichere_seite(zw,h_seite)
             END
     END
   END;

BEGIN
IF nr < 1
   THEN BEGIN
        schrumpft := FALSE;
        WRITELN('Der Datensatz ist nicht vorhanden!');
        pause
        END
   ELSE BEGIN
        lade_seite(nr,hilfsseite);
        WITH hilfsseite DO
            BEGIN
            vorgaenger := 0; i := 1;
            gefunden := FALSE;
            WHILE (i <= drin) AND NOT gefunden DO
                  BEGIN
                  gefunden := inhalt[i].daten.pers_nr=neu.daten.pers_nr;
                  IF inhalt[i].daten.pers_nr < neu.daten.pers_nr
                     THEN vorgaenger := i;
                  i := i + 1
                  END;
            IF vorgaenger = 0
               THEN hilfs_z := z0 ELSE hilfs_z := inhalt[vorgaenger].z;
```

```
                    IF gefunden
                        THEN BEGIN
                            IF hilfs_z = 0
                                THEN BEGIN
                                    drin := drin - 1;
                                    schrumpft := drin < n;
                                    inhalt[vorgaenger+1] := leer;
                                    FOR i := vorgaenger+1 TO zwei_n DO
                                        IF i <= drin
                                            THEN inhalt[i] := inhalt[i+1]
                                            ELSE inhalt[i] := leer;
                                    speichere_seite(z,hilfsseite)
                                END
                                ELSE BEGIN
                                    auswechseln(hilfs_z,nr,vorgaenger+1,
                                                               schrumpft);
                                    IF schrumpft
                                        THEN ausgleichen(nr,hilfs_z,schrumpft)
                                END
                        END
                        ELSE BEGIN
                            loesche(neu,hilfs_z,schrumpft);
                            IF schrumpft
                                THEN ausgleichen(nr,hilfs_z,schrumpft)
                        END
                END
            END
    END;

BEGIN
CLRSCR; WRITELN('Löschen eines Datensatzes:'); WRITELN;
WITH neu DO
    BEGIN
    z := 0;
    WRITE('Geben Sie die Personalnummer ein: '); READLN(daten.pers_nr);
    END;
WITH leer DO
    BEGIN z := 0; daten.pers_nr := -1; daten.name := '' END;
loesche(neu,wurzel,baum_schrumpft);
lade_seite(wurzel,seite);
IF baum_schrumpft AND (seite.drin = 0) AND (seite.z0 > 0)
    THEN BEGIN
        alte_wurzel := wurzel;           wurzel := seite.z0;
        seite_loeschen(alte_wurzel);     lade_seite(0,seite);
        seite.z0 := wurzel;              speichere_seite(0,seite);
        END;
END;
```

4.5.4 Ein Programm zum Verwalten von B-Baum-Dateien

Das folgende TURBO-PASCAL-Programm enthält einige Unterprogramme zum Laden und Speichern von Baumseiten, zum Zeigen des Inhalts der Datei und weitere Hilfsroutinen. Da sich auch bei den Schreib- und Leseprozeduren Kleinigkeiten gegenüber den schon bekannten Programmen geändert haben, wird bis auf die schon gedruckten Teile der gesamte Programmtext angegeben, um ein lauffähiges TURBO-PASCAL-Programm zu erhalten.

```
PROGRAM b_baum_organisation;

CONST n      = 2;
      zwei_n = 4;

TYPE { wie angegeben }

VAR datei                  : tdatei;
    dateiname              : tname;
    seite                  : tseite;
    datensatz              : tdatensatz;
    auswahl                : CHAR;
    datei_offen, gewachsen : BOOLEAN;
    ueberlauf              : tinhalt;
    wurzel                 : INTEGER;

PROCEDURE oeffne_zum_schreiben;   { wie angegeben }
PROCEDURE oeffne_zum_lesen;       { wie angegeben }
PROCEDURE schliesse;              { wie angegeben }
PROCEDURE pause;                  { wie angegeben }
PROCEDURE warnung;                { wie angegeben }

PROCEDURE schreibe_eine_seite(VAR datei: tdatei; seite: tseite);
   BEGIN WRITE(datei,seite) END;

PROCEDURE lies_eine_seite(VAR datei: tdatei; VAR seite: tseite);
   BEGIN READ(datei,seite) END;

PROCEDURE lies_wahlfrei(VAR datei: tdatei; satz: INTEGER; VAR seite: tseite);
   BEGIN SEEK(datei,satz); READ(datei,seite) END;

PROCEDURE schreibe_wahlfrei(VAR datei: tdatei; satz: INTEGER; seite: tseite);
   BEGIN SEEK(datei,satz); WRITE(datei,seite) END;

PROCEDURE lade_seite(nr: INTEGER; VAR s: tseite);
   VAR i: INTEGER; BEGIN lies_wahlfrei(datei,nr,s) END;

PROCEDURE speichere_seite(nr: INTEGER; seite: tseite);
   VAR i: INTEGER; BEGIN schreibe_wahlfrei(datei,nr,seite) END;
```

```
PROCEDURE seite_anhaengen(VAR nummer: INTEGER);
   VAR leere_seite: tseite; i: INTEGER; gefunden: BOOLEAN;
   BEGIN
   IF datei_offen THEN schliesse(datei);
   oeffne_zum_lesen(datei,dateiname);
   i := 0; gefunden := FALSE;
   WHILE NOT EOF(datei) AND NOT gefunden DO
         BEGIN
         lies_eine_seite(datei,leere_seite);
         gefunden := (leere_seite.drin = 0) AND ( i > 0);
         i := i + 1
         END;
   IF gefunden
      THEN nummer := i - 1
      ELSE BEGIN
           nummer := i;
           WITH leere_seite DO
                BEGIN
                drin := 0; z0 := 0;
                FOR i := 1 TO zwei_n DO
                    WITH inhalt[i] DO
                         BEGIN
                         z := 0;
                         WITH daten DO BEGIN pers_nr := -1; name := '' END
                         END
                END;
           schreibe_eine_seite(datei,leere_seite)
           END;
   schliesse(datei);
   oeffne_zum_lesen(datei,dateiname);
   datei_offen := TRUE;
   END;


PROCEDURE seite_loeschen(nummer: INTEGER);
   VAR leere_seite: tseite;
       i          : INTEGER;
   BEGIN
   WITH leere_seite DO
        BEGIN
        drin := 0; z0 := 0;
        FOR i := 1 TO zwei_n DO
            WITH inhalt[i] DO
                 BEGIN
                 z := 0; WITH daten DO BEGIN pers_nr := -1; name := '' END
                 END
        END;
   schreibe_wahlfrei(datei,nummer,leere_seite);
   END;
```

```
PROCEDURE neue_datei;
   VAR i: INTEGER; s: tseite;
   BEGIN
   CLRSCR;
   WRITELN('Einrichten einer neuen, leeren Datei.'); WRITELN;
   WRITE('Wie soll die Datei heißen? --> '); READLN(dateiname);
   IF datei_offen THEN schliesse(datei);
   oeffne_zum_schreiben(datei,dateiname);
   WITH s DO
        BEGIN
        drin := 0;
        z0 := 1;
        FOR i := 1 TO zwei_n DO
            BEGIN
            inhalt[i].z := 0;
            inhalt[i].daten.pers_nr := 0;
            inhalt[i].daten.name := ''
            END
        END;
   schreibe_wahlfrei(datei,0,s);
   schliesse(datei);
   datei_offen := FALSE;
   wurzel := 1;
   seite_anhaengen(i);
   END;

PROCEDURE lade_wurzel;
   VAR s: tseite;
   BEGIN
   lade_seite(0,s); wurzel := s.z0
   END;

PROCEDURE datei_waehlen;
   BEGIN
   CLRSCR;
   WRITE('Mit welcher Datei wollen Sie arbeiten? --> '); READLN(dateiname);
   oeffne_zum_lesen(datei,dateiname);
   datei_offen := TRUE;
   lade_wurzel;
   END;

PROCEDURE eingeben;           { wie angegeben }
PROCEDURE loeschen;           { wie angegeben }

PROCEDURE finden;
   BEGIN { Bitte selbst schreiben } END;
```

```
    PROCEDURE zeige;
       VAR i,j: INTEGER;
           s  : tseite;
       BEGIN
       IF NOT datei_offen
          THEN warnung
          ELSE BEGIN
              CLRSCR; WRITELN('Inhalt der Datei <',dateiname,'>:'); WRITELN;
              WRITELN('Seite drin    z0 Nr.1 z1 Nr.2 z2 Nr.3 z3 Nr.4 z4');
              WRITELN('-----------------------------------------------');
              schliesse(datei);
              oeffne_zum_lesen(datei,dateiname);
              i := 0;
              WHILE NOT EOF(datei) DO
                    BEGIN
                    lies_wahlfrei(datei,i,s);
                    WITH s DO
                        BEGIN
                        WRITE(i:5,drin:5,z0:5);
                        FOR j := 1 TO zwei_n DO
                            WRITE(inhalt[j].daten.pers_nr:5,inhalt[j].z:3);
                        WRITELN
                        END;
                    i := i + 1;
                    END;
              END
       END;

BEGIN
datei_offen := FALSE; dateiname := ''; wurzel := 0;
REPEAT CLRSCR;
       WRITELN('Dateiverarbeitung mit B-Baum: Datei <',dateiname,'>');
       WRITELN; WRITE('N(eue_Datei  D(atei_wählen  L(oeschen  E(ingeben   ');
       WRITE('F(inden  Z(eigen  Q(uit');
       REPEAT READ(KBD,auswahl); auswahl := UPCASE(auswahl)
       UNTIL auswahl IN ['N','D','L','E','F','Z','Q'];
       CASE auswahl OF 'N': neue_datei;
                       'D': datei_waehlen;
                       'L': loeschen;
                       'E': eingeben;
                       'F': finden;
                       'Z': BEGIN zeige; pause END
                       END
UNTIL auswahl = 'Q';
IF datei_offen THEN schliesse(datei)
END.
```

4.5.5 Aufgaben

1. Arbeiten Sie für die folgenden Aufgaben auf dem Papier mit einem B-Baum der Ordnung 2.

   a. Geben Sie nacheinander folgende Werte ein:

   zuerst *20 40 80 10*, dann *5*, dann *15 16 17*, dann *50 55 60 70 90*.

   b. Löschen Sie aus dem entstandenen Baum nacheinander:

   zuerst *60*, dann *90*, dann *17*, dann *55*, dann *10 15 40*, dann *5*, dann *80*, dann *70 16 20*.

2. Fügen Sie in den folgenden B-Baum der Ordnung 2 den Wert *17* ein:

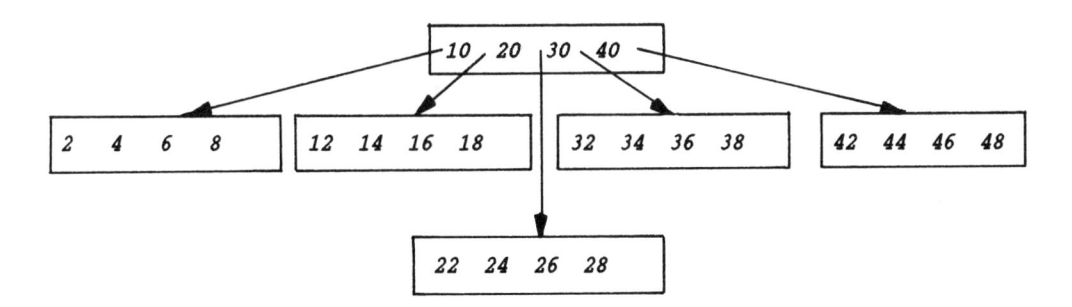

```
                    ┌──10─20─30─40──┐
           ┌────────┼──────┬────────┼────────┐
           ▼        ▼      ▼        ▼        ▼
      ┌─────────┐ ┌───────────────┐ ┌───────────────┐ ┌───────────────┐
      │ 2  4  6  8│ │12 14 16 18│ │32 34 36 38│ │42 44 46 48│
      └─────────┘ └───────────────┘ └───────────────┘ └───────────────┘
                              │
                              ▼
                      ┌───────────────┐
                      │22 24 26 28│
                      └───────────────┘
```

3. Ändern Sie das Programm zur B-Baum-Organisation so, daß nur dann eine Seite geladen wird, wenn Sie sich noch nicht im Hauptspeicher des Rechners befindet. Achten Sie darauf, daß Änderungen an den Seiten auch bei geladenen Seiten richtig ausgeführt werden.

4. Ändern Sie das Programm zur B-Baum-Organisation so, daß die Wurzel und eine oder zwei weitere Schichten des B-Baums im Hauptspeicher des Rechners, der Rest des Baums in der Datei gehalten wird.

5. Schreiben Sie ein Unterprogramm *finden*, das nach Eingabe des Primärschlüsselwerts entweder den Inhalt des entsprechenden Datensatzes oder eine Fehlermeldung ausgibt.

5. Datenbanksysteme

Vergleicht man die bisher bearbeiteten Problemstellungen, bei denen Dateien eine Rolle spielten, dann lassen sich fast alle auf wenige immer gleiche Teilaufgaben der Dateiverarbeitung zurückführen. Es liegt deshalb nahe, die Verwaltung der Dateien einem besonderen *Datenbanksystem* zu übergeben, das als Mittler für den Informationsfluß zwischen den Benutzern und den Datenspeichern wirkt, auf denen sich die eigentliche Datenbank mit den gespeicherten Daten befindet. Entsprechend erübrigt sich für die Nutzer der Daten die Programmierarbeit, da mit dem Datenbanksystem eine fertige Problemlösung für eine große Klasse von ähnlichen Aufgabenstellungen angeboten werden kann. Benutzer oder Programme verwalten nicht mehr selbst die Dateien, sondern übergeben dem System Daten und stellen Anfragen an das System. Dazu sind besondere Datenmanipulationssprachen (DMS) für Programme und Abfragesprachen (QUERY-LANGUAGES) für den interaktiven Betrieb entwickelt worden, die es auch relativ ungeübten Benutzern ermöglichen, mit Datenbanken zu arbeiten. Die Einrichtung und Pflege der Datenbank selbst obliegt einem Datenbankverwalter, der die innere Struktur der Datenbank, Zugriffspfade und -rechte etc. definiert. Fast alle bisher behandelten praktischen Beispiele lassen sich statt mit speziell dem Problem angepaßten Programmen genauso gut oder besser mit einem Datenbanksystem bearbeiten. In diesem Abschnitt soll deshalb einerseits gezeigt werden, wie Datenbanksysteme aufgebaut werden, andererseits wird der Ansatz einer speziellen Abfragesprache entwickelt.

5.1 Aufgaben und Aufbau von Datenbanksystemen

5.1.1 Ein Beispiel: Betriebliche Datenverarbeitung

Wir wählen als Anwendungsbeispiel den Fall eines Managers, der einen Überblick über die Lagerbestände, Preise, Umsätze etc. in den Filialen seiner Firma gewinnen möchte. Diesem ist sicherlich höchst gleichgültig, in welcher Form die einzelnen Informationen wirklich gespeichert worden sind. Auch die Zahl und Organisationsform der Dateien interessiert ihn sicher nicht. Dagegen hat er ein starkes Interesse, ohne technische Detailkenntnisse auf den Teil der auf die Gesamtheit der Dateien verteilten Informationen zugreifen zu können, der für seine Problemstellung wichtig ist. Dabei gewinnt er durch die Verknüpfung von Einzeldaten neue Informationen (etwa über die mittlere Verweildauer eines Artikels in den einzelnen Filialen), die ursprünglich gar nicht als Information gespeichert worden sind. Außer ihm arbeiten in der Firma andere Personen und Abteilungen mit anderen Aufgaben und dafür erstellten Programmen, die dieselben Datenbestände für ihre jeweilige Arbeit benötigen. Speichert nun jeder die für ihn wichtigen Daten selbst, dann wird die gesamte Datenmenge des Unternehmens unnötig aufgebläht, da viele Informationen mehrfach benötigt werden. Unterschiedliche Dateien sind meist auch unterschiedlich organisiert, benutzen unterschiedliche Datenformate, sind auf unterschiedlichen Datenträgern gespeichert etc. Damit wird eine Verknüpfung dieser Daten erschwert. Eine zentrale Speicherung ermöglicht die gemeinsame Auswertung, reduziert den Datenbestand (und damit die Kosten) und hat den wichtigen Nebeneffekt, daß Änderungen einzelner Daten (etwa der Anschrift eines Kunden) sofort für alle Benutzer des Datenbestandes wirksam werden. Änderungen werden nur an einer einzigen Stelle vorgenommen und können so an anderen Stellen nicht "vergessen" werden.

Die zentrale Speicherung erfordert aber auch neue Aufgaben, etwa die Koordination der Dateizugriffe der verschiedenen Benutzer, die Einführung von Zugriffsrechten, da nicht jeder Benutzer auf alle Daten zugreifen darf usw. Ein Datenbanksystem muß dieses und die erforderlichen Dateimanipulationen ausführen können. Dafür müssen die Dateien so organisiert sein, daß einerseits technisch ein gemeinsamer Zugriff überhaupt möglich ist und andererseits die Daten aus den meist sehr großen Dateien in vertretbarer Zeit zusammengesucht werden können. Hierfür braucht man Zugriffspfade, die logisch zusammengehörige Daten miteinander verknüpfen. Indexdateien oder andere Suchhilfen müssen erstellt werden. Zum Einrichten solcher Datenbanksysteme werden Fachleute benötigt, die sowohl von der Dateiorganisation wie von den inhaltlichen Zusammenhängen der gespeicherten Daten etwas verstehen, und damit sind solche Datenbanken sehr teuer. Sie lohnen nur, wenn immer die gleichen Informationen von vielen Benutzern gelesen werden sollen.

Betrachten wir wieder unseren Manager und seinen Wunsch, die mittlere Verweildauer von Artikeln in den einzelnen Filialen seines Unternehmens zu ergründen, um damit die Rentabilität der zur Verfügung stehenden Verkaufsfläche zu vergleichen. Er benötigt dazu die folgenden Informationen:

- Ort und Nummer der Filiale.
- Artikelnummer und -name, Platzbedarf, Einkaufs- und Verkaufspreis.
- Datum des Einkaufs und des Verkaufs des Artikels.

Neben diesen Daten sind in der Datenbank sicher noch weitere gespeichert:

- Über die Filiale: Name des Leiters, Anschrift, Miete, Nebenkosten, Zahl
    der Angestellten, ...

- Über den Artikel: Name und Anschrift des Lieferanten, Mindestbestand
    und Bestand, Rabatte, ...

- über die Lieferanten: ...

- über die Angestellten: ...

Alle diese Informationen sollten dem Manager nicht zu Verfügung stehen, wenn er sie für seine Arbeit nicht benötigt. So sind wir wieder bei dem Problem der unterschiedlichen Sichten und Zugriffsrechte, wie sie schon im ersten Kapitel besprochen wurden. Zu den Aufgaben des Datenbankverwalters gehört es damit, eine Zugriffsmatrix aufzustellen, in der die Sichten der einzelnen Benutzer auf den Datenbestand festgelegt werden. Obwohl die Datenbank die gleichen *physischen Dateien* enthält, arbeitet die Personalabteilung der Firma mit anderen *logischen Dateien* als etwa der Einkauf.

5.1.2 Die Aufgaben von Datenbanksystemen

Man kann die in Massenspeichern erfaßten Informationen als einen Informationspool betrachten, der von Benutzern erweitert, verändert oder teilweise gelöscht werden kann. Wichtiger aber als diese direkten Eingriffe in die Datenmenge ist die Möglichkeit, gespeicherte Informationen wiederzugewinnen und zu verknüpfen, so daß aus diesen Kombinationen gespeicherter Daten neue Informationen entstehen können. Verwalten konventionelle Dateisysteme jeweils eine begrenzte Menge meist harmloser Daten, dann können durch die Verknüpfung dieser Einzelinformationen und durch ihren Vergleich (oder *Abgleich*) mit anderen Dateien Informationen einer neuen Qualität entstehen. Werden etwa statistische Gesundheits- und Umweltdaten verknüpft, dann kann dieser Informationsgewinn für die Betroffenen höchst wünschenswert sein, werden individuelle Gesundheits- und Arbeitsdaten verknüpft, dann werden die Betroffenen es anders sehen, und durch den Abgleich anonymisierter Daten mit anderswo gespeicherten Individualdaten lassen sich oft die eigentlich anonymen Quellen der Daten wieder identifizieren. Ebenso wie andere technische Systeme sind auch Datenbanken nicht isoliert von ihren Anwendungen zu sehen, und obwohl wir uns in diesem Abschnitt eher mit den Problemen bei der Entwicklung eines solchen Systems beschäftigen wollen, sollte dieser Zusammenhang nicht in Vergessenheit geraten.

Verallgemeinern wir also die aus dem Beispiel des betrieblichen Datenbanksystems gewonnenen Anforderungen. Wir erhalten dann die folgenden Aufgaben:

- *Verringerung der Redundanz.*
  Datenbanken reduzieren die Anzahl der Kopien derselben Daten.

- *Gewährleistung der Integrität der Daten.*
  Datenänderungen werden kontrolliert und auf Zulässigkeit geprüft. Die Vollständigkeit und Korrektheit des Datenbestandes wird so weit wie möglich garantiert.

- *Flexibilität in der Auswertung.*
  Die gespeicherten Daten können nach unterschiedlichen Kriterien ausgewertet, verknüpft und zu neuen Informationen zusammengefaßt werden.

- *Verringerung des Aufwands zur Dateipflege.*
  Da die Dateiorganisationsaufgaben vom Datenbanksystem übernommen werden, können Programme um diesen Aufwand verringert werden. Sie werden so einfacher und übersichtlicher, damit billiger und fehlerfreier.

- *Trennung der logischen Konzepte von der physischen Dateistruktur.*
  Da die logischen Dateien nicht mit den tatsächlichen übereinstimmen müssen, können Änderungen in der logischen Beschreibung eines Problems und in den entsprechenden Programmen leicht durchgeführt werden, ohne gleichzeitig alle Dateistrukturen zu ändern. Der Anpassungsaufwand an andere Gegebenheiten wird also verringert.

- *Koordination der Benutzerzugriffe.*

- *Schutz der Daten vor unberechtigtem Zugriff.*

5.1.3 Der Aufbau von Datenbanksystemen

Zur Erfüllung all dieser Aufgaben ist ein umfangreiches Programmpaket notwendig, das zwischen den Benutzern und den eigentlichen Datenbeständen vermittelt. Wir wollen dieses Paket als *Datenbankverwaltungssystem DVS* bezeichnen. Es identifiziert die Benutzer, bei denen es sich um Programme oder Menschen handeln kann, und nimmt Aufträge von ihnen entgegen, die entweder in einer *Datenmanipulationssprache DMS* oder in einer *Abfragesprache* (*Query-Language*) formuliert sind. Die Aufträge werden in interne Folgen von Dateibearbeitungsanweisungen umgesetzt und auf den Datenbestand in den eigentlichen Dateien der *Datenbank* angewandt.

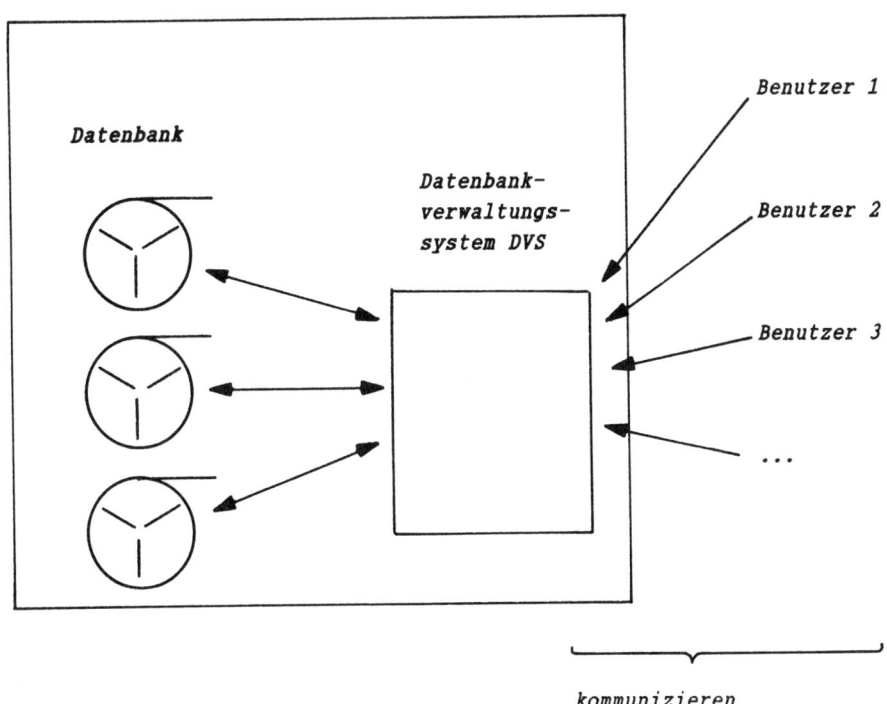

5.1.4 Datenmodelle

Die Beschreibung von realen Systemen in einer Datenbank setzt die Schaffung eines Datenmodells des Systems voraus (siehe auch Seite 11). Dazu ist eine Sprache notwendig, in der dieses Modell beschrieben werden kann. Unterschiedliche Sprachen führen dann auch zu unterschiedlich organisierten Datenbanksystemen.

Beschreiben wir die "Welt" als eine Menge von Objekten, zwischen denen beliebige Beziehungen bestehen, dann erhalten wir ein Netzwerk, in dem die Objekten durch unterschiedliche Beziehungen miteinander verknüpft sind. Das Beziehungsgeflecht der Objekte, die mit einer Schule in Beziehung stehen, kann ansatzweise wie folgt beschrieben werden:

Objekt	*Beziehung*	*Objekt*
Schule	*ist Arbeitsplatz von*	*Lehrer*
Schüler	*wird unterrichtet von*	*Lehrer*
Lehrer	*ist Kollege von*	*Lehrer*
Schüler	*ist Klassenkamerad von*	*Schüler*
andere Person	*ist Vater von*	*Schüler*
andere Person	*ist Nachbar von*	*Lehrer*
...	...	...

Jedes Objekt selbst wird durch eine Reihe von Attributwerten beschrieben. Wählen wir als Attribute des Objekts "*Schüler*" die Größen NAME, ALTER, WOHNORT, KLASSE, ZENSUR-1, ZENSUR-2, ..., dann wird ein bestimmter Schüler zu einem bestimmten Zeitpunkt beschrieben, indem jedem dieser Attribute einer seiner möglichen Werte zugeordnet wird. Diese Werte können unveränderlich (*NAME*) oder veränderlich (*ALTER*) sein.

Kennt eine *Datenbeschreibungssprache* Objekte (*Entities*) und beliebige Beziehungen, dann können solche Netzwerke mit ihr beschrieben werden. Sie führt zu *Netzwerk-Datenbanken*.

Läßt man zur Beschreibung eines Systems nur hierarchische Beziehungen neben den Objekten zu, dann kommt man zu einer *hierarchischen Datenbank*.

Bei beiden Formen ist die Verknüpfung der Daten weitgehend durch die Beziehungen vorgegeben und wird durch fest installierte (und dementsprechend schwer zu ändernde) Zugriffspfade auf die Daten nachgebildet.

Das uns im weiteren interessierende Datenmodell kennt nur Objekte. Die existierenden Beziehungen müssen dann ebenfalls als "Objekt" aufgefaßt werden. Dazu bildet man neue Objekte, hier *Relationen* genannt, in denen die in Beziehung stehenden Größen tabellarisch aufgelistet werden. Insgesamt besteht solch ein Datenmodell aus einer Reihe von Tabellen (oder Relationen), die sehr einfach ausgewertet und verknüpft werden können. Wir erhalten eine *relationale Datenbank*.

5.1.5 Verbindungen zur Datenbank

Die einfache Beschreibungsmöglichkeit von Systemen in Tabellenform ohne weitere besondere Zugriffspfade zwischen deren Daten hat dazu geführt, daß Datenbanksysteme auch auf Kleinrechnern eingesetzt werden können, wo sie von Anwendern benutzt werden, denen kein besonderer Datenbankverwalter zur Verfügung steht. Das Einrichten der Datenbank selbst wird dann ebenfalls von diesen Anwendern geleistet, so daß ohne große Kosten Datenbanken für kleine und mittlere Anwendungen erstellt werden können, die sich dann im Arbeitsplatzrechner befinden. Eine besondere Verbindung zur Datenbank wird nicht benötigt. Die Einführung neuer Speichermedien großer Kapazität wie etwa der Bildplatte wird dazu führen, daß ein einmal beschafftes Datenbankverwaltungssystem mit immer wieder aktualisierten Datenbanken arbeiten kann, so daß auch bei großem Speicherbedarf die Datenbank vor Ort zur Verfügung steht.

Nur wirklich große Datenbanken, etwa zur Information über wichtige Gerichtsentscheidungen, medizinische Fachliteratur, Börseninformationen oder Patente, die immer aktuell sein müssen, bedürfen auch dann noch eines Großrechners (*HOST*), mit dem sich die Benutzer über Datennetze wie das *DATEX-P-Netz* der Post oder nur über das Telefonnetz, an das ein Rechner mit Hilfe eines Akustikkopplers angeschlossen werden kann, und eine *MAILBOX* in Verbindung setzen. Eine Mailbox ist dabei wieder ein Rechner mit Akustikkoppler und in diesem Fall einem Programm, das Benutzern bei Recherchen in den verschiedenen Datenbanken behilflich ist.

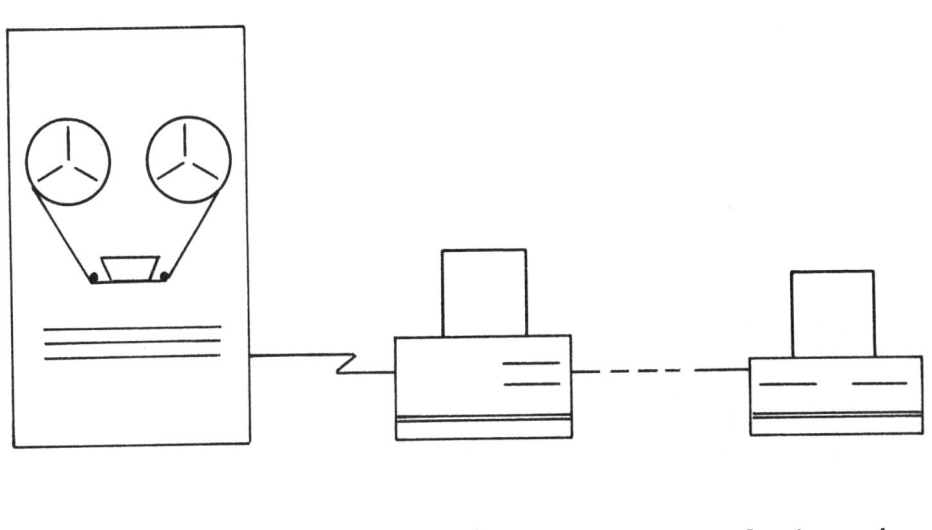

HOST-Rechner mit einer oder ver- verschiedenen Datenbanken	*Mailbox*	*Benutzerrechner*
	Datennetz	*Telefonnetz*

5.2 Das relationale Datenmodell

5.2.1 Relationen

In relationalen Datenbanken werden alle Informationen in Form von Tabellen (Relationen) niedergelegt. Die Spaltenbezeichnungen nennen wir Attribute, die in der Tabelle unter diesem Attribut aufgeführten Werte heißen Attributwerte. In einer Zeile der Tabelle, die *Tupel* genannt wird, steht dann von jedem Attribut jeweils ein Wert. Insgesamt kann solch eine Tabellenzeile mit einem Datensatz gleichgesetzt werden. An eine Tabelle werden zwei Anforderungen gestellt:

1. Jede Zeile der Tabelle tritt nur einmal auf. Zwei Zeilen unterscheiden sich also in mindestens einem Attributwert.

2. Alle Attributwerte sind nicht weiter zerlegbar, also *atomar*. In der Tabelle treten keine Werte wie etwa Adressen auf, die selbst wieder aus Postleitzahl, Ort, Strasse, Hausnummer usw. bestehen. Werden solche Daten benötigt, dann müssen sie entweder in Einzelattribute zerlegt werden oder in einer gesonderten Tabelle gespeichert werden, auf die mit Hilfe eines Schlüsselfeldes verwiesen wird.

Wir wählen als Beipiel die Bundesligatabelle vom 1.5.88 (Tor- und Punkteverhältnis fassen wir dabei als atomar etwa im Sinne von Bruchzahlen auf):

Attribute

Platz	Verein	Torverhältnis	Punkteverhältnis
1	Werder Bremen	55:15	48:12
2	1.FC Köln	49:24	42:18
3	Bayern München	72:41	41:19
4	VfB Stuttgart	64:42	38:22
5	1.FC Nürnberg	40:30	35:25
.	...	...	...

Attributwerte

Jedes Attribut A kann Werte aus einer bestimmten Wertemenge W annehmen. Bildet man alle Kombinationen aller möglichen Attributwerte, dann erhält man deren *kartesisches Produkt*. In einer Relation (oder Tabelle) treten natürlich nicht alle möglichen Kombinationen auf, sondern nur eine Teilmenge des kartesischen Produkts, und damit haben wir die Definition einer Relation gefunden.

$$R \subseteq W_1 \times W_2 \times W_3 \times ... \times W_n$$

Da wir Relationen als Mengen definiert haben, können wir die bekannten Mengenoperationen zur Verknüpfung und Bearbeitung der Daten benutzen. Wir werden davon noch reichlich Gebrauch machen.

5.2.2 Funktionale Abhängigkeiten und Normalformen

Die Forderung, daß jede Tabellenzeile einer Relation eindeutig sein muß, bedeutet, daß jede Zeile eindeutig identifizierbar ist, im schlimmsten Fall unter Angabe aller Attributwerte. Normalerweise reichen jedoch weniger, oft ein Wert, zur Identifizierung aus. Folglich sind bei Kenntnis dieser *Schlüsselwerte* die Werte der restlichen Attribute eindeutig festgelegt. Allgemein redet man von einer *funktionalen Abhängigkeit* zwischen zwei Attributmengen A und B derselben Relation, wenn alle Tupel, die die gleiche Kombination von Attributwerten aus A enthalten, auch die gleichen Attributwerte zu B besitzen. Ein Attribut B ist von der Attributmenge A *funktional voll abhängig*, wenn es keine Teilmenge von Attributen aus A gibt, von denen alleine B funktional abhängig ist. Solche Attributmengen sind als *Schlüsselkandidaten* einer Relation geeignet. Die funktionale Abhängigkeit zwischen den Attributen einer Relation wird zur Klassifizierung von Relationen benutzt. Dazu werden Normalformen eingeführt, die verhindern können, daß gewisse Anomalien bei der Bearbeitung von Relationen auftreten. Wir wollen diese Normalisierung anhand eines Beispiels erläutern:

Beschrieben werden soll ein Schachturnier zwischen vier Spielern, bei dem jeder gegen jeden antreten muß. Ein erster, sehr naiver Ansatz zur Beschreibung der benötigten Daten führt zur folgenden Tabelle (Die Schlüsselfelder sind fett gesetzt):

Relation SCHACHTURNIER:

Spiel Nr.	Datum	Leiter: Name	Verein	Vereinsort	**Spieler1:** Name	Verein	Vereinsort	Punkte
1	7.5.88	Meier	1.SC Matt	Göttingen	Anders	weiße Dame	Bonn	2
2	7.5.88	Müller	Glückauf	Bottrop	Cray	1.SC Matt	Göttingen	1
3	8.5.88	Meier	1.SC Matt	Göttingen	Anders	weiße Dame	Bonn	2
4	8.5.88	Müller	Glückauf	Bottrop	Bertram	Bauernclub	Meensen	0
5	15.5.88	Meier	1.SC Matt	Göttingen	Anders	weiße Dame	Bonn	1
6	15.5.88	Pauls	Bauernclub	Meensen	Bertram	Bauernclub	Meensen	2

...	**Spieler2:** Name	Verein	Vereinsort	Punkte
	Bertram	Bauernclub	Meensen	0
	Döring	1.SC Matt	Göttingen	1
	Cray	1.SC Matt	Göttingen	0
	Döring	1.SC Matt	Göttingen	2
	Döring	1.SC Matt	Göttingen	1
	Cray	1.SC Matt	Göttingen	0

Die Tabelle enthält zwar alle benötigten Informationen, ist aber sehr redundant, da die meisten Daten mehrfach aufgeführt werden. Außerdem können *Anomalien* beim Löschen auftreten, wenn etwa beim Ausfall des letzten Spiels und der Löschung der entsprechenden Daten die Daten des Spielleiters Pauls gleich mit gelöscht werden und so für immer verloren sind, da dieser sonst nicht aufgelistet wird.

Außerdem sind die Attribute nicht atomar, da die Daten der Spielleiter und der Spieler selbst wieder Tabellen darstellen. Insgesamt stellt die Datenspeicherung in einer einzigen Relation meist eine schlechte Lösung dar, da die Daten in dieser Form auch meist nur für einen einzigen Zweck ausgewertet werden können und so für weiter Auswertungen unbrauchbar sind. In unserem Fall werden Spieler und Spielleiter sicher noch auf anderen Turnieren auftreten, so daß eine Anlage von Spieler- und Leiterrelationen sinnvoll erscheint. Wir erhalten die

<u>1. Normalform von Relationen nach Codd:</u>
Eine Relation befindet sich in der 1. Normalform, wenn alle ihre Attribute atomar, also nicht weiter in Teilrelationen aufspaltbar sind.

Um dieses zu erreichen, spalten wir die Relation in drei Teilrelationen auf, wobei das Schlüsselfeld *SpielNr.* in die neuen Relationen übernommen wird.

<u>Relation TURNIER:</u>

<u>SpielNr</u>	Datum	Leiter
1	7.5.88	Meier
2	7.5.88	Müller
3	8.5.88	Meier
4	8.5.88	Müller
5	15.5.88	Meier
6	15.5.88	Pauls

<u>Relation TEILNEHMER:</u>

<u>Name</u>	<u>SpielNr</u>	Verein	Vereinsort	Punkte
Anders	1	weiße Dame	Bonn	2
Bertram	1	Bauernclub	Meensen	0
Cray	2	1.SC Matt	Göttingen	1
Döring	2	1.SC Matt	Göttingen	1
Anders	3	weiße Dame	Bonn	2
Cray	3	1.SC Matt	Göttingen	0
Bertram	4	Bauernclub	Meensen	0
Döring	4	1.SC Matt	Göttingen	2
Anders	5	weiße Dame	Bonn	1
Döring	5	1.SC Matt	Göttingen	1
Bertram	6	Bauernclub	Meensen	2
Cray	6	1.SC Matt	Göttingen	0

<u>Relation SPIELLEITER:</u>

<u>Leiter</u>	Verein	Vereinsort
Meier	1.SC Matt	Göttingen
Müller	Glückauf	Bottrop
Pauls	Bauernclub	Meensen

Die gefundenen Relationen enthalten nur atomare Attributwerte. Diese hängen aber in der Relation *TEILNEHMER* teilweise gar nicht vom Gesamtschlüssel *Name-SpielNr*, sondern nur vom einen Teilschlüssel *Name* ab. Spalten wir diese Relation weiter auf, so bringen wir sie in die

<u>2. Normalform von Relationen nach Codd:</u>
Eine Relation befindet sich in der 2. Normalform, wenn sie sich in der 1. Normalform befindet und zusätzlich alle ihre Attribute, die nicht zum Schlüssel gehören, voll funktional vom Primärschlüssel abhängen.

Offensichtlich sind die Relationen *TURNIER* und *SPIELLEITER* schon in der 2. Normalform. *TEILNEHMER* muß aber noch gespalten werden in die Relationen:

Relation SPIELERGEBNISSE: *Relation SPIELER:*

Name	**SpielNr**	**Punkte**
Anders	1	2
Bertram	1	0
Cray	2	1
Döring	2	1
Anders	3	2
Cray	3	0
Bertram	4	0
Döring	4	2
Anders	5	1
Döring	5	1
Bertram	6	2
Cray	6	0

Name	**Verein**	**Vereinsort**
Anders	weiße Dame	Bonn
Bertram	Bauernclub	Meensen
Cray	1.SC Matt	Göttingen
Döring	1.SC Matt	Göttingen

Auffällig ist, daß immer noch Daten mehrfach auftreten, so daß etwa Änderungen einer Größe an mehreren Stellen auszuführen sind, wobei leicht eine vergessen werden kann. Es können also immer noch *Änderungsanomalien* auftreten. Der Grund dafür ist, daß z.B. das Attribut "Vereinsort" funktional voll von dem Attribut "Verein" abhängig ist (obwohl "Verein" kein Schlüsselattribut ist), und "Verein" natürlich wieder vom Schlüssel "Name". Solche Abhängigkeiten "über mehrere Stationen" nennt man *transitiv*. Relationen in der 2. Normalform, bei denen solche transitiven Abhängigkeiten nicht auftreten, befinden sich in der *3. Normalform*. (Auf eine genaue Definition wollen wir hier verzichten, da wir dann genauer auf die Transitivität eingehen müßten). Wir wollen aber unsere Relationen *SPIELLEITER* und *SPIELER* noch in die 3. Normalform bringen, indem wir eine neue Relation *VEREINE* einführen, die die redundanten Daten aufnimmt. Insgesamt erhalten wir dann einen Satz von Relationen in der 3. Normalform, die das Ausgangsproblem "Schachturnier" ohne Informationsverlust beschreiben. Etwas lax formuliert können wir sagen, daß in der 3. Normalform jede Relation nur noch Informationen enthält, die zu einem einzigen Begriff, Objekt oder Ereignis gehören.

Relation TURNIER: *Relation VEREINE:*   *Relation SPIELLEITER:*

SpielNr	**Datum**	**Leiter**
1	7.5.88	Meier
2	7.5.88	Müller
3	8.5.88	Meier
4	8.5.88	Müller
5	15.5.88	Meier
6	15.5.88	Pauls

Verein	**Vereinsort**
1.SC Matt	Göttingen
Glückauf	Bottrop
Bauernclub	Meensen
weiße Dame	Bonn

Leiter	**Verein**
Meier	1.SC Matt
Müller	Glückauf
Pauls	Bauernclub

Relation SPIELERGEBNISSE: Relation SPIELER:

Name	SpielNr	Punkte
Anders	1	2
Bertram	1	0
Cray	2	1
Döring	2	1
Anders	3	2
Cray	3	0
Bertram	4	0
Döring	4	2
Anders	5	1
Döring	5	1
Bertram	6	2
Cray	6	0

Name	Verein
Anders	weiße Dame
Bertram	Bauernclub
Cray	1.SC Matt
Döring	1.SC Matt

Die fünf Relationen zusammen enthalten alle für notwendig befundenen Informationen über das Schachturnier. Sie sind über ihre Schlüsselfelder miteinander verknüpft und bilden zusammen die relationale Datenbank, mit der ein Datenbankverwaltungssystem über das Turnier Auskunft erteilen kann, wenn es in einer geeigneten Art befragt wird. Wir werden uns also damit beschäftigen müssen, wie ein Benutzer die von ihm gewünschten Informationen spezifizieren kann.

5.2.3 Relationenalgebra

Ein System, das aus einer nichtleeren Menge und den zugehörigen Operationen besteht, wird eine *Algebra* genannt. Da unsere Relationen aus Mengen von Tupeln gebildet werden, können wir auf sie alle Mengenoperationen anwenden. Zusammen mit einigen weiteren Operationen bilden Sie dann die *Relationenalgebra*:

1. Die Mengenoperationen *Vereinigung* (∪), *Durchschnitt* (∩) und *Differenz* (\) können nur auf Relationen angewandt werden, die miteinander "verträglich" sind. Wir wollen davon ausgehen, daß sie über dieselben Attribute in der gleichen Reihenfolge verfügen, also gleich definiert sind. Mit diesen Operationen können Tupel in Relationen eingefügt oder gelöscht werden.

2. Die *Projektion* (PROJECT) dient dazu, überflüssige Attribute aus einer Relation zu entfernen. Anschaulich werden in der entsprechenden Tabelle die überflüssigen Spalten gestrichen, so daß nur noch die interessierenden herausprojeziert werden. Die dabei möglicherweise doppelt entstandenen Teiltupel müssen gestrichen werden.

3. Die *Selektion* (SELECT) dient dazu, aus einer Relation diejenigen Tupel auszuwählen, die einer bestimmten Eigenschaft genügen.

4. Der *Verbund (JOIN)* dient dazu, zwei Relationen, die über ein gemeinsames Attribut verfügen, zu verschmelzen. Dazu werden immer dann, wenn zwei Tupel in diesem Attributwert übereinstimmen, die entsprechenden Attributwerte zu einem Tupel der Verbundrelation aneinandergefügt. Damit kein Unsinn bei dieser Operation herauskommt, sollten als Vergleichsattribute nur Primärschlüssel verwandt werden.

Wir wollen das Arbeiten mit diesen Operationen an einem Beispiel erläutern, bei dem wir die Relationen aus der "Schachturnier-Datenbank" zugrundelegen. Zur Ablage der Zwischenergebnisse wollen wir einen *Arbeitsbereich (workspace)* W benutzen.

Beispiel: Gesucht sind Name und Verein und Vereinsort aller Spieler, die mindestens ein Spiel gewonnen haben.

1. Schritt: W ← JOIN(SPIELERGEBNISSE,SPIELER,'Name')   ergibt die Relation W:

Name	SpielNr	Punkte	Verein
Anders	1	2	weiße Dame
Bertram	1	0	Bauernclub
Cray	2	1	1.SC Matt
Döring	2	1	1.SC Matt
Anders	3	2	weiße Dame
Cray	3	0	1.SC Matt
Bertram	4	0	Bauernclub
Döring	4	2	1.SC Matt
Anders	5	1	weiße Dame
Döring	5	1	1.SC Matt
Bertram	6	2	Bauernclub
Cray	6	0	1.SC Matt

2. Schritt: W ← JOIN(W,VEREINE,'Verein')   ergibt die Relation W:

Name	SpielNr	Punkte	Verein	Vereinsort
Anders	1	2	weiße Dame	Bonn
Bertram	1	0	Bauernclub	Meensen
Cray	2	1	1.SC Matt	Göttingen
Döring	2	1	1.SC Matt	Göttingen
Anders	3	2	weiße Dame	Bonn
Cray	3	0	1.SC Matt	Göttingen
Bertram	4	0	Bauernclub	Meensen
Döring	4	2	1.SC Matt	Göttingen
Anders	5	1	weiße Dame	Bonn
Döring	5	1	1.SC Matt	Göttingen
Bertram	6	2	Bauernclub	Meensen
Cray	6	0	1.SC Matt	Göttingen

3. Schritt: W ← SELECT(W,Punkte = 2)   ergibt die Relation W:

Name	SpielNr	Punkte	Verein	Vereinsort
Anders	1	2	weiße Dame	Bonn
Anders	3	2	weiße Dame	Bonn
Döring	4	2	1.SC Matt	Göttingen
Bertram	6	2	Bauernclub	Meensen

4. Schritt: W ← PROJECT(W,Name,Verein,Vereinsort)   ergibt die Relation W:

Name	Verein	Vereinsort
Anders	weiße Dame	Bonn
Döring	1.SC Matt	Göttingen
Bertram	Bauernclub	Meensen

5.2.4 Relationale Abfragesprachen

Mit Hilfe der *booleschen Operatoren* (UND, ODER, NICHT), den *Vergleichsoperatoren* (=,#,<,>,<=,>=) und den *Quantoren* (ES GIBT EIN, FÜR ALLE) lassen sich die Eigenschaften einer gesuchten Relation, die aus den Relationen einer Datenbank erstellt werden soll, direkt beschreiben. Sprachen, die diese Beschreibungsmittel enthalten, benutzen das *Relationenkalkül*, um mit Hilfe der Operationen der Relationenalgebra das gewünschte Ergebnis zu liefern. Da ein Benutzer mathematisch vorgebildet sein muß, um so formulieren zu können, besitzen entsprechende Sprachen keine weite Verbreitung. Wir wollen hier nicht weiter auf sie eingehen.

Verbreiteter sind abbildungsorientierte Sprachen wie *SQL (structured query language)*, bei denen Anfragen etwas "natürlicher" formuliert werden können. Anfragen haben dabei die folgende typische Form:

    SELECT   attribute
    FROM   relationsnamen
    WHERE   spezifikationen

Die Spezifikationen können dabei selbst wieder mit einer Anfrage dieser Form bestimmt werden, so daß insgesamt eine Schachtelung solcher Anfragen entsteht. Jede Anfrage liefert ein Ergebnis, das von der nächst höheren Spezifikation ausgewertet werden kann. Wir wollen das Beispiel aus 5.2.3 in SQL formulieren:

    SELECT   name,verein,vereinsort
    FROM   spielergebnisse,spieler,vereine
    WHERE   punkte = 2

Etwas komplizierter sind Fälle, in denen die Selektionskriterien nicht explizit angegeben werden können, sondern erst während der Anfrage bestimmt werden. Wir wollen die folgende Anfrage stellen:

"Gesucht sind alle Spielernamen, die demselben Verein angehören, wie der Gewinner des ersten Spiels."

```
SELECT  name
FROM    spieler
WHERE   verein =
        SELECT  verein
        FROM    spielergebnisse,spieler,vereine
        WHERE   (spielnr = 1) AND (punkte = 2)
```


5.2.5 Aufgaben

1.a. Stellen Sie die für die Beispiele von Seite 22 benötigten Daten in Tabellenform zusammen (*Rechtsanwalt, Spedition, Bezirksregierung, Lehrer, Kreiswehrersatzamt*). Normalisieren Sie jeweils die entstandene Relation, indem Sie mehrere Relationen in der 3. Normalform erzeugen.

b. Stellen Sie für verschiedene Anfragen an das System die erforderlichen relationenalgebraischen Operationen zusammen.

c. Formulieren Sie dieselben Anfragen in der Sprache SQL.

2.a. Stellen Sie eine Datenbank aus normalisierten Relationen zur Beschreibung der *Fußball-Bundesliga* zusammen.

b. Formulieren Sie die folgenden Anfragen
   - über relationenalgebraische Operationen   - in der Sprache SQL

"Gegen welche Vereine hat WERDER-BREMEN gewonnen (verloren, unentschieden gespielt) ?"

"Welche Vereine haben mehr als 30 Punkte ?"

"Welche Vereine sind in Abstiegsgefahr ?"

"Welche Vereine haben mehr Tore geschossen als BAYERN-MÜNCHEN ?"

3. Normalisieren Sie die folgende Relation EINWOHNERMEDEREGISTER:
   (angegeben sind nur die Attribute)

Mieter: Wohnung:
Name Vorname Geburtsdatum Geburtsort Familienstand PLZ Ort Strasse ..

            Eigner:
...Hausnummer Name   Vorname   PLZ ORT Strasse Hausnummer

5.3 Das Einrichten von Datenbanken

Wir wollen in den folgenden Abschnitten auf ein relationales Datenbanksystem eingehen, das nicht von vornherein auf einen bestimmten Inhalt und damit auf eine bestimmte Struktur der Datensätze festgelegt ist. Die Datenbank dieses Datenbanksystems unterscheidet sich damit in einem Punkt grundsätzlich von den bisher behandelten PASCAL-Dateien: die Art der gespeicherten Daten ist vor dem Start des Datenbanksystemprogramms nicht bekannt, da der Benutzer erst bei der Arbeit mit dem System festlegt, welche Art von Daten er speichern möchte. Es ist also nicht möglich, in einem solchen System die bekannten Dateitypen *FILE OF anytype* zu benutzen. Dem Schreiber eines solchen Datenbankprogramms bleibt demnach nichts anderes übrig, als die Verwaltung der Dateien selbst zu übernehmen.

5.3.1 Die Organisation typfreier Dateien

Wie schon mehrfach erwähnt, werden alle Daten im Rechner und auf den externen Datenspeichern als Bitmuster abgelegt. Für die weitere Verarbeitung ist deshalb die Kenntnis des gespeicherten Datentyps unerläßlich, da erst damit das gefundene Bitmuster richtig interpretiert werden kann. Umgekehrt ist es aber auch kein Problem, Dateien ohne einen spezifizierten Typ anzulegen, da in jedem Fall eine Bitfolge auf das Speichermedium geschrieben werden muß. Der Benutzer einer solchen Datei hat dann selbst dafür zu sorgen, daß die Bitfolgen wieder in die üblichen Datentypen verwandelt werden. Wir wollen diesen Vorgang an einem Beipiel erläutern:

Gespeichert werden sollen Datensätze, die Kursbezeichnungen und Teilnehmerzahlen von Kursen der Sekundarstufe II einer Schule enthalten. Eine entsprechende Typvereinbarung wäre:

```
TYPE tdatei = FILE OF RECORD bezeichnung: STRING[3];
                             teilnehmer : INTEGER
                      END;
```

Der PASCAL-COMPILER entnimmt diesen Angaben, daß ein Datensatz der Datei 6 Bytes umfaßt, von denen die ersten 4 zu einem STRING gehören (das erste davon gibt die Länge des STRINGs an), die letzten beiden zu einer ganzen Zahl. Beim Lesen einer solchen Datei werden also immer Sätze von 6 Bytes gelesen und als Größen des entsprechenden Typs interpretiert. Steht also auf der Datei der Satz

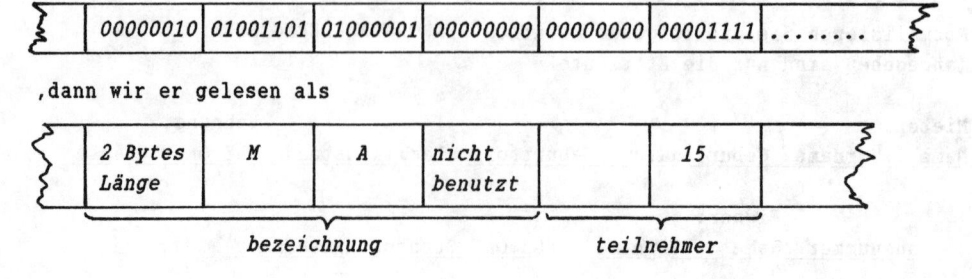

| 00000010 | 01001101 | 01000001 | 00000000 | 00000000 | 00001111 | .... |

,dann wir er gelesen als

2 Bytes Länge	M	A	nicht benutzt	15
	bezeichnung			*teilnehmer*

Verwalten wir unsere Dateien selbst, dann müssen wir dasselbe leisten. Dazu gehört:

1. Aus der Satznummer eines Datensatzes muß seine Lage innerhalb der Datei bestimmt werden.

2. Der Typ der gespeicherten Daten muß irgendwo ebenso wie die Daten selbst gespeichert werde. Da geschieht am besten ebenfalls in einer Datei mit dem gleichen Namen, aber anderem *Suffix* (Zusatz) wie die Datendatei. Heißt eine Relation TEST, dann wollen wir die Daten in der Datei TEST.DTA, den Typ und weitere Informationen in der Datei TEST.DEF ablegen.

3. Die Daten müssen in eine in einer typfreien Datei ablegbare Form gebracht werden, und umgekehrt. Da nicht alle PASCAL-Systeme über einen Typ BYTE verfügen, wollen wir als Grundtyp solcher Dateien den Typ CHAR wählen.

Die Vereinbarung solcher typfreien Dateien geschieht in TURBO-PASCAL durch den Datentyp *FILE* (ohne Zusatz). Zum Zugriff auf die Datei stehen die beiden Prozeduren *BLOCKREAD* und *BLOCKWRITE* zur Verfügung, die von einer geöffneten Datei namens *datei* in eine oder von einer beliebigen Variable *variable,* die einen Speicherraum von n*128-Bytes belegt, *n* Blöcke von je 128-Bytes lesen oder schreiben. Wir geben ein Beispiel:

```
PROGRAM beispiel;
  VAR datei : FILE;
      puffer: ARRAY[1..256] OF CHAR;
  BEGIN
  ASSIGN(datei,'test'); REWRITE(datei);
  .......
  BLOCKWRITE(datei,puffer,2);
  .......
  RESET(datei);
  .......
  BLOCKREAD(datei,puffer,2)
  .......
  END.
```

5.3.2 Die Definition von Datensätzen über Verbunde mit Varianten

Wir wollen für unsere Dateien zwei unterschiedliche Datentypen zulassen: Texte (STRINGs) von einer maximalen Länge, die durch die Konstante *stringlaenge* festgelegt ist, und ganze Zahlen. (Die Zahl der Datentypen kann leicht erweitert werden.) Ein Datensatz umfaßt dann eine beliebige Zahl von Komponenten eines dieser Typen, die durch die Konstante *maxkomponenten* begrenzt wird. Zur Definition einer Komponenten des Datensatzes, (oder, wenn wir von Relationen reden, eines Attributs), gehören dann der Name, der Typ und die Länge der Komponenten. Zusätzlich wollen wir eine Zahl zwischen 0 und 3 speichern, die die Zugriffsrechtsebene definiert, von der ab auf die Komponente zugegriffen werden darf. Da nicht alle der möglichen Komponenten tatsächlich in jeder Datei (oder Relation) benötigt werden, gibt die Variable *gueltige_komponenten* die Zahl der wirklich definierten Komponenten an. Die Länge des so definierten Datensatzes wird als *bytes_pro_satz* gespeichert. Insgesamt bilden diese Größen eine Satzdefinition der bearbeiteten Datei. Sie werden in einer Datei vom Typ *FILE OF tsatzdefinition* unter dem Namen *dateiname.DEF* gespeichert.

```
TYPE    tstring          = STRING[stringlaenge];
        tdatendefinition = RECORD name_der_komponenten  : tstring;
                                  typ_der_komponenten   : CHAR;
                                  laenge_der_komponenten: INTEGER;
                                  zugriffsrecht         : INTEGER
                           END;

        tsatzdefinition  = RECORD gueltige_komponenten: INTEGER;
                                  bytes_pro_satz      : INTEGER;
                                  datendefinition     : ARRAY[1..maxkomponenten]
                                                        OF tdatendefinition
                           END;
```

Ein Datensatz besteht dann aus einem Feld von Datensätzen, deren Bitmuster auf der Grundlage der Satzdefinition zu interpretieren ist. Dafür stellt PASCAL den Datentyp *VERBUND MIT VARIANTEN* zur Verfügung, der genau dieses gestattet. Wir vereinbaren dazu eine RECORD-Variable, und geben bei dieser Vereinbarung an, wie ihr Inhalt jeweils interpretiert werden soll: Für jede Interpretationsmöglichkeit oder Variante wird ein Name und ein zugehöriger Typ vergeben. Wird dann die Variable mit einem dieser Komponentennamen aufgerufen, dann wird der Inhalt der Variablen entsprechend dem angegebenen Typ interpretiert. Zur Aufzählung der verschiedenen Varianten wird eine "Zählgröße" eines aufzählbaren Typs benötigt. Der benutzte Typ muß bei der Variantenvereinbarung angegeben werden.

Wird eine Variable vom Typ

```
        tinhalt          = RECORD CASE CHAR OF
                                  'A': (zahl : INTEGER);
                                  'B': (text : tstring);
                                  'C': (bytes: ARRAY[0..stringlaenge] OF CHAR)
                           END;
```

als

```
        VAR inhalt: tinhalt;
```

vereinbart, dann ist diese Vereinbarung wie folgt zu verstehen:

"Für die Variable *inhalt* wird soviel Speicherplatz reserviert, wie die größte Variante dieser Variablen einnehmen kann, also *(stringlaenge+1)*-Bytes. Wird die Variante *inhalt.zahl* angesprochen, dann wird diese als INTEGER interpretiert, wird *inhalt.text* angesprochen, dann handelt es sich um einen STRING, wird *inhalt.bytes* angesprochen, dann handelt es sich um ein Feld von Bytes. Eine Grösse vom Typ *CHAR* wird dazu benutzt, die einzelnen Varianten als Variante 'A', Variante 'B', Variante 'C' aufzuzählen."

Ein Datensatz besteht dann aus einem Feld solcher Verbunde:

>   tdatensatz   = ARRAY[1..maxkomponenten] OF tinhalt;

Eine Datei der Datenbank wird erzeugt, indem die Satzdefinition erfragt und gespeichert wird. Zusätzlich wird (der Einfachheit halber) eine Datendatei mit leeren Datensätzen angelegt, auf die später zugegriffen werden kann.

Dateidefinition:

i ← 1

WIEDERHOLE	erfrage den Namen der i-tenKomponenten
JA	ist der Name <> '' ? NEIN
	erfrage den Typ der i-ten Komponenten
	erfrage die Länge der i-ten Komponenten
	erfrage das Zugriffsrecht der i-ten Komponenten
	i ← i + 1
BIS (i > maxkomponenten) ODER (name = '')	
berechne die Bytes pro Satz	
berechne die Sätze pro Block	
erfrage die Maximalzahl der zu speichernden Sätze in der Datei	
berechne die erforderlichen Blöcke in der Datei	
speichere die Satzdefinition	
erzeuge eine leere Datendatei	

Eine entsprechende TURBO-PASCAL-Prozedur, die einige Hilfsprozeduren benutzt, die später mit aufgelistet werden, lautet:

```pascal
PROCEDURE dateidefinition;
    VAR name   : tstring;
        i      : INTEGER;
        c      : CHAR;
        wasdrin: BOOLEAN;
    BEGIN
    kopf; saetze_drin := 0;
    WRITELN('Definition des Datensatzes (Ende mit <RETURN> als Name) :');
    WRITELN;
    GOTOXY(1,7); WRITE('Feldname'); GOTOXY(21,7); WRITE('T(ext oder Z(ahl?');
    GOTOXY(41,7); WRITE('Stellenzahl');
    GOTOXY(55,7); WRITE('Zugriff ab Stufe (0..3)');
    strich(8); i := 1;
    REPEAT GOTOXY(1,8+i); READLN(name);
           IF name <> ''
              THEN WITH dateityp.datendefinition[i] DO
                       BEGIN
                       IF LENGTH(name) > stringlaenge
                          THEN name := COPY(name,1,stringlaenge);
                       name_der_komponenten := name;
                       GOTOXY(1,8+i); CLREOL; WRITE(name_der_komponenten);
                       REPEAT GOTOXY(26,8+i); READ(c)
                       UNTIL c IN ['t','T','z','Z'];
                       GOTOXY(26,8+i); CLREOL;
                       IF c IN ['z','Z']
                          THEN BEGIN
                               typ_der_komponenten := 'Z'; WRITE('Zahl')
                               END
                          ELSE BEGIN
                               typ_der_komponenten := 'T'; WRITE('Text')
                               END;
                       GOTOXY(45,8+i); READLN(laenge_der_komponenten);
                       IF laenge_der_komponenten > stringlaenge
                          THEN laenge_der_komponenten := stringlaenge;
                       GOTOXY(42,8+i); CLREOL; WRITE(laenge_der_komponenten:5);
                       REPEAT GOTOXY(60,8+i); READLN(c)
                       UNTIL c IN ['0'..'3'];
                       zugriffsrecht := ORD(c) - ORD('0');
                       i := i + 1
                       END
    UNTIL (i > maxkomponenten) OR (name = '');
    dateityp.gueltige_komponenten := i - 1;
    wasdrin := i - 1 > 0;
```

```
    WITH dateityp DO
        BEGIN
        bytes_pro_satz := 0;
        FOR i := 1 TO gueltige_komponenten DO
            WITH datendefinition[i] DO
                IF typ_der_komponenten = 'T'
                    THEN bytes_pro_satz :=
                                    bytes_pro_satz+laenge_der_komponenten + 1
                    ELSE bytes_pro_satz := bytes_pro_satz + 2;
        kopf;
        WRITELN('Der Datensatz umfaßt ',bytes_pro_satz,' Bytes.');
        IF wasdrin
            THEN BEGIN
                saetze_pro_block := bytes_pro_block DIV bytes_pro_satz;
                WRITELN('Das ergibt ',saetze_pro_block,' Sätze pro Block.');
                WRITELN;
                WRITELN('Wieviel Sätze werden maximal gespeichert ? ');
                WRITELN; WRITE('--> '); READLN(i);
                IF i < 1 THEN EXIT;
                dateilaenge := (i DIV saetze_pro_block);
                IF (i MOD saetze_pro_block) > 0
                    THEN dateilaenge := dateilaenge + 1;
                WRITELN; WRITE('Die Datei <',dateiname,'> wird mit ');
                WRITELN(dateilaenge,' Bloecken angelegt.'); WRITELN;
                REWRITE(defdatei); WRITE(defdatei,dateityp); CLOSE(defdatei);
                {$I-} ASSIGN(datei,CONCAT(dateiname,'.DTA'));
                REWRITE(datei); {$I+}
                IF IORESULT <> 0 THEN uebertragungsfehler;
                FILLCHAR(dateipuffer,bytes_pro_block,' ');
                FOR i := 0 TO dateilaenge-1 DO
                    BEGIN
                    {$I-} BLOCKWRITE(datei,dateipuffer,
                                    bytes_pro_block DIV 128); {$I+}
                    IF IORESULT <> 0 THEN uebertragungsfehler;
                    END;
                CLOSE(datei);
                datei_da := TRUE;
                END
            ELSE HALT
        END
END;
```

Bevor mit einer Datei gearbeitet werden kann, muß Sie entweder - wenn sie schon vorhanden ist - eröffnet, oder sie muß neu definiert werden. Das entsprechende TURBO-PASCAL-Programm stellt bei vorhandenen Dateien zusätzlich fest, wieviel Datensätze schon eingegeben worden sind.

```
PROCEDURE datei_holen;
  VAR datensatz: tdatensatz; satznummer: INTEGER; ende: BOOLEAN;
  BEGIN
  CLRSCR; strich(1);
  WRITELN('                              Willkommen bei'); WRITELN;
  WRITELN('                                 dataBASE');
  strich(5);
  REPEAT GOTOXY(1,10); CLREOL;
         WRITE('Mit welcher Datei möchten Sie arbeiten? --> ............');
         GOTOXY(45,10); READLN(dateiname)
  UNTIL LENGTH(dateiname) > 0;
  {$I-} ASSIGN(datei,CONCAT(dateiname,'.DTA')); RESET(datei); {$I+}
  datei_da := IORESULT = 0;
  {$I-} ASSIGN(defdatei,CONCAT(dateiname,'.DEF')); RESET(defdatei); {$I+}
  datei_da := datei_da AND (IORESULT = 0);
  IF datei_da
     THEN BEGIN
          GOTOXY(1,12); WRITE('...die Datei ist schon vorhanden.');
          READ(defdatei,dateityp);
          CLOSE(defdatei);
          saetze_pro_block := bytes_pro_block DIV dateityp.bytes_pro_satz;
          satznummer := 0;
          REPEAT lade_datensatz(satznummer, datensatz);
                 ende := datensatz[1].bytes[0] = ' ';
                 satznummer := satznummer + 1
          UNTIL EOF(datei) OR ende;
          saetze_drin := satznummer - 1;
          GOTOXY(1,14); WRITE('...sie enthält ',saetze_drin,' Datensätze.');
          CLOSE(datei); pause
          END
     ELSE dateidefinition
  END;
```

Der Zugriff auf Datensätze der Datei erfolgt über einen Pufferspeicher, der einen Block der Datei aufnimmt. Die Blockgröße ist dabei ein Vielfaches von 128 Bytes. Soll ein Datensatz gespeichert werden, dann wird der entsprechende Block geladen, die Bytes des Datensatzes werden an die entsprechende Stelle des Blocks kopiert und der Block wird zurückgeschrieben. Wir wollen vereinbaren, daß ein Block mehrere ganze Datensätze aufnimmt. Ein Datensatz kann sich dann nicht auf zwei Blöcke verteilen. Dafür nehmen wir in Kauf, daß in jedem Block ein Rest nicht genutzt wird. Enthält ein Block *saetze_pro_block* Datensätze und ein Satz *bytes_pro_satz* Bytes, dann lassen sich die Blocknummer, in der der Datensatz gespeichert werden soll, und sein *offset*, also die Anzahl der Bytes, die vor ihm im Block schon durch andere Datensätze belegt sind, aus der *satznummer* des Datensatzes berechnen:

```
blocknummer  <-- satznummer DIV saetze_pro_block;
offset       <-- (satznummer MOD saetze_pro_block) * dateityp.bytes_pro_satz;
```

Damit erhalten wir die TURBO-PASCAL-Prozedur

```
PROCEDURE speichere_datensatz(satznummer: INTEGER; datensatz: tdatensatz);
  VAR blocknummer, offset, pos, i, j: INTEGER; fehler: BOOLEAN;
  BEGIN
  blocknummer := satznummer DIV saetze_pro_block;
  offset      := (satznummer MOD saetze_pro_block) * dateityp.bytes_pro_satz;
  {$I-} SEEK(datei,blocknummer * (bytes_pro_block DIV 128)); {$I+}
  fehler := IORESULT <> 0;
  {$I-} BLOCKREAD(datei,dateipuffer,bytes_pro_block DIV 128); {$I+}
  IF fehler OR (IORESULT <> 0) THEN uebertragungsfehler;
  geladener_block := blocknummer; pos := offset+1;
  WITH dateityp DO
        FOR i := 1 TO gueltige_komponenten DO
              WITH datendefinition[i] DO
                    IF typ_der_komponenten = 'T'
                      THEN FOR j := 0 TO laenge_der_komponenten DO
                              BEGIN
                              dateipuffer[pos] := datensatz[i].bytes[j];
                              pos := SUCC(pos)
                              END
                      ELSE FOR j := 0 TO 1 DO
                              BEGIN
                              dateipuffer[pos] := datensatz[i].bytes[j];
                              pos := SUCC(pos)
                              END;
  {$I-} SEEK(datei,blocknummer * (bytes_pro_block DIV 128)); {$I+}
  fehler := IORESULT <> 0;
  {$I-} BLOCKWRITE(datei,dateipuffer,bytes_pro_block DIV 128); {$I+}
  IF IORESULT <> 0 THEN uebertragungsfehler;
  END;
```

Das Unterprogramm *lade_datensatz* arbeitet entsprechend.

Eingegebene Datensätze können angezeigt werden, indem in der Variablen *dateityp* nachgesehen wird, von welchem Typ die jeweilige Komponente ist. Danach kann die entsprechende Schreibanweisung mit der richtigen Varianten angegeben werden:

```
PROCEDURE zeige_datensatz(nr: INTEGER; datensatz: tdatensatz);
  VAR i: INTEGER;
  BEGIN  WRITELN('Datensatz Nr.',nr,': '); WRITELN;
        WITH dateityp DO
              FOR i := 1 TO gueltige_komponenten DO
                    WITH datensatz[i] DO WITH datendefinition[i] DO
                          BEGIN WRITE(name_der_komponenten:20,': ');
                            IF typ_der_komponenten = 'T'
                                THEN WRITELN(text) ELSE WRITELN(zahl);
                          END
  END;
```

5.3.3 Dateneingabe

Die Dateneingabe erfolgt, indem die Komponentennamen des gerade benutzten Dateityps ausgegeben und die entsprechenden Größen erfragt werden. Enthält ein Datensatz schon Daten, (ist also sein erstes Byte nicht leer), dann wird gefragt, ob die alten Daten überschrieben werden sollen.

```
PROCEDURE dateneingabe(ab_satznummer: INTEGER);
  VAR datensatz: tdatensatz; antwort: CHAR; satznr: INTEGER;
  PROCEDURE erfrage(VAR datensatz: tdatensatz; satznummer: INTEGER);
    VAR i: INTEGER;
    BEGIN
    kopf; WRITELN('Dateneingabe für Satz Nr.',satznummer,': '); WRITELN;
    WITH dateityp DO
        FOR i := 1 TO gueltige_komponenten DO
            WITH datendefinition[i] DO WITH datensatz[i] DO
                BEGIN
                WRITE(name_der_komponenten:20,': ');
                IF typ_der_komponenten = 'T'
                    THEN BEGIN
                        READLN(text);
                        IF LENGTH(text) > laenge_der_komponenten
                            THEN text := COPY(text,1,laenge_der_komponenten);
                        END
                        ELSE BEGIN READLN(zahl); WRITELN END
                END
    END;
  BEGIN
  oeffne_datendatei; satznr := ab_satznummer;
  REPEAT lade_datensatz(satznr,datensatz);
      IF datensatz[1].bytes[0] <> ' '
          THEN BEGIN
              kopf; WRITELN('Der Datensatz enthält die folgenden Daten: ');
              WRITELN; zeige_datensatz(satznr,datensatz);
              GOTOXY(1,24); WRITE('Daten überschreiben ? (J/N) ');
              READ(KBD,antwort);
              END
          ELSE antwort := 'J';
      IF antwort IN ['j','J']
          THEN BEGIN erfrage(datensatz,satznr);
                    speichere_datensatz(satznr,datensatz);
                    saetze_drin := satznr+1;
              END;
      satznr := satznr + 1;
      GOTOXY(1,24); WRITE('Ende der Dateneingabe? (J/N) ');
      READ(KBD,antwort);
  UNTIL antwort IN ['J','j'];
  CLOSE(datei);
  END;
```

5.3.4 Dateiverarbeitung mit typfreien Dateien

Damit die in den letzten Abschnitten definierten Prozeduren sinnvoll eingesetzt werden können, fehlt noch ein Programm, in dessen Rahmen sie arbeiten. Es enthält die Hilfsprozeduren, Konstanten und Variablen, die in allen Unterprogrammen benutzt werden.

```pascal
PROGRAM dateiverarbeitung_mit_typfreien_dateien;

CONST maxkomponenten    = 20;
      datei_maxgroesse  = 100;
      stringlaenge      = 20;
      bytes_pro_block   = 512;

TYPE  { Typen wie angegeben }
      tdateipuffer      = ARRAY[1..bytes_pro_block] OF CHAR;

VAR   dateityp          : tsatzdefinition;
      dateiname         : tdateiname;
      datei_da          : BOOLEAN;
      defdatei          : FILE OF tsatzdefinition;
      datei             : FILE;
      dateipuffer       : tdateipuffer;
      saetze_pro_block  : INTEGER;
      geladener_block   : INTEGER;
      saetze_drin       : INTEGER;
      dateilaenge       : INTEGER;
      antwort           : CHAR;

PROCEDURE pause; BEGIN GOTOXY(1,24); WRITE('Weiter mit <RETURN>. '); READLN END;

PROCEDURE strich(zeile: INTEGER);
  VAR i: INTEGER;
  BEGIN GOTOXY(1,zeile); FOR i := 1 TO 79 DO WRITE('-'); WRITELN END;

PROCEDURE kopf;
  BEGIN
  CLRSCR; strich(1);
  WRITE('dataBASE: Datei <',dateiname,'> mit ',saetze_drin,' Sätzen.');
  strich(3); GOTOXY(1,5)
  END;

PROCEDURE uebertragungsfehler;
  BEGIN
  kopf; strich(11); WRITELN;
  WRITELN('Fehler bei der Datenübertragung.....Programmabbruch!');
  strich(15); pause; HALT
  END;
```

```
PROCEDURE oeffne_datendatei;
  BEGIN
    {$I-} ASSIGN(datei,CONCAT(dateiname,'.DTA')); RESET(datei); {$I+}
    IF IORESULT <> 0 THEN uebertragungsfehler;
  END;

PROCEDURE speichere_datensatz;   { wie angegeben }
PROCEDURE lade_datensatz;        { bitte selbst schreiben }
PROCEDURE dateidefinition;       { wie angegeben }
PROCEDURE datei_holen;           { wie angegeben }
PROCEDURE zeige_datensatz;       { wie angegeben }
PROCEDURE dateneingabe;          { wie angegeben }
PROCEDURE datenausgabe;          { bitte selbst schreiben }
PROCEDURE sortieren;             { bitte selbst schreiben }

BEGIN
  saetze_drin := 0; geladener_block := -1;
  datei_holen;
  REPEAT kopf; WRITELN('Wollen Sie...'); WRITELN;
    WRITE('E(ingeben  A(usgeben  S(ortieren  D(rucken  ');
    WRITE('N(eue_Datei  Q(uit ?');
    REPEAT READ(KBD,antwort); antwort := UPCASE(antwort)
    UNTIL antwort IN ['E','A','S','D','L','N','Q'];
    CASE antwort OF 'E': IF datei_da THEN dateneingabe(saetze_drin);
                    'A': IF datei_da THEN datenausgabe(0,saetze_drin-1);
                    'L': loeschen;
                    'S': IF NOT datei_da THEN sortieren;
                    'N': datei_holen;
                    END;
  UNTIL antwort IN ['Q','q']
END.
```

5.3.5 Aufgaben

1. Schreiben Sie das Unterprogramm *lade_datensatz*.

2. Schreiben Sie das Unterprogramm *datenausgabe*, in dem Datensätze entweder als Tabelle oder einzeln ausgegeben werden können.

3. Schreiben Sie das Unterprogramm *sortieren*, das folgendermaßen arbeitet:

   - gib die Namen der definierten Komponenten eines Datensatzes numeriert aus
   - erfrage die Nummer der Komponenten, nach der sortiert werden soll
   - lies die gesamte Datei in ein Feld ein
   - sortiere das Feld mit QUICKSORT
   - schreibe die Datensätze sortiert zurück in die Datei

5.4 Das Arbeiten in einem Arbeitsbereich mit mBASE

Nachdem wir in dem zugrunde gelegten Dateiformat beliebige typfreie Dateien anlegen können, die zur Aufnahme der Daten einer Datenbank geeignet sind, wollen wir jetzt ein relationales Datenbankverwaltungssystem *mBASE* entwickeln, das mit den Operationen der Relationenalgebra arbeitet. Die Datentypen und Dateioperationen des Abschnitts 5.3 werden weiter benutzt.

5.4.1 Der Arbeitsbereich

Als Arbeitsbereich (*workspace w*) wollen wir ein Feld vereinbaren, in das Datensätze der typfreien Dateien der Datenbank geladen werden können. Die Größe dieses Feldes wird durch die Konstante *workspacegroesse* gegeben, die Anzahl der geladenen Datensätze durch die Variable *saetze_drin*. Wir vereinbaren also einen Typ

  tworkspace = ARRAY[0..workspacegroesse] OF tdatensatz;

und den Arbeitsbereich

  w: tworkspace;

Der Indexbereich des Arbeitsbereichs beginnt der Einfachheit halber mit dem Wert 0, damit die Satznummern dieses Bereichs direkt den Satznummern der Dateien entsprechen, die ebenfalls mit 0 beginnen. Dem Arbeitsbereich ist eine Variable *wtyp* vom Typ *tsatzdefinition* zugeordnet, in der der Typ der geladenen Daten festgehalten wird. Parallel zum Arbeitsbereich wird für Dateioperationen ein *dateityp* vom Typ *tsatzdefinition* geführt, in dem der Typ der gerade bearbeiteten Datei gespeichert ist.

5.4.2 Das Hauptmenü

Zur Arbeit mit mBASE werden unterschiedliche Befehlsarten benötigt:

1. Dateioperationen, mit deren Hilfe die Daten aus Dateien in den Arbeitsbereich geholt oder von diesem in einer Datei gespeichert werden können. Diese entsprechen direkt den schon bekannten Verfahren.

2. Dateioperationen, bei denen die Daten des Arbeitsbereichs mit den Daten einer Datei verknüpft werden. Hierzu gehören der Verbund (JOIN) und die Mengenoperationen, die wir unter den Rechenzeichen der "verwandten" arithmetischen Operationen aufrufen wollen: "+" für die Vereinigungs-, "*" für die Schnitt- und "-" für die Differenzmenge.

3. Operationen im Arbeitsbereich. Dazu gehören die Projektion, die Selektion und das Eingeben, Sortieren und Löschen der Daten im Arbeitsbereich.

Den Bildschirm des Hauptmenüs wollen wir wie folgt aufteilen:

Die obersten drei Zeilen gehören einer *Statuszeile*, in der sich mBASE meldet und den Name der gerade bearbeiteten Datei sowie die Zahl der vorhandenen Datensätze ausgibt. Da diese Meldung auch in den einzelnen Unterprogrammen benutzt werden soll, übergeben wir sie einer Prozedur *kopf*:

```
PROCEDURE kopf;
  BEGIN
  CLRSCR; strich(1); WRITE('mBASE: ',saetze_drin,' Sätze im Arbeitsbereich. ');
  WRITE('Aktuelle Datei: <',dateiname,'>.'); strich(3); GOTOXY(1,5)
  END;
```

Die untersten fünf Zeilen enthalten das Hauptmenü und nehmen die Eingaben des Benutzers von mBASE entgegen. Der Rest des Bildschirms enthält einen Ausschnitt der gerade bearbeiteten Daten des Arbeitsbereichs.

Da das Hauptmenü nur gezeigt wird, wenn eine Benützereingabe zum Aufruf einer der mBASE-Operationen erwartet wird, ist es im Hauptprogramm enthalten. Dieses setzt zusätzlich nur noch bestimmte Anfangswerte der Variablen, identifiziert den Benutzer und teilt ihm sein Zugriffsrecht zu. Danach verteilt es den weiteren Programmablauf auf die Unterprogramme.

```
BEGIN {....................des Hauptprogramms................................}
geladener_block := -1; saetze_drin := 0; dateiname := ''; aktueller_satz := 0;
w_definiert := FALSE; FILLCHAR(w,SIZEOF(w),' '); zugriffskontrolle;
REPEAT kopf; IF aktueller_satz < 14
             THEN aktueller_satz := 0
             ELSE IF aktueller_satz > saetze_drin-1
                  THEN aktueller_satz := saetze_drin-15;
      IF saetze_drin > 0 THEN zeige_workspace(FALSE);
      loesche_ab(21); strich(21); GOTOXY(1,22);
      WRITE('D(efinieren E(ingeben L(öschen H(olen B(ewahren Z(eigen ');
      WRITELN('P(rojektion'); WRITE('O(rdnen J(oin S(elektion (*):Schnitt');
      WRITELN('  (+):Vereinigung (-):Differenz Q(uit'); WRITE('--> ');
      wahl :=hole_antwort(5,24,['D','E','L','H','B','Z','O','P','S','J',
                                                     '+','*','-','Q']);
      CASE wahl OF
           'D': dateidefinition;          'H': lade_workspace(0) END;
      IF w_definiert
         THEN CASE wahl OF
              'E': dateneingabe;          'L': loeschen;
              'B': bewahre_workspace;     'Z': zeige_workspace(TRUE);
              'O': ordne_workspace;       'P': projektion;
              'S': selektion;             'J': join;
              '+': lade_workspace(saetze_drin); '*': durchschnitt_bilden;
              '-': differenz_bilden;      END
UNTIL wahl = 'Q'
END.
```

Ein typischer Bildschirm sieht für den Benutzer dann wie folgt aus:

```
----------------------------------------------------------------------
mBASE: 12 Sätze im Arbeitsbereich. Aktuelle Datei: <vereine>.
----------------------------------------------------------------------

Satznr.  NAME        SPIELN PUNKTE  VEREIN          VEREINSORT
----------------------------------------------------------------------
   0     ANDERS        1      2     WEISSE DAME     BONN
   1     BERTRAM       1      0     BAUERNCLUB      MEENSEN
   2     CRAY          2      1     1.SC MATT       GÖTTINGEN
   3     DÖRING        2      1     1.SC MATT       GÖTTINGEN
   4     ANDERS        3      2     WEISSE DAME     BONN
   5     CRAY          3      0     1.SC MATT       GÖTTINGEN
   6     BERTRAM       4      0     BAUERNCLUB      MEENSEN
   7     DÖRING        4      2     1.SC MATT       GÖTTINGEN
   8     ANDERS        5      1     WEISSE DAME     BONN
   9     DÖRING        5      1     1.SC MATT       GÖTTINGEN
  10     BERTRAM       6      2     BAUERNCLUB      MEENSEN
  11     CRAY          6      0     1.SC MATT       GÖTTINGEN

----------------------------------------------------------------------
D(efinieren  E(ingeben  L(öschen  H(olen  B(ewahren  Z(eigen  P(rojektion
O(rdnen  J(oin  S(elektion  (+):Vereinigung  (*):Schnitt  (-):Differenz  Q(uit
-->
```

5.4.3 Zugriffskontrolle und Sichten

Wir gehen davon aus, daß ein Systemverwalter eine Datei eingerichtet hat, in der die Namen der zugelassenen Benutzer, ihre *PASSWORDs* und die Stufe ihres Zugriffsrechts (zwischen 0 und 3) gespeichert sind. Name und Password seien aus Sicherheitsgründen mit dem *binären Ersetzungsverfahren* von Seite 46ff verschlüsselt. Im Ersetzungsverfahren wird ein Schlüsselwort *geheim* benutzt, das ein Sonderzeichen enthält (den Punkt). Damit wird das Erraten des Wortes erschwert.

Mit der Zulassung ist jedem Benutzer eine *Sicht* zugeteilt, die sich aus seinem Zugriffsrecht ergibt: Da jedem Attribut der definierten Dateien ebenfalls ein Zugriffsrecht zugeordnet wird, können beim Laden von Datensätzen sofort alle Informationen gelöscht werden, deren Zugriffsrecht höher als das Recht des Benutzers ist. Die Zugriffskontrolle erfolgt dann, indem Name und Password des Benutzers mit den gespeicherten Daten verglichen werden. Der Einfachheit halber werden alle Texte in Großschrift umgesetzt.

PROCEDURE zugriffskontrolle:

erfrage NAME und PASSWORD des benutzers		
ok ⟵ FALSCH		
öffne_zum_lesen(datei,'PASSWORDS')		
SOLANGE (das Dateiende nicht erreicht ist) UND NICHT ok TUE		
	lies_einen_datensatz(datei,daten)	
	entschlüssele NAME und PASSWORD im datensatz	
	entsprechen diese den eingegebenen Daten?	
	JA	NEIN
	ok ⟵ WAHR	
ok?		
JA		NEIN
zugriffsrecht zuteilen		zugriff verweigern

```
PROCEDURE zugriffskontrolle;
   TYPE tname = STRING[20];
        tdaten = RECORD name, password: tname;
                        zugriffsrecht : 0..3
                 END;

VAR daten                            : tdaten;
    password, pass, geheim, benutzer: tname;
    datei                            : FILE OF tdaten;
    ok                               : BOOLEAN;

FUNCTION entschluesselt(text: tname): tname;
   VAR i,j : INTEGER; hilfe: tname;
   BEGIN
   i := 1; j := 1; hilfe := '';
   WHILE i <= LENGTH(text) DO
        BEGIN
        hilfe := CONCAT(hilfe,' ');
        hilfe[LENGTH(hilfe)] := CHR(ORD(text[i]) XOR ORD(geheim[j]));
        i := i + 1; j := j + 1;
        IF j > LENGTH(geheim) THEN j := 1;
        END;
   entschluesselt := hilfe
   END;
```

```
FUNCTION gross(name: tname): tname;
   VAR i: INTEGER; h: tname;
   BEGIN
   h := '';
   FOR i := 1 TO LENGTH(name) DO
       BEGIN h := CONCAT(h,' '); h[LENGTH(h)] := UPCASE(name[i]) END;
   gross := h
   END;


BEGIN
kopf; geheim := 'JANNIKI.';
GOTOXY(1,10); WRITE('Wie heißen Sie ? --> '); READLN(benutzer);
benutzer := gross(benutzer);
WRITE('Geben Sie Ihr Password ein: --> '); READLN(pass);
pass := gross(pass); WRITELN;
ASSIGN(datei,'passwords'); RESET(datei);ok := FALSE;
WHILE NOT ok AND NOT EOF(datei) DO
     BEGIN
     READ(datei,daten);
     WITH daten DO
         BEGIN
         name := entschluesselt(name); password := entschluesselt(password);
         ok := (name = benutzer) AND (password = pass)
         END
     END;
CLOSE(datei);
IF NOT ok
   THEN BEGIN WRITELN('Zugriff verweigert !'); HALT END
   ELSE zugriff := daten.zugriffsrecht;
END;
```

5.4.4 Holen und Bewahren des Arbeitsbereichs

Der Arbeitsbereich kann von einer Datei namens *dateiname* geladen werden, indem zuerst der Typ der betreffenden Datei aus *dateiname.DEF* in die Variable *dateityp* geholt wird. Anschließend kann von der Datei *dateiname.DAT* mit Hilfe der Prozedur *lade_datensatz* Satz für Satz in den Arbeitsbereich geladen werden. Um die unterschiedlichen *Sichten* der Benutzer auf die Datenbank sichtbar zu machen, wird beim Laden eines Satzes für jedes Attribut überprüft, ob das Zugriffsrecht des Benutzers mindestens gleich dem Zugriffsrecht des Attributs ist. Falls nicht, wird das Attribut gelöscht, erscheint aber weiter unter dem Namen '---' bei der Ausgabe der Datensätze.

Das Bewahren (Speichern) des Arbeitsbereichs geschieht, indem umgekehrt der Inhalt von *wtyp* in die Datei *dateiname.DEF* und der Inhalt des Arbeitsbereichs mit der schon bekannten Prozedur *speichere_datensatz* satzweise in die Datei *dateiname.DTA* übertragen wird. Die Datei wird bei Bedarf verlängert.

PROCEDURE lade_workspace:

	enthält w Daten?	
JA		NEIN
warnung, ggf. Abbruch		
	sind die benötigten Dateien vorhanden?	
JA		NEIN
öffne_zum_lesen(defdatei,'dateiname.DEF')		abbruch
lies_einen_datensatz(defdatei,wtyp)		
schliesse(defdatei)		
öffne_zum_lesen(datei,'dateiname.DTA')		
satznummer ← 0		
WIEDERHOLE	lade_datensatz(satznummer, w[i])	
	satznummer ← satznummer + 1	
BIS (Dateiende erreicht) ODER (satznummer > workspacegroesse)		
schliesse(datei)		

PROCEDURE bewahre_workspace:

erfrage den Dateinamen	
öffne_zum_schreiben(defdatei,'dateiname.DEF')	
speichere_datensatz(defdatei,wtyp)	
schliesse(defdatei)	
dateityp ← wtyp	
öffne_zum_schreiben(datei,'dateiname.DTA')	
FÜR i VON 0 BIS saetze_drin-1 TUE	
	speichere_datensatz(satznummer, w[satznummer]);
schliesse(datei)	

Der Test, ob die benötigten Dateien vorhanden sind, ist immer dann erforderlich, wenn Dateizugriffe erfolgen müssen. Wir wollen den entsprechenden Programmteil angeben:

```
REPEAT GOTOXY(1,10); CLREOL;
        WRITE('Mit welcher Datei möchten Sie arbeiten? --> ............');
        GOTOXY(45,10); READLN(name)
UNTIL LENGTH(name) > 0;
{$I-} ASSIGN(datei,CONCAT(name,'.DTA')); RESET(datei); {$I+}
ok := IORESULT = 0;
{$I-} ASSIGN(defdatei,CONCAT(name,'.DEF')); RESET(defdatei); {$I+}
ok := ok AND (IORESULT = 0);
```

5.4.5 Definition, Dateneingabe und Löschen im Arbeitsbereich

Die Definition des Typs des Arbeitsbereichs geschieht mit der von Seite 180 bekannten, nur leicht veränderten Prozedur *dateidefinition*. Die Eingaben beziehen sich jetzt auf die Variable *wtyp* und die Speicherung der eingegebenen Werte entfällt, da dieses beim *Bewahren* des Arbeitsbereichs besorgt wird.

Die Dateneingabe geschieht direkt in den Arbeitsbereich. Die Prozedur *dateneingabe* von Seite 184 kann mit dieser Änderung vollständig übernommen werden.

Das Löschen von Datensätzen geschieht am einfachsten, indem der letzte Datensatz des Arbeitsbereichs an die Stelle des zu löschenden kopiert wird. Anschließend wird der Wert der Variablen *saetze_drin* um 1 verringert.

```
PROCEDURE loesche_satz(i: INTEGER);
    BEGIN
    IF i < saetze_drin
        THEN BEGIN
            w[i] := w[saetze_drin-1];
            FILLCHAR(w[saetze_drin-1],SIZEOF(w[saetze_drin-1]),' ');
            saetze_drin := saetze_drin-1; aktueller_satz := i
            END
    END;
```

5.4.6 Die Projektion

Die Projektion, also das Löschen von Spalten einer Relationstabelle, erfordert die Löschung des entsprechenden Attributs in der Definition der Relation und die Löschung der Attributwerte in der Relation selbst. Als Ergebnis dieser Operation können gleiche Zeilen auftreten, da das Attribut, in dem sie sich vorher unterschieden hatten, gelöscht worden ist. Die Projektion erfordert also auch die Löschung doppelter Tupel aus der Relation. Dazu muß allerdings erst einmal geprüft werden, ob die Tupel gleich sind:

```
FUNCTION satzgleich(satz1,satz2: tdatensatz): BOOLEAN;
   VAR i: INTEGER; ok: BOOLEAN;
   BEGIN
   ok := TRUE;
   WITH wtyp DO
       FOR i := 1 TO gueltige_komponenten DO
           IF datendefinition[i].typ_der_komponenten = 'T'
               THEN BEGIN
                       IF satz1[i].text <> satz2[i].text THEN ok := FALSE
                       END
               ELSE BEGIN
                       IF satz1[i].zahl <> satz2[i].zahl THEN ok := FALSE
                       END;
   satzgleich := ok
   END;


PROCEDURE loesche_doppelte_tupel;
   VAR i,j,k: INTEGER;
   BEGIN
   i := 0; k := 0;
   REPEAT j := i + 1;
       REPEAT IF satzgleich(w[i],w[j])
                  THEN BEGIN loesche_satz(j); k := k + 1 END
                  ELSE j := j + 1;
       UNTIL j >= saetze_drin;
       i := i + 1;
   UNTIL i >= (saetze_drin - 1);
   kopf; GOTOXY(1,10); WRITE(k,' doppelte Tupel wurden gelöscht.'); pause
   END;
```

Mit diesen Hilfsprogrammen kann die Projektion dann ausgeführt werden:

PROCEDURE projektion:

zeige die Attribute des Arbeitsbereichs
erfrage die Nummer n des zu löschenden Attributs
verschiebe in wtyp alle Attributdefinitionen ab (n+1) um eine Stelle nach links
verschiebe im Arbeitsbereich alle Attributwerte ab (n+1) um eine Stelle nach links
lösche alle doppelten Tupel im Arbeitsbereich

```
PROCEDURE projektion;
   VAR n,i,j,k: INTEGER; gleich: BOOLEAN;
   BEGIN
   kopf; WRITELN('Attribute des Arbeitsbereichs:'); WRITELN;
   FOR i := 1 TO wtyp.gueltige_komponenten DO
       WRITELN('Nr. ',i:2,': ',wtyp.datendefinition[i].name_der_komponenten);
   WRITELN;
   REPEAT WRITE('Welches Attribut soll gelöscht werden? --> '); READLN(n)
   UNTIL (n <= wtyp.gueltige_komponenten) AND (n > 0);
   WITH wtyp DO
       BEGIN
       FOR i := n TO maxkomponenten-1 DO
           datendefinition[i] := datendefinition[i+1];
       gueltige_komponenten := gueltige_komponenten-1;
       END;
   FOR i := 0 TO saetze_drin-1 DO
       FOR j := n TO maxkomponenten-1 DO w[i][j] := w[i][j+1];
   loesche_doppelte_tupel
   END;
```

5.4.7 Die Selektion

Als Vergleichsoperatoren bei der Selektion von Datensätzen wollen wir zulassen:

  = (gleich)   # (ungleich)   < (kleiner)
  > (größer)   <= (kleiner oder gleich)   >= (größer oder gleich)

Nach der Auswahl des Attributs, nach dem selektiert werden soll, des Vergleichsoperators und des Vergleichswerts können dann alle Datensätze aus dem Arbeitsbereich gelöscht werden, die dem Selektionskriterium nicht genügen.

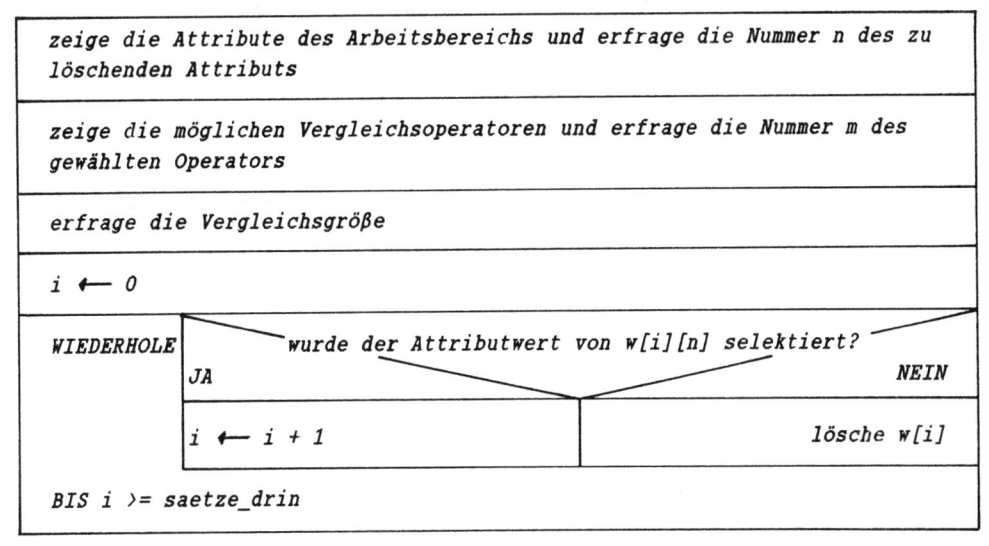

zeige die Attribute des Arbeitsbereichs und erfrage die Nummer n des zu löschenden Attributs		
zeige die möglichen Vergleichsoperatoren und erfrage die Nummer m des gewählten Operators		
erfrage die Vergleichsgröße		
$i \leftarrow 0$		
WIEDERHOLE	\multicolumn{2}{l}{wurde der Attributwert von w[i][n] selektiert?}	
	JA	NEIN
	$i \leftarrow i + 1$	lösche w[i]
BIS $i >=$ saetze_drin		

```
PROCEDURE selektion;
    VAR i,n,m,si: INTEGER;
        st      : tstring;
    BEGIN
    kopf;
    WRITELN('Attribute des Arbeitsbereichs:'); WRITELN;
    FOR i := 1 TO wtyp.gueltige_komponenten DO
        WRITELN('Nr. ',i:2,': ',wtyp.datendefinition[i].name_der_komponenten);
    REPEAT WRITE('Nach welchem Attribut soll selektiert werden? --> '); READLN(n)
    UNTIL (n <= wtyp.gueltige_komponenten) AND (n > 0);
    kopf;
    WRITELN('Selektion nach ',wtyp.datendefinition[n].name_der_komponenten);
    WRITELN('Vergleichsoperatoren: 1. =  (gleich)');
    WRITELN('                      2. #  (ungleich)');
    WRITELN('                      3. <  (kleiner)');
    WRITELN('                      4. >  (größer)');
    WRITELN('                      5. <= (kleiner oder gleich)');
    WRITELN('                      6. >= (größer  oder gleich)'); WRITELN;
    REPEAT WRITE('Mit welchem Operator soll verglichen werden? --> '); READLN(m)
    UNTIL (m <= 6) AND (m > 0);
    WRITELN;
    IF wtyp.datendefinition[n].typ_der_komponenten = 'T'
        THEN BEGIN WRITE('Vergleichstext = '); READLN(st) END
        ELSE BEGIN WRITE('Vergleichszahl = '); READLN(si) END;
    i := 0;
    REPEAT IF wtyp.datendefinition[n].typ_der_komponenten = 'T'
              THEN CASE m OF
                  1: IF w[i][n].text =  st THEN i := i + 1 ELSE loesche_satz(i);
                  2: IF w[i][n].text <> st THEN i := i + 1 ELSE loesche_satz(i);
                  3: IF w[i][n].text <  st THEN i := i + 1 ELSE loesche_satz(i);
                  4: IF w[i][n].text >  st THEN i := i + 1 ELSE loesche_satz(i);
                  5: IF w[i][n].text <= st THEN i := i + 1 ELSE loesche_satz(i);
                  6: IF w[i][n].text >= st THEN i := i + 1 ELSE loesche_satz(i)
                  END
              ELSE CASE m OF
                  1: IF w[i][n].zahl =  si THEN i := i + 1 ELSE loesche_satz(i);
                  2: IF w[i][n].zahl <> si THEN i := i + 1 ELSE loesche_satz(i);
                  3: IF w[i][n].zahl <  si THEN i := i + 1 ELSE loesche_satz(i);
                  4: IF w[i][n].zahl >  si THEN i := i + 1 ELSE loesche_satz(i);
                  5: IF w[i][n].zahl <= si THEN i := i + 1 ELSE loesche_satz(i);
                  6: IF w[i][n].zahl >= si THEN i := i + 1 ELSE loesche_satz(i)
                  END
    UNTIL i >= saetze_drin
    END;
```

5.4.8 Der Verbund

Der Verbund zweier Relationen erfolgt im Arbeitsbereich, indem die Daten des Arbeitsbereichs mit denen einer Datei über ein Attribut gleichen Typs verknüpft werden. Da alle Vergleiche über die Nummern der Attribute in der Dateidefinition erfolgen, können wird zulassen, daß die Attributnamen unterschiedlich sind. Beim Verbund wird das Vergleichsattribut der Relation in der Datei nicht mit kopiert, da sonst zwei Attribute der Verbundrelation jeweils gleiche Werte hätten.

```
┌─────────────────────────────────────────────────────────────────────┐
│         sind die benötigten Dateien vorhanden?                      │
│ JA                                                           NEIN   │
├──────────────────────────────────────────────────────────┬──────────┤
│ lies wtyp von dateiname.DEF                              │ abbruch  │
├──────────────────────────────────────────────────────────┤          │
│ zeige die Attribute von Arbeitsbereich und Datei         │          │
├──────────────────────────────────────────────────────────┤          │
│ erfrage die Attributnummern na des Arbeitsbereichs und nd der Datei,│
│ nach denen der Verbund der Relationen durchgeführt werden soll      │
├─────────────────────────────────────────────────────────────────────┤
│              sind die Attribute vergleichbar?                       │
│ JA                                                           NEIN   │
├──────────────────────────────────────────────────┬──────────────────┤
│     kann der Arbeitsbereich alle Attribute aufnehmen?    │          │
│ JA                                               NEIN    │ abbruch  │
├──────────────────────────────────────────────────┬───────┤          │
│ ergänze die Attribute des Arbeitsbereichs um die │       │          │
│ zusätzlichen Attribute der Relation in der Datei │abbruch│          │
├──────────────────────────────────────────────────┤       │          │
│ öffne_zum_lesen(datei,'dateiname.DTA')           │       │          │
├──────────────────────────────────────────────────┤       │          │
│ satznummer ← 0                                   │       │          │
├──────────────┬───────────────────────────────────┤       │          │
│              │ lade_datensatz(satznummer, datensatz)    │          │
│              ├───────────────────────────────────┤       │          │
│              │ FÜR i VON 0 BIS saetze_drin-1 TUE │       │          │
│              │   ┌───────────────────────────────┤       │          │
│              │   │ stimmen die ausgewählten Attribute │  │          │
│              │   │ von w[i] und datensatz überein?    │  │          │
│              │   │ JA                       NEIN      │  │          │
│ WIEDERHOLE   │   ├────────────────────────┬───────────┤  │          │
│              │   │ kopiere die Attributwerte des      │  │          │
│              │   │ datensatzes nach w[i]              │  │          │
│              ├───────────────────────────────────┤       │          │
│              │ satznummer ← satznummer + 1       │       │          │
├──────────────┴───────────────────────────────────┤       │          │
│ BIS (Dateiende erreicht)                         │       │          │
├──────────────────────────────────────────────────┤       │          │
│ schliesse(datei)                                 │       │          │
└──────────────────────────────────────────────────┴───────┴──────────┘
```

```
PROCEDURE join;
    VAR i,j,k,na,nd,summe,alte_komponenten,satznummer: INTEGER;
        datensatz                                     : tdatensatz;
        name                                          : tdateiname;
        ok, ende                                      : BOOLEAN;
    BEGIN
    kopf; WRITELN('Mit welcher Datei möchten Sie einen Verbund durchführen? ');
    REPEAT GOTOXY(1,10); CLREOL; WRITE('--> ............');
           GOTOXY(5,10); READLN(name)
    UNTIL LENGTH(name) > 0;
    {$I-} ASSIGN(datei,CONCAT(name,'.DTA')); RESET(datei); {$I+}
    ok := IORESULT = 0;
    {$I-} ASSIGN(defdatei,CONCAT(name,'.DEF'));
    RESET(defdatei); READ(defdatei,dateityp); CLOSE(defdatei); {$I+}
    ok := ok AND (IORESULT = 0);
    IF NOT ok
       THEN BEGIN
            kopf; GOTOXY(1,10); WRITE('Die Datei ist nicht vorhanden !');
            CLOSE(datei); pause; EXIT
            END;
    kopf; GOTOXY(1,7); WRITE('Attribute des Arbeitsbereichs:');
    GOTOXY(40,7); WRITE('Attribute der Datei:');
    FOR i := 1 TO wtyp.gueltige_komponenten DO
        BEGIN
        GOTOXY(1,8+i);
        WRITE('Nr. ',i:2,': ',wtyp.datendefinition[i].name_der_komponenten);
        END;
    FOR i := 1 TO dateityp.gueltige_komponenten DO
        BEGIN
        GOTOXY(40,8+i);
        WRITE('Nr. ',i:2,': ',dateityp.datendefinition[i].name_der_komponenten);
        END;
    REPEAT GOTOXY(1,19); CLREOL;
           WRITE('Nach welchem Attribut des Arbeitsbereichs soll verbunden ');
           WRITE('werden? --> '); READLN(na)
    UNTIL (na <= wtyp.gueltige_komponenten) AND (na > 0);
    REPEAT GOTOXY(1,19); CLREOL;
           WRITE('Nach welchem Attribut der Datei soll verbunden ');
           WRITE('werden? --> '); READLN(nd)
    UNTIL (nd <= dateityp.gueltige_komponenten) AND (nd > 0);
    ok :=     (wtyp.datendefinition[na].typ_der_komponenten
                      = dateityp.datendefinition[nd].typ_der_komponenten)
          AND (wtyp.datendefinition[na].zugriffsrecht
                      = dateityp.datendefinition[nd].zugriffsrecht);
    IF NOT ok
       THEN BEGIN
            kopf; GOTOXY(1,10); WRITE('Die Attribute sind nicht vereinbar!');
            pause; EXIT
            END;
```

```
summe := dateityp.gueltige_komponenten + wtyp.gueltige_komponenten -1;
IF summe > maxkomponenten
    THEN BEGIN
        kopf; GOTOXY(1,10); WRITELN('Die Summe der Attribute ist zu groß!');
        WRITELN; WRITE('Löschen Sie zuerst ',summe - maxkomponenten);
        WRITE(' Attribute des Arbeitsbereichs'); pause; EXIT
        END;
alte_komponenten := wtyp.gueltige_komponenten;
k := alte_komponenten;
FOR i := 1 TO dateityp.gueltige_komponenten DO
    IF i <> nd
        THEN BEGIN
            k := k + 1;
            wtyp.datendefinition[k] := dateityp.datendefinition[i];
            wtyp.gueltige_komponenten := k;
            IF wtyp.datendefinition[k].typ_der_komponenten = 'T'
                THEN wtyp.bytes_pro_satz := wtyp.bytes_pro_satz +
                                wtyp.datendefinition[k].laenge_der_komponenten
                ELSE wtyp.bytes_pro_satz := wtyp.bytes_pro_satz + 2;
            END;
geladener_block := -1;
saetze_pro_block := bytes_pro_block DIV dateityp.bytes_pro_satz;
satznummer := 0;
dateiname := name;
REPEAT lade_datensatz(satznummer, datensatz,ende);
        ende := ende OR (datensatz[1].bytes[0] = ' ');
        IF NOT ende
            THEN FOR i := 0 TO saetze_drin - 1 DO
                    BEGIN
                    IF wtyp.datendefinition[na].typ_der_komponenten = 'T'
                        THEN ok := w[i][na].text = datensatz[nd].text
                        ELSE ok := w[i][na].zahl = datensatz[nd].zahl;
                    IF ok
                        THEN BEGIN
                            k := 1;
                            FOR j := 1 TO dateityp.gueltige_komponenten DO
                                IF j <> nd
                                    THEN BEGIN
                                        w[i][alte_komponenten + k] :=
                                                            datensatz[j];
                                        k := k + 1
                                        END
                                END
                    END;
        satznummer := satznummer + 1
UNTIL ende;
CLOSE(datei);
END;
```

5.4.9 Die Mengenoperationen

Die Mengenoperationen Vereinigung, Durchschnitt und Differenz sind nur zwischen Relationen gleichen Typs möglich. Da TURBO-PASCAL strukturierte Daten nicht direkt vergleichen kann, müssen wir den Vergleich selbst durchführen:

```
FUNCTION typgleich(typ1,typ2: tsatzdefinition): BOOLEAN;
   VAR ok: BOOLEAN; i,max: INTEGER;
   BEGIN
   ok := TRUE;
   IF typ1.gueltige_komponenten < typ2.gueltige_komponenten
      THEN max := typ2.gueltige_komponenten
      ELSE max := typ1.gueltige_komponenten;
   FOR i := 1 TO max DO
       IF (typ2.datendefinition[i].name_der_komponenten
         <> typ1.datendefinition[i].name_der_komponenten)
         OR
         (typ2.datendefinition[i].typ_der_komponenten
         <> typ1.datendefinition[i].typ_der_komponenten)
         OR
         (typ2.datendefinition[i].zugriffsrecht
         <> typ1.datendefinition[i].zugriffsrecht)
         THEN ok := FALSE;
   typgleich := ok AND (typ2.gueltige_komponenten = typ1.gueltige_komponenten)
           AND(typ2.bytes_pro_satz = typ1.bytes_pro_satz);
   END;
```

Die Mengenoperationen werden zwischen der Relation im Arbeitsbereich und einer Relation gleichen Typs in einer gewählten Datei ausgeführt. Das Ergebnis verbleibt im Arbeitsbereich.

Die Vereinigung dieser Relationen kann dann erfolgen, indem die Sätze der Datei zum Inhalt des Arbeitsbereichs zugeladen werden. Danach müssen doppelt auftretende Tupel gelöscht werden (ebenso wie nach einer Projektion). Die Vereinigung zweier Relationen ist also durch eine kleine Änderung des Unterprogramms *lade_workspace* zu erreichen.

Der Durchschnitt zweier Relationen kann gebildet werden, indem jeder Satz der Datei mit allen Satznummern des Arbeitsbereichs verglichen wird. Tritt der Datensatz im Arbeitsbereich auf, dann wird er einer Menge von Satznummern *es_bleiben* zugefügt. Zum Schluß werden alle Sätze aus dem Arbeitsbereich gelöscht, die nicht in dieser Menge sind.

Die Differenz zweier Relationen wird gebildet, indem alle Tupel der Relation im Arbeitsbereich gelöscht werden, die ebenfalls in der Relation der gewählten Datei vorhanden sind.

```
PROCEDURE durchschnitt_bilden;
    VAR name           : tdateiname;
        satznummer,i: INTEGER;
        ende, ok       : BOOLEAN;
        datensatz      : tdatensatz;
        es_bleiben     : SET OF 0..workspacegroesse;
    BEGIN
    kopf;
    REPEAT GOTOXY(1,10); CLREOL;
           WRITE('Mit welcher Datei möchten Sie den Durchschnitt bilden? ');
           WRITE('--> ............');
           GOTOXY(55,10); READLN(name)
    UNTIL LENGTH(name) > 0;
    {$I-} ASSIGN(datei,CONCAT(name,'.DTA')); RESET(datei); {$I+}
    ok := IORESULT = 0;
    {$I-} ASSIGN(defdatei,CONCAT(name,'.DEF')); RESET(defdatei); {$I+}
    ok := ok AND (IORESULT = 0);
    IF ok
       THEN BEGIN
            CLOSE(datei); CLOSE(defdatei); dateiname := name;
            ASSIGN(defdatei,CONCAT(dateiname,'.DEF')); RESET(defdatei);
            READ(defdatei,dateityp); CLOSE(defdatei);
            IF NOT typgleich(dateityp,wtyp)
               THEN BEGIN
                    GOTOXY(1,12); WRITE('...Die Datei ist vorhanden.');
                    GOTOXY(1,14); WRITE('...aber ihr Typ stimmt nicht mit dem ');
                    WRITE('Arbeitsbereich überein.');pause; EXIT
                    END;
            satznummer := 0; dateityp := wtyp;
            geladener_block := -1; es_bleiben := [];
            ASSIGN(datei,CONCAT(dateiname,'.DTA')); RESET(datei);
            REPEAT lade_datensatz(satznummer,datensatz,ende);
                   ende := ende OR (datensatz[1].bytes[0] = ' ');
                   IF NOT ende
                      THEN FOR i := 0 TO saetze_drin - 1 DO
                               IF satzgleich(w[i],datensatz)
                                  THEN es_bleiben := es_bleiben + [i];
                   satznummer := satznummer + 1
            UNTIL ende;
            i := 0;
            REPEAT IF NOT (i IN es_bleiben) THEN loesche_satz(i) ELSE i := i + 1
            UNTIL i >= saetze_drin;
            END
       ELSE BEGIN
            kopf; GOTOXY(1,10); WRITELN('Diese Datei ist nicht vorhanden !');
            pause;
            END;
    CLOSE(datei)
    END;
```

5.4.10 Die Darstellung von Daten auf dem Bildschirm und dem Drucker

Bildschirm und Drucker können gleich behandelt werden, da beide für PASCAL Textdateien sind (siehe Seite 57ff). Stellt man immer nur einen Datensatz auf dem Bildschirm oder einer Druckerseite dar, dann hat man keine Platzprobleme. Problematischer ist der Fall, daß jeweils ein Tupel in eine Zeile geschrieben werden muß, damit die Relation als Tabelle erscheint. Wir wollen nur diesen Fall unter der Voraussetzung behandeln, daß der Platz in der Zeile ausreicht, wenn für Textattribute die vorgesehene Länge und für Zahlen 5 Zeichen Platz genutzt werden. Längere Tupel müssen dann einzeln gezeigt werden. Im Programm wird durch den Parameter *voll* unterschieden, ob nur der jeweilige Ausschnitt oder der ganze Arbeitsbereich dargestellt werden soll.

```
PROCEDURE zeige_workspace(voll: BOOLEAN);
   VAR datensatz            : tdatensatz;
       antwort              : CHAR;
       hilfe                : STRING[stringlaenge];
       i,satznr,geschrieben: INTEGER;
       erste_seite          : BOOLEAN;

   PROCEDURE schreibe(satznr: INTEGER; datensatz: tdatensatz);
      VAR i: INTEGER;
      BEGIN
      WRITE(satznr:3,'  ');
      FOR i := 1 TO wtyp.gueltige_komponenten DO
          WITH wtyp.datendefinition[i] DO
              WITH datensatz[i] DO
                  IF typ_der_komponenten = 'T'
                     THEN WRITE(CONCAT(text,COPY(hilfe,1,
                          laenge_der_komponenten-LENGTH(text))),' ')
                     ELSE WRITE(zahl:5,' ');
      WRITELN
      END;

   BEGIN
   FILLCHAR(hilfe,stringlaenge,' '); GOTOXY(1,5); WRITE('Satznr. ');
   FOR i := 1 TO wtyp.gueltige_komponenten DO
       WITH wtyp.datendefinition[i] DO
           IF typ_der_komponenten = 'T'
              THEN WRITE(COPY(CONCAT(name_der_komponenten,
                        COPY(hilfe,1,laenge_der_komponenten -
                        LENGTH(name_der_komponenten))),
                        1,laenge_der_komponenten),' ')
              ELSE WRITE(COPY(CONCAT(name_der_komponenten,
                        COPY(hilfe,1,6-LENGTH(name_der_komponenten))),1,6),' ');
   strich(6);
   IF NOT voll THEN satznr := aktueller_satz ELSE satznr := 0;
   geschrieben := 0; erste_seite := TRUE;
```

```
IF saetze_drin = 0
   THEN WRITELN('........keine Daten vorhanden !')
   ELSE BEGIN
      REPEAT schreibe(satznr,w[satznr]); satznr := SUCC(satznr);
             geschrieben := geschrieben + 1;
             IF geschrieben MOD 14 = 0
                THEN BEGIN
                     erste_seite := FALSE;
                     IF voll
                        THEN BEGIN
                             pause;
                             FOR i := 9 TO 25 DO
                                 BEGIN GOTOXY(1,i); CLREOL END;
                             GOTOXY(1,7)
                             END
                     END;
      UNTIL (satznr > saetze_drin-1) OR (NOT voll AND NOT erste_seite);
      FOR i := (geschrieben MOD 14 + 8) TO 25 DO CLREOL;
      END;
IF voll THEN pause
END;
```

5.4.11 Aufgaben

1. Schreiben Sie das Unterprogramm *differenz_bilden*, das die Differenzmenge zwischen der Relation im Arbeitsbereich und einer Relation in einer Datei im Arbeitsbereich zurückläßt.

2. Schreiben Sie das Unterprogramm *ordne_workspace*, mit dessen Hilfe der Arbeitsbereich nach einem gewählten Attribut sortiert werden kann. Wählen Sie *quicksort* als Sortieralgorithmus.

3. Schreiben Sie ein Unterprogramm *blaettern*, das den Inhalt des Arbeitsbereichs seitenweise auf dem Bildschirm ausgibt.

4. Ergänzen Sie mBASE um einen *Maskengenerator*, der eine komfortablere Eingabe der Daten als bisher realisiert gestattet:

   Entsprechend der eingegebenen Dateidefinition, die noch um Bildschirmkoordinaten ergänzt werden kann, werden die Attributwerte der Datensätze am Bildschirm dargestellt, eingegeben und korrigiert. Die Reihenfolge der Eingaben soll beliebig sein. Das Programm sollte gegen Fehleingaben gesichert werden.

5. Schreiben Sie ein Unterprogramm *drucken*, das die Ausgabe der Daten des Arbeitsbereichs in geeigneter Form auf einem Drucker gestattet. Nutzen Sie die Darstellungsmöglichkeiten des vorhandenen Druckers dabei aus (Fettdruck, Schriftarten, ...).

6. Schreiben Sie Unterprogramme, die für numerische Attribute die folgenden Operationen durchführen können:

    a. *Summenbildung* über die Attributwerte aller Tupel im Arbeitsbereich.

    b. *Mittelwertbildung* über die Attributwerte aller Tupel im Arbeitsbereich.

7.a. Geben Sie die Relationen der Datenbank *SCHACHTURNIER* von Seite 171ff mit Hilfe von mBASE ein. Führen Sie die Relationsoperationen von Seite 173ff durch, um Namen, Verein und Vereinsort der Gewinner zu finden.

    b. Finden Sie entsprechend

    - alle Spieler aus Göttingen.

    - alle Spielleiter, bei denen der Gewinner des Spiels dem gleichen Verein wie der Spielleiter angehört.

    - die Spielnummern aller Spiele, die Meier geleitet hat (an denen Bertram teilgenommen hat,...).

8. Stellen Sie *Datenbanken* für die Aufgaben von Seite 175 zusammen. Bestimmen Sie die Operationsfolgen, die nötig sind, um bestimmte Datenbankanfragen zu beantworten. Führen Sie diese Operationen mit mBASE durch.

9.a. Entwickeln Sie eine Datenbank, die die Kursergebnisse für Schüler der Sekundarstufe II enthält.

    b. Stellen Sie die Operationen zusammen, die zur Beantwortung der folgenden Datenbankanfragen erforderlich sind:

    - welche Schüler haben Physik gewählt.

    - vergleiche die Mittelwerte der Kursnoten in den einzelnen Fächern für Jungen und Mädchen (Schüler vom Land und aus der Stadt, Schüler mit musischen und naturwissenschaftlichen Leistungsfächern,...)

    c. Realisieren Sie die Anfragen mit mBASE.

5.5 Eine Abfragesprache MQL

Zuletzt wollen wir beschreiben, wie Anfragen an eine Datenbank gestellt werden können, ohne direkt die Relationenalgebra zu benutzen. Wir halten uns dabei an die Syntax von Seite 174ff, werden uns aber auf einfach geschachtelte Konstrukte beschränken und andere als Anfragebefehle nicht betrachten. Die entstehende Sprache wollen wir deshalb mini-query-language (MQL) nennen. Sie hat den Vorzug, daß sie Anfragen direkt in die Befehle der Relationenalgebra von mBASE aus dem letzten Abschnitt umsetzt. Die Einschränkungen der Schachtelungstiefe wurden gewählt, weil sich so eine einfache Bildschirmdarstellung bei der Eingabe ergibt. Die Auswertung könnte unter Ausnutzung der Rekursionseigenschaften von PASCAL durch kleine Änderungen für Schachtelungen beliebiger Tiefe erfolgen. Eine eingehende Syntaxprüfung von Anfragen und die explizite Bearbeitung tiefer geschachtelter Strukturen würde über den Rahmen dieses Buches hinausführen. Interessenten an diesen Fragen seien auf andere Bücher dieser Reihe verwiesen.

5.5.1 Die Struktur von Anfragen

Eine Anfrage besteht entsprechend den Beispielen von Seite 174ff aus den drei Teilen *SELECT-Klausel*, *FROM-Klausel* und *WHERE-Klausel*, mit denen die gewünschten Attribute, die Relationen, in denen gesucht werden soll, und Spezifikationen, nach denen die Attributwerte selektiert werden sollen, angegeben werden. Insbesondere können als Bestandteil dieser Spezifikationen wieder Anfragen gestellt werden, die die benötigten Vergleichswerte ermitteln. Die Struktur von Anfragen ist also rekursiv und kann gut in Form von Syntaxdiagrammen angegeben werden (ein Stern (*) in der SELECT-Klausel gibt an, daß alle Attribute ausgegeben werden sollen):

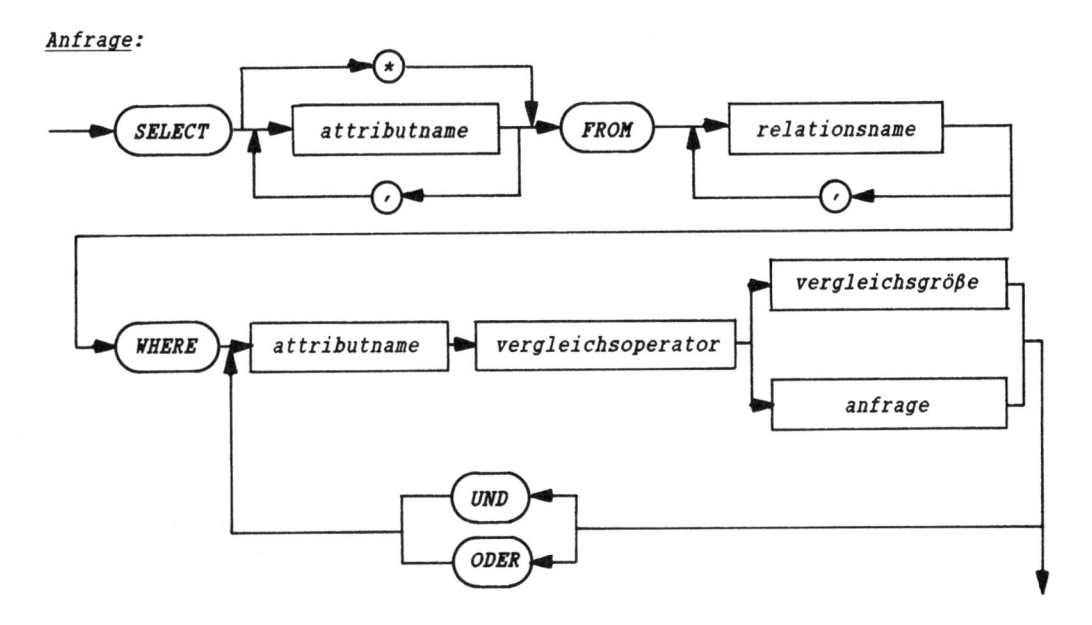

Anfrage:

5.5.2 Die Eingabe von Anfragen

Wir wollen versuchen, die Eingabe von in MQL formulierten Anfragen am Bildschirm so zu gestalten, daß eine Struktur der Form

```
SELECT   .....,.....,.....
FROM     .....,.....
WHERE    (.............) AND/OR
         (.............) AND/OR
         .....
         SELECT .....,.....
         .....
```

entsteht. Da die Anzahl der in der WHERE-Klausel auftretenden Spezifikationen unbekannt ist, beschränken wir die Schachtelungstiefe der Anfragen auf 2 und fordern der Einfachheit halber, daß nur eine erlaubte eingeschachtelte Anfrage immer am Ende der WHERE-Klausel auftritt. Die Schachtelungsebene werde durch die Variable STUFE angegeben. Beschränken wir willkürlich die Zahl der auswählbaren Attribute und Relationen durch die Konstante MAX, dann erhalten wir als eine mögliche Datenstruktur, die die Informationen einer Anfrage aufnehmen kann, das folgende Feld *tanfrage* (die Komponente *und_weiter* im Verbund *tfrage* gibt an, ob die Spezifikationenliste beendet ist oder mit UND oder ODER verknüpft fortgesetzt wird):

```
CONST max       = 5;

TYPE tname      = STRING[30];

     tfrage     = RECORD attribute      : ARRAY[1..max] OF tname;
                         relationen     : ARRAY[1..max] OF tdateiname;
                         spezifikationen: ARRAY[1..max] OF
                                          RECORD attribut : tname;
                                                 operator : 1..6;
                                                 vergleich: tname;
                                                 und_weiter: (und,oder,ende)
                                          END
                  END;

     tanfrage = ARRAY[1..2] OF tfrage;

VAR  eingabe   : tanfrage;
```

Mit dieser Typvereinbarung können wird eine Eingabeprozedur *hole_anfrage* schreiben, die die Variable *eingabe* mit Inhalt füllt. (Das Hilfsprogramm *gross* wandelt eine Zeichenkette in Großbuchstaben um, *hole_text* liest eine Zeichenkette in der untersten Bildschirmzeile unter Ausgabe einer Frage s ein und *schreibe_operator* schreibt die Zeichen für den eingegebenen Operator auf den Bilschirm.) Eine Kontrolle der Eingabe auf Korrektheit erfolgt nicht.

```
PROCEDURE hole_anfrage;
   VAR x,y : INTEGER;
   PROCEDURE anfrage;
      VAR i,j: INTEGER; c: CHAR;
      PROCEDURE select_clause;
         BEGIN
         WITH eingabe[stufe] DO
           BEGIN
           GOTOXY(x,y); WRITE('SELECT '); x := x + 7; i := 1;
           attribute[i] := hole_text('Attribut:');
           GOTOXY(x,y); WRITE(attribute[i]); x := x + LENGTH(attribute[i]);
           IF attribute[i] <> '*'
               THEN WHILE (LENGTH(attribute[i]) > 0) AND (i < max) DO
                           BEGIN
                           i := i + 1; attribute[i] := hole_text('Attribut:');
                           IF LENGTH(attribute[i]) > 0
                               THEN BEGIN GOTOXY(x,y); WRITE(',',attribute[i]) END;
                           x := x + LENGTH(attribute[i]) + 1;
                           END
               END
         END;
      PROCEDURE from_clause;
         BEGIN
         WITH eingabe[stufe] DO
             BEGIN
             GOTOXY(x,y); WRITE('FROM'); x := x + 7; i := 1;
             REPEAT relationen[i] := hole_text('Relation:');
                    IF LENGTH(relationen[i]) > 0
                        THEN BEGIN
                                GOTOXY(x,y); WRITE(relationen[i],',');
                                x := x + LENGTH(relationen[i]) + 1
                                END
                             ELSE BEGIN GOTOXY(x-1,y); WRITE(' ') END;
                    i := i + 1
             UNTIL (LENGTH(relationen[i-1]) = 0) OR (i > max)
             END
         END;
      PROCEDURE where_clause;
         BEGIN
         WITH eingabe[stufe] DO
             BEGIN
             GOTOXY(x,y); WRITE('WHERE'); x := x + 7; i := 1;
             REPEAT
             WITH spezifikationen[i] DO
                    BEGIN
                    attribut := hole_text('Attribut:');
                    IF LENGTH(attribut) = 0
                        THEN und_weiter := ende
```

```
            ELSE BEGIN
                GOTOXY(x,y); WRITE('(',attribut);
                x := x + LENGTH(attribut) + 2;
                GOTOXY(60,15); WRITE('Operatoren: 1: =');
                GOTOXY(72,16); WRITE('2: #');
                GOTOXY(72,17); WRITE('3: <');
                GOTOXY(72,18); WRITE('4: >');
                GOTOXY(72,19); WRITE('5: <=');
                GOTOXY(72,20); WRITE('6: >=');
                GOTOXY(1,24); CLREOL; WRITE('Operator(1..6): --> ');
                READLN(operator);
                FOR j := 15 TO 20 DO BEGIN GOTOXY(60,j);CLREOL END;
                GOTOXY(x,y); schreibe_operator(operator);
                x := x + 3; GOTOXY(1,23); CLREOL;
                IF stufe = 1
                   THEN vergleich :=
                            hole_text('Vergleich (* für SELECT):')
                   ELSE vergleich := hole_text('Vergleich:');
                IF (vergleich = '*') AND (stufe = 1)
                   THEN BEGIN
                        und_weiter := ende; stufe := 2; anfrage
                        END
                   ELSE BEGIN
                        GOTOXY(x,y); WRITE(vergleich,')');
                        x := x + LENGTH(vergleich) + 2;
                        GOTOXY(1,24); CLREOL;
                        WRITE('Vergleichsoperator(^,v,RETURN):');
                        WRITE(' --> '); READLN(c);
                        IF c = '^'
                           THEN und_weiter := und
                           ELSE IF c = 'v'
                                   THEN und_weiter := oder
                                   ELSE und_weiter := ende;
                        GOTOXY(x,y);
                        IF und_weiter = und
                           THEN WRITE('UND')
                           ELSE IF und_weiter = oder
                                   THEN WRITE('ODER');
                        END
                END
        END;
        y := y + 1; x :=5*(stufe-1)+8;
        i := i + 1
        UNTIL (i > max) OR (spezifikationen[i-1].und_weiter = ende)
        END
END;
```

```
BEGIN
IF stufe = 1
    THEN BEGIN x := 1; y := 3 END ELSE BEGIN x := 5; y := y + 1 END;
WITH eingabe[stufe] DO
    BEGIN
    select_clause; y := y + 1; x := 5*(stufe-1)+1;
    from_clause;   y := y + 1; x := 5*(stufe-1)+1;
    where_clause;
    END
END;
BEGIN
CLRSCR;
WRITELN('Geben Sie eine MQL-Anfrage ein: (Ende immer mit <RETURN>)');WRITELN;
stufe := 1;
anfrage;
END;
```

5.5.3 Die Auswertung von Anfragen

Die Auswertung der in MQL formulierten Anfragen geschieht, indem eine Folge von Datenbankbefehlen der Relationenalgebra erzeugt wird, die das gewünschte leistet. Dazu wird im Arbeitsbereich ein Verbund der angegebenen Relationen erzeugt, aus dem die nicht spezifizierten Tupel gelöscht werden. Dieses geschieht, indem aus den einzelnen Spezifikationen die entsprechenden Selektionsanweisungen abgeleitet werden. Die so entstandenen Relationen werden in temporären Dateien gespeichert und mit den Ergebnissen der folgenden Spezifikationen der Reihe nach (und nicht entsprechend der Priorität der Operatoren UND und ODER) durch Bildung von Schnitt- oder Vereinigungsmengen verknüpft. Wird eine eingeschachtelte Anfrage erreicht, dann wird diese mit neuen temporären Dateien abgearbeitet. Vom Ergebnis dieser Auswertung, das als Vergleichsgröße einer Spezifikation der übergeordneten Anfrage auftritt, wird angenommen, daß es als erster Attributwert des ersten Tupels der Ergebnisrelation im Arbeitsbereich verbleibt. Zuletzt werden entsprechend den Angaben der SELECT-Klausel die gesuchten Attributwerte herausprojeziert.

Im der folgenden Prozedur *werte_aus* werden die auszuführenden Operationen der Relationenalgebra durch Schreibanweisungen ausgegeben. Bei der Implementation von MQL ist dann nur noch darauf zu achten, daß die in den einzelnen Unterprogrammen von mBASE erfragten Größen den veränderten Unterprogrammen als Parameter übergeben werden. Da die Struktur des Arbeitsbereichs laufend geändert wird, sollte der Wert der Variablen *saetze_pro_block* vor Dateioperationen neu berechnet werden, damit ein Überlauf des Dateipuffers verhindert wird. Die Zahl der Dateizugriffe kann verringert werden, indem nur wirklich notwendige Operationen durchgeführt werden.

```
PROCEDURE werte_aus(stufe: INTEGER);
   VAR i,j: INTEGER; gewuenscht: BOOLEAN; TMP1,TMP2: tdateiname;
   BEGIN
     IF stufe = 1
        THEN BEGIN
             CLRSCR; WRITELN('...ergibt die folgenden mBASE-Befehle: '); WRITELN;
             TMP1 := '''TMP11'''; TMP2 := '''TMP12'''
             END
        ELSE BEGIN TMP1 := '''TMP21'''; TMP2 := '''TMP22''' END;
     WITH eingabe[stufe] DO
        BEGIN
        { einen Verbund der Relationen bilden }
        WRITELN('lade_workspace(''',relationen[1],''')'); i := 2;
        WHILE (LENGTH(relationen[i]) > 0) AND (i <= max) DO
              BEGIN
              WRITELN('join(''',relationen[i],''')'); i := i + 1
              END;
        WRITELN('bewahre_workspace(',TMP1,')');
        { Selektionen und Mengenoperationen entsprechend den Spezifikationen }
        WITH spezifikationen[1] DO
              BEGIN
              IF vergleich = '*'
                 THEN BEGIN
                      werte_aus(2); vergleich := '<Ergebnis von SELECT>';
                      WRITELN('hole_workspace(',TMP1,')');
                      END;
              WRITE('Selektion(''',attribut,' '); schreibe_operator(operator);
              WRITELN(' ',vergleich,''')')
              END;
        i := 2;
        WHILE (spezifikationen[i-1].und_weiter <> ende) AND (i <= max) DO
              BEGIN
              WRITELN('bewahre_workspace(',TMP2,')');
              WRITELN('lade_workspace(',TMP1,')');
              WITH spezifikationen[i] DO
                   BEGIN
                   IF vergleich = '*'
                      THEN BEGIN
                           werte_aus(2); vergleich := '<Ergebnis von SELECT>';
                           WRITELN('hole_workspace(',TMP1,')');
                           END;
                   WRITE('Selektion(''',attribut,' ');
                   schreibe_operator(operator); WRITELN(' ',vergleich,''')')
                   END;
              IF spezifikationen[i-1].und_weiter = und
                 THEN WRITELN('durchschnitt_bilden(',TMP2,')')
                 ELSE WRITELN('vereinigung_bilden(',TMP2,')');
              i := i + 1
              END;
```

```
{ Projektion entsprechend den gewünschten Attributen }
IF (attribute[1] = '*') AND (stufe = 1)
    THEN WRITELN('zeige_workspace(TRUE)')
    ELSE BEGIN
        FOR i := 1 TO wtyp.gueltige_komponenten DO
            BEGIN
            j := 1; gewuenscht := FALSE;
            WHILE (j <= max) AND (LENGTH(attribute[j]) > 0)
                                        AND NOT gewuenscht DO
                BEGIN
                IF wtyp.datendefinition[i].name_der_komponenten
                    = attribute[j]
                    THEN gewuenscht := TRUE;
                j := j + 1;
                END;
            IF NOT gewuenscht
                THEN WRITELN('projektion(''',wtyp.datendefinition[i].
                                        name_der_komponenten,''')');
            END;
        IF stufe = 1 THEN WRITELN('zeige_workspace(TRUE)');
        END;
    END;
END;
```

5.5.4 Das Hauptprogramm von MQL

Mit den beiden Hauptbestandteilen *hole_anfrage* und *werte_aus* läßt sich das Hauptprogramm leicht formulieren. Benötigt werden nur noch einige Spieldaten für den Arbeitsbereich, die willkürlich festgelegt werden.

```
PROGRAM mql;{ Datentypen und Unterprogramme wie angegeben }

VAR eingabe : tanfrage; i,stufe: INTEGER; wtyp: tsatzdefinition;

BEGIN
FILLCHAR(eingabe,SIZEOF(eingabe),CHR(0));
hole_anfrage;
WITH wtyp DO
    BEGIN
    gueltige_komponenten:= 2;
    datendefinition[1].name_der_komponenten := 'NAME';
    datendefinition[2].name_der_komponenten := 'ALTER';
    END;
werte_aus(1);
END.
```

5.5.5 Aufgaben

1. Ändern Sie die Unterprogramme von mBASE so, daß sie die benötigten Werte wie Dateinamen etc. als Parameter erhalten.

2. Setzen Sie die Schreibanweisungen des Unterprogramms *werte_aus* in Unterprogrammaufrufe von mBASE um. Fügen Sie MQL und mBASE zu einem Programmpaket zusammen.

3. Kontrollieren Sie Eingaben, die im Unterprogramm *hole_anfrage* erfolgen, auf Vollständigkeit und Zulässigkeit.

4. Führen Sie eine Korrekturmöglichkeit ein, mit der die letzte Anfrage verändert werden kann, damit nicht immer die ganze MQL-Anfrage neu eingegeben werden muß.

5. Führen Sie Fehlermeldungen ein, die bei Fehlversuchen dem Benutzer von MQL die Fehlerursache mitteilen, z.B.

   - *eine Relation <...> ist nicht vorhanden.*
   - *ein Attribut <...> ist nicht vorhanden.*
   - ...

6. Erzeugen Sie die notwendigen Relationen für die Aufgaben von Seite 176. Befragen Sie die entstandenen Datenbanken in MQL.

7. Setzen Sie voraus, daß große Datenbanken über das Telefonnetz für jeden erreichbar und unter MQL abfragbar sind. Nehmen Sie an, daß etwa der Inhalt von Enzyklopädien und anderen Nachschlage- und Auskunftswerken dort gespeichert ist.

   - Versuchen Sie, typische Lexika-Recherchen in MQL zu formulieren, etwa zur Ermittlung der Bedeutungen der Begriffe *Suszeptibilität* oder *Alliteration*.

   - Versuchen Sie, die Namen der 20 höchsten Berge der nördlichen Halbkugel über eine MQL-Anfrage zu bestimmen.

   - Stecken Sie anhand dieser Versuche den Bereich ab, in dem relationale Abfragesprachen brauchbar sind.

8. Nehmen Sie an, daß Sie sich für ein neues, faszinierendes Thema begeistert haben. Klären Sie für sich persönlich, ob Sie Informationen darüber lieber auf einen Bildschirm starrend oder gemütlich in einem Buch schmökernd bei einer Tasse Tee gewinnen möchten.

Literaturverzeichnis

Schriften des Bundesbeauftragten für Datenschutz,
Stephan Lochner Strasse 2, 5300 Bonn 2

- Der Bürger und seine Daten, 1980
- Bürgerfibel Datenschutz,1982 (enthält das BDSG)
- Der Bürger und seine Daten im Netz der sozialen Sicherung, 1984
  (enthält das BDSG und Teile des Sozialgesetzbuches))

Bauer,F.L./Goos,G., Informatik, Teile 1 und 2, Springer 1973

Dammann,U./Simitis,S., Bundesdatenschutzgesetz (BDSG), Nomos 1991

Datenschutzfibel, DGB-Bundesvorstand, Düsseldorf

Der Betriebsrat 11/12, Personaldaten und EDV, IG Chemie-Papier-Keramik 1984

Der Betriebsrat 1, Ausw.d.Volkszählungsurteils, IG Chemie-Papier-Keramik 1985

Gierth,U., Datenschutz. Arbeits- und Quellenbuch, Dümmler 1991

Ketelsen,C./Müllert,N.R., Datenschutz, Pädag. Arbeitsstelle VHS-Verband 1981

Kleiner,H., Das RSA-Verfahren, PM 26 (1984) 133-140

Modrow,E., Automaten-Schaltwerke-Sprachen, Dümmler 1990

Muster einer Betriebsvereinbarung über
Einführung und Betrieb computergestützter Personaldatenverarbeitung, HBV 1983

Neue Technik - Neue Arbeit, Gesamtmetall 1987

Personaldatenverarbeitung, DGB 1985

Schlageter,G./Stucky,W., Datenbanksysteme: Konzepte und Modelle, Teubner 1983

Teiwes,E., Programmentwicklung in UCSD-Pascal, Vogel 1985

VII. Tätigkeitsbericht des Nieders. Datenschutzbeauftragten, Hannover 1986

Wedekind,H., Datenbanksysteme I, BI 1985

Wedekind,H./Härder,T., Datenbanksysteme II, BI 1986

Wirth,N., Algorithmen und Datenstrukturen, Teubner 1975

Wirth,N., Systematisches Programmieren, Teubner 1975

Stichwortverzeichnis

Abbildung 49
Abfragesprache 162,165,174ff,205
Abgangskontrolle 34
Abgleich 164
Abhängigkeit, funktionale 169
Abhängigkeit, lineare 113
Abhängigkeit, quadratische 113
Abhängigkeit, transitive 171
Abiturzulassung 124
Abrechnungsstelle 14,17
Absatzende 81ff,85
Abtrennen 82
Addition, binäre 46
Adressatendatei 70
Adressenberechnung 140
Adressenhandel 69
Adressenlisten 27ff,33
Adreßverlag 24,27ff
Ändern von Text 59,68
Änderungsanomalie 171
Aktensammlung 22
Akustikkoppler 167
Algebra 172
Allergien 10,11
Alterssicherung 30
Amtsarzt 16
Amtsgeheimnis 17,24
Anforderungsprofil 30
Anfrage 19,162ff,174ff,205ff
Angebotserstellung 20
Anomalie 169
Anonymisierte Daten 18
Anpassungsaufwand 164
Anschlaghäufigkeit 31
Arbeitgeber 30,31,32
Arbeitnehmerdaten 30
Arbeitsausfall 30
Arbeitsbedingungen 30ff
Arbeitsbereich 173ff,187ff,191,209
Arbeitsdaten 164
Arbeitsplatzanalyse 30
Arbeitsplatzdaten 30ff
Arbeitsplatzrechner 167
Arbeitssitzung 40
Arbeitsumgebung 116
Arbeitsunfähigkeit 18

Arbeitsunfall 18
Arbeitsverhältnisse, befristete 30
Arbeitszeile 62,78ff
Arbeitszeiterfassung 31
Artikelnummer 163
Arztgeheimnis 13,17
Arztpraxis 9,19
ASCII-Code 43,46ff,54ff
ASSIGN 56ff
Ast 101
Atomar 168,170
Attribut 78,166ff,195ff
Attributwert 166ff,209ff
Aufbau 162
Aufgabe, administrative 30
Aufgabe, planerische 30
Aufspalten eines Blocks 133
Auftragskontrolle 34
Ausgabegerät 47,73
Ausgabekanal 68,84
Ausgleichsverfahren 153
Auskunft, Recht auf 26,33
Auskunfteien 28,31
Auskunftsbegehren 26
Auskunftskosten 26
Auslastung 31
Auswählen, direktes 114
Auswahlmenü 60
Auswechseln 151, 153
Ausweichverfahren 140ff
Auswertung 162,164,170,205,209
Auswüchse 24
Authentifikation 36
Automat 117
Automatisierung 31

B-Baum 144ff,157,161
Baum 101,144ff
Bauteilnummer 126
Bayerbaum 144ff
BDSG 13,20,24ff,34ff
BEL 54
Beauftragter für Datenschutz 33
Befehlsarten 187
Befehlseingabe 62
Befehlsfolge 117

Befehlsvorrat 117
Befund 10,11
Belange, schutzwürdige 13,17,24ff
Benachrichtigungen 10,12
Benutzer 12,36,46,162ff,189ff
Benutzerkontrolle 34
Bereich, gesellschaftlicher 23
Bereich, nichtöffentlicher 13,24
Bereich, öffentlicher 24,25
Berichtigung, Recht auf 26,33
Berufsgeheimnis 17
Berufsgenossenschaft 18
Bescheinigungen 10,12
Bestand 163
Betriebsdatenerfassung 31
Betriebssystem 132
Betriebstankstelle 31
Betriebsvereinbarung 32
Betriebsverfassungsgesetz 32
Betroffener 13,17,25ff
Bewegen im Text 79
Bewerbungsunterlagen 31
Beziehungsgeflecht 166
Bezirksregierung 20,175
Bildplatte 167
Bildschirmarbeitsplätze 33
Bildschirmaufbau 62
Bildschirmkoordinaten 78
Binärbaum 101
Bit 46,49,54,91,125
Bitmuster 47,91,176ff
BLOCKREAD 177
BLOCKWRITE 177
Blattseite 151
Block 40,49,132,177ff
Block-Chiffrier-Verfahren 49
Blockgröße 132ff,182ff
Blocknummer 132ff,182ff
Blocksatz 19,88
Blockzahl 135ff
Bond, James 43
Briefgeheimnis 24
Bubblesort 95,112ff,135
Bundesarbeitsgericht 31,35
Bundesbeauftragter für Datenschutz 33
Bundesdatenschutzgesetz 13,24ff,34ff
Bundesverfassungsgericht 22
Bundeswehr 21

Cäsar-Verfahren 53
Chiffrieren, blockweises 49
CLOSE 56
Codd 170ff
Codenummer 43
Codes 35,38
Codiert 11,91
Codierung 40
Codierungsverfahren 46,53
Computer 11ff
Computerarbeitsplätze
Computerschule 131
Computersystem 11,19,39
CR 54
CR/LF-Sequenz 56
CTRL-Codes 85
Cursorsteuertasten 78ff

Datei 55ff
Datei, gestreute 143ff
Datei, indexsequentielle 132ff
Datei, logische 163
Datei, mit wahlfreiem Zugriff 125
Datei, physische 163
Datei, sequentielle 89ff,116ff,143
Datei, sortierte 104
Datei, strukturierte 89
Datei, temporäre 209
Datei, typfreie 176ff
Dateiadresse 140
Dateibearbeitung 89
Dateibearbeitungsanweisung 165
Dateibeschreibungssprache 166
Dateimanipulation 163
Dateioperation 140,187
Dateiorganisationsform 89ff
Dateipuffer 209
Dateistruktur 164
Dateiverarbeitung 9,124ff,162,185ff
Dateiverwaltungssystem 19
Dateiverzeichnis 89
Dateizeiger 127
Dateizugriff 144,163ff,193ff,209ff
Dateizugriffsarten 127ff
Daten 9ff
Daten, anonymisierte 18
Daten, medizinische 13
Daten, personenbezogene 13,20ff

Daten, strukturierte 19
Datenbank 144,162ff,205ff
Datenbank, hierarchische 166
Datenbank, Netzwerk- 166
Datenbank, relationale 166ff
Datenbankanfrage 204
Datenbankbefehl 209
Datenbanksystem 19,162ff
Datenbankverwalter 162,163,167
Datenbankverwaltungssystem 165ff,187ff
Datenbestand 12,15,144,162ff
Datenbild 21
Datendatei 70,141
Dateneingabe 140,184,193ff
Datenfluß 17,32
Datenformat 162,187
Datenhandel 27
Datenmanipulationssprache 165
Datenmengen, ungeordnete 113
Datenmodell 11,16,21ff,28,166ff
Datennetz 167
Datenquellen 28,30
Datensammlung 26,28,33
Datensatz 11ff
Datenschatten 22
Datenschutz 9,22ff,34ff
Datenschutzanforderungen 19,34
Datenschutzfragen, gesetzliche 22
Datenschutzgesetz 22ff
Datenschutzklausel 17
Datenschutzkontrolle 25
Datenschutzmaßnahmen, organisator. 25
Datenschutzmaßnahmen, technische 25
Datenschutzmöglichkeiten 9
Datenspeicher 162
Datenstruktur 59,68,78ff
Datenträger 34,40,162
Datenübertragungsstrecke 49,54
Datenverarbeitung 9,14,24,54,92,162
Datex-P-Netz 167
Decodierung 40
Default-Wert 57
Detektei 24,28
Diagnose 10,11
Differenz 172,200ff
Direktwerbungsbranche 27
Direktzugriff 132
Disziplinarmaßnahmen 30

DMS 165
Dritter 17
Drucken 59,68ff,88
Drucker 54,202ff
Druckerschnittstelle, parallele 55
Druckersteuerung 85
Dualdarstellung 46
Dualzahl 49,90
Durchschnitt 172,200ff
DVS 165

Editor 66
Eigenschaften, charakterliche 31
Einfluß, gezielter 24
Einfügekommandos 69,73,77
Einfügen 63,78,82,88,145ff
Einfügen, direktes 114
Eingabe 133,140,187,205ff
Eingabedaten 54
Eingabefolge 102
Eingabekontrolle 34
Einkaufspreis 163
Einlesen von Text 59,81,88
Einrichten 91,162,176
Einstellungsuntersuchung 31
Einwilligung 17
Einwohnermeldeamt 25
Einwohnermelderegister 175
Einzelattribut 168
Elementarbefehl 117
Empfänger 54ff
Entfaltung, freie 22
Entity 166
Entschlüsselung 40ff,53,139
EOF 57,90
EOLN 57
Erfassung, automatische 31
Erfüllung, rechtmäßige 24
Ergebnisrelation 209
Ersatzdienst 21,30
Ersetzen 68,88
Ersetzungsverfahren 43,46,189
Ersteingabe 19
Erstidentifikation 36
ESC-Code 58,79ff
EVA-Prinzip 54
EXOR 46

Fachgeschäft 27,73
Fähigkeiten, geistige 31
Fahrerflucht 125
Fahrzeughalterdatei 124
Fehleingabe 203
Fehlerhäufigkeit 31
Fehlermeldung 212
Fehlversuch 212
Feld 60ff
Feldgrenze 95
Feldgröße 95
Fernglas 27
Fernschreibverkehr 54
Festplattensystem 125
Fettdruck 204
FF 54
FILE OF 89ff
Filter 19
Finanzamt 25
Fingerabdruckserkennung 35
Flexibilität 164
Fließtext 78
Floppy-Disk 40,125
Förderverein 77
Folgen, nachteilige 24
Forschung, medizinische 18
Fotoamateur 77
FROM-Klausel 205
Freiräume 32
Funktionale Abhängigkeit 169ff
Funktionsbezeichnung 30
Fußball-Bundesliga 175

Gabelstapler 116ff,124
Gebührenordnung, ärztliche 10ff
Gehaltsabrechnung 30
Geheimbereich 26
Geheimtext 43
Gerichtsentscheidungen 167
Gesundheitsamt 10,16,17
Gesundheitsdaten 11ff,164
Gewerkschaften 32
Gläserner Mensch 22
GOÄ 10ff
Grade, akademische 17
Großrechner 22,35,167
Grundgesetz 22
Grundrechte 22

Häufigkeitsanalyse 53
Handelsunternehmen 24
Hardwarelösung 49
Hash-Funktion 140ff
Hash-Verfahren 140
Hauptmenü 187
Hauptspeicher 101ff,107
Hierarchisch 166
Hobbies 28
Hobbyornithologe 27
Host 167

Identifikationsdaten 30
Identifikationsnummer 126
Identitätskontrolle 35ff
IF 69
Impfung 11
Implementation 209
Indentifizierung 169
Indexbereich 187
Indexdatei 130ff,140,163
Indexfeld 135
Indexsequentiell 132ff,139,143
Indextabelle 139,144
Individualdaten 164
Individuum 23
Industrieunternehmen 24
Information 11ff
Informationelle Selbstbestimmung 22
Informationsfluß 162
Informationsgewinn 164
Informationsgleichgewicht 30,32
Informationspool 163
Informationssystem 19
Inhaltsverzeichnis 125
Integrität 164
Interesse, berechtigtes 13,17,24ff
Intimbereich 22ff

JOIN 173ff,187ff
Jubiläen 30

Kanal 54ff,101
Karteikarte 9ff
Kartesisches Produkt 168
Kassenärztliche Vereinigung 10,14,16
KBD 58
KEY 95,126ff

Kennkarte 35
Kenntnis 26
Kette 141
Kindergarten 13
Kinderkrankheiten 10
Kirchensteuer 30
Klartext 40,43,50
Klassifizierung 169
Klausel 205ff
Kleinrechner 35,167
Klienten-Datensatz 20
Knoten 101ff
Kollision 140ff
Kommunikationspartner 55
Komponente 19,69ff,95,126ff,177ff,205ff
Konstrukte, geschachtelte 205
Kontext 32
Kontobewegung 33
Kontrollinstanz 33
Konzept, logisches 164
Koordination 163
Kopfposition 89
Kopfverschiebung 125
Kopieren von Text 59,68,84,88
Kopierprozeß 104
Korrektheit 164,206
Korrekturmöglichkeit 212
Kosten 26,40
Kraftfahrzeugbundesamt 24,77
Kraftfahrzeugdatei 33
Krankengeschichte 9ff,18
Krankenkasse 10,17,30
Krankheitstage 30ff
Kreisspur 125
Kreiswehrersatzamt 21,24,175
Kündigungsschutz 30
Kunden, potentielle 27
Kundendatei 24

Laboruntersuchung 9ff
Laden einer Datei 62,68
Lagerbestände 14,162
Landesdatenschutzgesetze 25
Langzeitüberwachung 32
Laufindex 95
Laufzeitfehler 40
Lebensbereich 22ff,28
Lebensgestaltung 24

Lebensgewohnheiten 18
Leerstellen 140
Leistungsdruck 32
Lernbereitschaft 31
Lernvorgang 117
Lesekopf 125ff
Leserbefragung 29
Lesevorgang 89
LF 54
Lieferantendatei 14
Liste, doppelt verkettete 78
Listenelement 81
LOG-IN 36
Löschprozeß 143
Löschung 13,26,33,88,59ff,78,140ff,169ff
Lohnabrechnung 30
Lohnsteuerkarte 33
LST: 55

Magnetband 15,40,89ff,125
Mahnung 77
Mailbox 167
Markierungskartenleser 54
Maschinen, programmierbare 116,118
Maskengenerator 203
Massenspeicher 125ff,144ff
Maßnahmen, organisatorische 34
Maßnahmen, technische 34
Materialflußplan 131
Maus 78
mBASE 187ff,200,205ff
Meinungsbildner 28
Meinungsforschungsunternehmen 24
Mengenoperation 168ff,172,187ff
Mensch, gläserner 22
Menschenwürde 23
Mindestbestand 163
Mischbarkeit 33
Mischen 104,107ff,115
Mißbrauch 24,34
Mitarbeiter 20,30
Mitarbeiterdatei 127
Mitbestimmungsrecht 32
Mittelwert 112,204
Modell 59,90
Modem 54,101
Monotoniefestigkeit 31
MQL 205ff

N-Weg-Mischen 115
Nachfolger 78,144
Nachfolgerseite 144,150
Nebenkosten 163
Netzwerk-Datenbank 166
Neueingaben 62
Nichtöffentlicher Bereich 13
Normalform 169ff
Notenbuch 21

Objekt 23,166
Offset 182ff
Operationsfolge 204
Operator 206
Ordnungsnummer 43,47
Ordnungszahl 58
Organisation 9,34
Organisationsform für Dateien 11
Organisationskontrolle 34

PASCAL 37ff
Parameterliste 57,209
Password 36,40,189ff
Passwordabfrage 36
Patientendatensatz 11ff,16,104
Peripheriegerät 54
Permanentspeicher 89
Persönlichkeitsbild 22ff
Persönlichkeitsdaten 31
Persönlichkeitsprofil 28
Persönlichkeitsschutz 24
Persönlichkeitssphäre 22,32
Person, natürliche 13
Personaldaten 12,31
Personaldatenverarbeitung 31ff
Personalfragebogen 31ff
Personalinformationssystem 24,30ff
Personalnummer 30,146ff
Personalsteuerung 30
Personalverwaltung 30ff
Personenbezogene Daten 12,31
Personenlisten 17
Plattenspeicher 125
Platzhalter 69
Platztausch 113
Plotter 54
Polizeibereich 26,33
Praxis 9ff,14

Preisausschreiben 29
Preisgabe von Daten 23
Primärschlüssel 126ff,140ff,150,170ff
Primfaktorzerlegung 50,53
Primzahl 50ff,140
Private-Key 50
Privatpatient 10,14
Privatshäre 23
Produkt, kartesisches 168
Programmierung von Robotern 116ff
Programmlogik 55
Programmpaket 165,212
Projektion 187ff,193ff
Public-Key-Verfahren 50
Pufferspeicher 182ff
Punktesystem 20

Quantor 174
Quartalsabrechnung 14,16
Quellen, allgemein zugängliche 27
Query-Language 162,165,174ff
Quicksort 97,99,108,112ff,203

RESET 56ff
REWRITE 56ff
Rechenvorschrift 38
Rechenzentrum 24
Recherche 212
Rechte der Betroffenen 25ff
Rechtsanwalt 20,175
Rechtsbündig 84
Rechtsverordnung 34
Rechtsvorschrift 13
Redundanz 164,169,171
Regelungen, rechtliche 13,34
Reihenuntersuchung 73
Reisebüro 124
Rekursiv 82,84,88,99,145ff,152,205
Relation 166ff
Relationenalgebra 172ff,187ff,205,209ff
Relationenkalkül 174
Relationstabelle 193
Rennpferdedatei 131
Rentabilität 163
Rentenversicherung 18
Rentenversicherungsnummer 30
Reorganisationslauf 139
Ringtausch 96

Risikofaktor 11
Risikostreuung 17
Robinsonliste 29
Robotersprache 124
Robotersteuerung 116ff
Rolle 23
RSA-Verfahren 50,53
Rückrufaktion 70
Rückversicherung 17

Satzadresse 141
Satzdefinition 178ff
Satznummer 127ff,177
Schachtelung 174,205
Schachturnier 169ff,204
Schalenmodell 23
Schalenstruktur 40
Schaltfunktion, digitale 46
Schaltung, elektronische 46
Schlüssel 30,40,49ff,95,144
Schlüsselfeld 95,126ff,139,168,172
Schlüsselkandidat 169
Schlüsseltext 43
Schlüsselwert 130,169,189
Schnittmenge 209
Schreibkopf 89,125ff
Schreibmaschine 55
Schrotschußverfahren 27
Schüler, ehemalige 77
Schulbildung 29
Schutzbedarf 22
Schutzwürdige Belange 13
Schutzzweck 34
SEEK 128ff
SELECT-Klausel 205ff
Seitennummer 146
Sektor 23,125
Selbstbestimmung, informationelle 22
Selektion 172ff,187ff,193ff,209
Selektionskriterien 174
Sensor 124
Sequentiell 89ff
Serienbriefe 69ff,85
Shakersort 115
Sicherheitsbereich 33
Sicherheitsmaßnahmen 13
Sicherheitsstufen 40
Sichern 68

Sichten 12,19,39,163ff,188ff
Simulationsprogramm 118
Sollbestände 14
Sollstunden 31
Sonderzeichen 36,43,90
Sonderzeichen, nationale 54
Sortieren 95ff,107ff,112,187,203
Sortierverfahren 14,19,99,107,112ff
Sortierzeit 113
Sozialamt 25
Sozialversicherungskennzeichen 30
Sozialwesen 18
Spalte 135,193
Spaltprozeß 145
Spedition 20,124,175
Speicherkontrolle 34
Speicherplatte 125
Speicherung von Daten 13ff
Speicherung, gestreute 140ff
Speicherung, indexsequentielle 132ff
Speicherung, sequentielle 89ff
Speicherung, zentrale 162ff
Speicherungsproblem 19
Spendensammlung 28
Sperrung, Recht auf 26,33
Speziallisten 27
Spezifikationen 174,205ff,209
Spieldaten 211
Spieler 170ff
Sprachen, abbildungsorientierte 174
Spurwechsel 125
SQL 174ff
Standardbausteine 14
Statistik 16
Statuszeile 188
Stelle, datenverarbeitende 26
Stelle, öffentliche 25
Stelle, staatliche 28
Stelle, übermittelnde 17
Steuerzeichen 46,54,78,85
Stimmerkennung 35
Strafvorschriften 25
Structured-Query-Language 174ff
Struktogramm 10ff
Suchen 68,88,91ff
Suchhilfe 163
Suchlauf 131
Suchprozeß 144

Suchzeit 141
Suffix 177
Symptome 9
Syntaxdiagramm 205
Systemverwalter 189

Tabelle 166ff
Tabellenform 167,175
Tarifpartner 32
Tarifvertrag 24
Tauschpartner 96
TEXT 55ff
Techniken, neue 33
Teilbaum 101ff
Teildatei 107
Teilfunktion 14,118
Telefonbuch 29,33
Telefonnetz 31,54,167,212
Termine, besondere 28
Terminkalender 14
Terminplanung 12
Terminüberwachung 30
Textblock 78
Textdatei 54ff,78ff,89
Texte, freie 19
Texteditor 59
Textfeld 61ff
Textkosmetik 19,84
Textspeicher 60ff,78ff
Textverarbeitung 14,54,69,78ff
Theaterabonnenten 27
Therapievorschlag 9
Tortenmodell 23,40
Transitiv 171
Transportkapazität 131
Transportkontrolle 34
Trapdoor-One-Way-Verfahren 50
Trennzeichen 90
Trockentest 143
TURBO-PASCAL 37ff
Tupel 168ff

Übergangsvorschriften 25
Überlauf 145,209
Überlaufbereich 139,141
Übermittlung von Daten 13,17,23,27,32ff
Übermittlungskontrolle 34
Übersicht 14

Uhr, eingebaute 112
Umfeld, des Arbeitsplatzes 30
Umfeld, gesellschaftliches 23
Umfeld, persönliches 18
Umsatz 13,162
Umweltdaten 164
Unbefugter 34,40
Unfälle 30
Universitätsverein 77
Urlaub 30

Variante 177
Veränderung von Daten 13
Verarbeitung von Daten 13ff
Verarbeitungsgeschwindigkeit 50
Verbund 60ff,173ff,187ff,197ff,209
Verbund mit Varianten 177ff,209
Verdrahtung 49
Vereinigung 172,200,209
Vereinigung, kassenärztliche 10
Verfahren, automatisiertes 21
Verfahren, kryptografisches 40
Verfahren, rekursives 82,101ff
Verfahren, technisches 19,40
Vergleich 112
Vergleichsattribut 173
Vergleichsoperation 113ff,205
Vergleichsoperator 69,174,193ff
Vergleichstext 69
Vergleichswert 205
Verhältnisse, angemessene 34
Verhältnisse, persönliche 10
Verkaufspreis 163
Verketten 131
Verknüpfung 162,168
Verlängern 93
Veröffentlichung, Pflicht zur 33
Versandhaus 29,77
Verschieben von Text 59,84
Verschlüsselungsverfahren, 35,40ff,139
Verschmelzen 151
Versetzen 68,88
Versetzungsverfahren 40,52
Versicherung 17,18,28
Verspätung 30
Vertauschen 95ff,112
Vertragsverhältnis 13,17,24
Vertrauensverhältnis 13,17

Verweildauer 162
Video-Controller 47
Vignére 43,45ff,52
Volkszählungsgesetz 22
Vollständigkeit 164,212
Vorbildung 31
Vorgänger 78
Vorlieben 28
Vorschlagsliste 20
Vorschrift, vorrangige 24
Vorsortiert 95,104

Warenlager 124
Wechseln der Datei 59,68,88
Wehrdienst 30
Wehrpflichtiger 21
Weitergabe von Daten 17,32
Werbebrief 73
Werbematerial 27
Werdegang 28
Wertemenge 168
Western 54
WHERE-Klausel 205ff
Wohnverhältnisse 28,29
Workspace 173,187ff
Wortumbruch 78
Wurzel 101ff,144ff
Wurzelseite 145ff

Zahlendarstellung 51
Zahlentheorie 51
ZEILED 66ff
Zeichen, darstellbares 54
Zeichenfolge 55
Zeichenkette 57,60,206
Zeiger 78ff,97ff,144ff
Zeigerfeld 131,141
Zeigerstruktur 78ff,84
Zeileneditor 59,78
Zeilenlänge 78
Zeilennummer 59ff
Zeitbedarf 113ff
Zeitmessung 112
Zeitschriftenverlage 28
Zeitverhalten 53
Zensurengebungsverfahren 21
Zentriert 84,88
Zufallsverfahren 131

Zufallszahl-Verfahren 38
Zufallszahlen 35,96,112,114,143
Zugang, unbefugter 13,34
Zugangskontrolle 31,34
Zugriff 12,19,32,34,68,89,125ff
Zugriffsberechtigung 34
Zugriffskontrolle 34,35,39,40,189
Zugriffsmatrix 12,16,39,163
Zugriffsmöglichkeiten 14
Zugriffspfad 162ff
Zugriffsrecht 12,19ff,35,39,162ff,177ff
Zugriffsverfahren 56,126ff
Zugriffszeit 140ff
Zuweisung 40
Zwecke, eigene 13,24
Zwecke, fremde 24

Die erfolgreiche Lehrbuchreihe für die Sekundarstufe II

BAUSTEINE INFORMATIK

Automaten, Schaltwerke, Sprachen

Von Eckart Modrow

● Dieses reich bebilderte Lehr- und Übungsbuch mit seinen grundlegenden Einführungen, den vielen Beispielen und Aufgaben und den lehrplanmäßigen Inhalten hat bei Lehrern und Schülern gleichermaßen großen Anklang gefunden. Denn inzwischen arbeiten eine ganze Reihe von Kursen der (12.)/13. Klassen mit dem MODROW.

● Das Werk ist eine gelungene Einführung über Hardware und die theoretische Informatik. Mittels vielseitiger PASCAL-Programme, die im Buch wiedergegeben und auch separat auf Disketten verfügbar sind, lassen sich zahlreiche Automaten und Schaltwerke simulieren.

Lehr- und Übungsbuch der technischen und theoretischen Informatik. 3. Aufl. 1989. 208 S. 108 Abb. DM 29,80. Keine ermäßigten Prüfstücke; Gutschrift der vollen Betrages nach kursweiser Einführung (Dümmlerbuch 4291)

Aus dem Inhalt des Lehr- und Übungsbuches: 1. Schaltwerke und endliche Automaten (S. 11–33). 2. Entwurf von Schaltnetzen (S. 34–67). 3. Umsetzung von Automaten in Schaltwerke (S. 68–80). 4. Spezielle taktgesteuerte Schaltungen (S. 81–97). 5. Struktur und Entwicklung von Mikrocomputersystemen (S. 98–114). 6. Syntaxanalyse regulärer Sprachen (S. 115–147). 7. Syntaxanalyse kontextfreier Sprachen (S. 148–175). 8. Algorithmen und Berechenbarkeit (S. 176–200). Anhang, Literatur, Register (S. 201–208).

Lösungen der 130 Aufgaben des Lehr- und Übungsbuches. 144 Seiten. Format 16,5 × 23,5 cm. 159 Abb. 2. Aufl. '90. DM 24,80. Nicht im Buchhandel, Abgabe nur an Lehrer gegen Schulstempel. (Dümmlerbuch 4292)

Für Klasse 13 eignet sich auch der Band von E. MODROW: Dateien, Datenbanken, Datenschutz. Vgl. S. 17 oben.

Disketten: Zum leichteren Einsatz des Lehr- sowie des Lösungsbuches im Schulalltag sind folgende Disketten lieferbar je DM 36,–:
a) Zum Lehr- und Übungsbuch:
– APPLE-Pascal. 5¼"; (4293)
– Turbo-Pascal für MS-DOS-Rechner. 5¼"; (4295)
– Turbo C für MS-DOS-Rechner. 5¼". Ca. DM 36,– **NEU** (4689)
b) Zum Lösungsband:
– APPLE-Pascal. 5¼"; (4294)
– Turbo-Pascal für MS-DOS-Rechner. 5¼"; (4296)

Stark verkleinerte Probeseiten aus MODROW: Automaten, Schaltwerke, Sprachen:

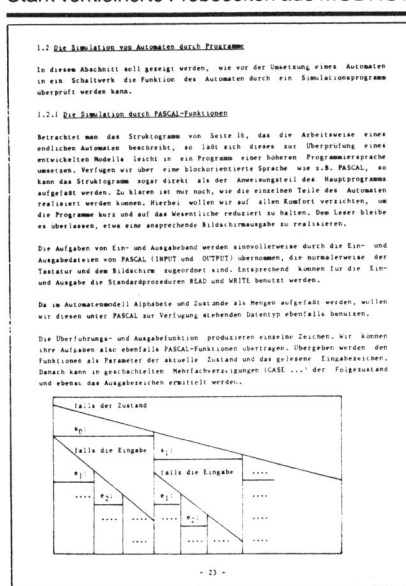

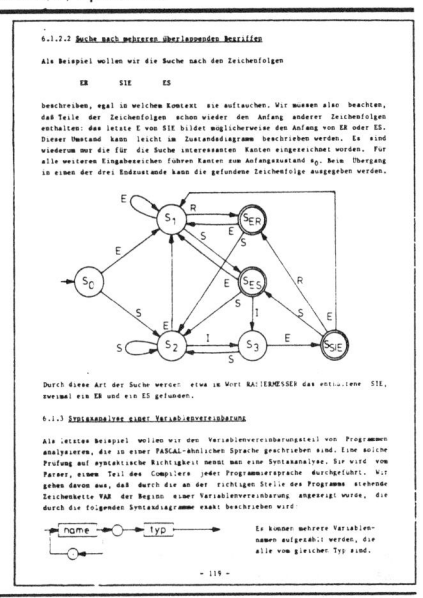

FERD. DÜMMLERs VERLAG, Postfach 14 80, 5300 BONN 1

Computer-Technik/Informatik/Datenverarbeitung

Grundkurs Personal-Computer

Hard- u. Software spielend verstehen. Lern-und Übungsbuch für Schule, Kurse (VHS), Selbststudium u. Weiterbildung/ Umschulung.
Von H. P. HILLEBRAND u.a.
Führt ein in 1) Grundlagen und Handhabung der Hardware; 2) gängige Software-Programme u. ihre Anwendung; 3) Aufbau, Befehle u. Handhabung des Betriebssystems MS-DOS.
Lernbuch: 256 S, Zahlr. Abb., Beispiele u. Aufgaben, zugleich Begleitbuch für den Disketten-Lernkurs „LernComp": Einzeln DM 29,80. Juni 1991 (4684)
„LernComp": Das interaktive Lernprogramm – mit komfortabler Menuetechnik – für das Verständnis/Erlernen/Üben der Grundlagen von Hard- u. Software. Zu obigem Begleitbuch passend, aber auch unabhängig davon einsetzbar.
„LernComp". Einzelpreis u. Einzellizenz. DM 80,– (4685)*) Demodiskette. 5.25". DD. XT/AT. DM 30,– (46850)*)
Setpreise: Buch zus. mit „LernComp". Einzellizenz*) DM 98,80 (46851ff) **Schul-/Klassen-/Institutslizenz*)** DM 448,80 (46855ff)
*) Bitte gewünschtes Diskettenformat angeben:

	Einzel	Schullizenz
4 × 5.25" DDPC -XT/AT	(46851)	(46855)
2 × 3.5" DDPC -XT/AT	(46852)	(46856)
1 × 5.25" HD AT	(46853)	(46857)
1 × 3.5" HD AT	(46854)	(46858)

Zur Didaktik des Informatik-Unterrichts

2 Bände von E. MODROW.
Band 1. Ziele u. Inhalte; Anfangsunterricht; Beispiele u. Anwendungen, Aufgaben. 176 S. DM 29,80. März 91 (4679)
Diskette dazu. 5,25" DM 36,– (4681)
Band 2. Buch u. Diskette Ende 91 (4680/82).
- Bestandsaufnahme, Provokation, Rezepte. Das sind die Inhalte u. Anliegen dieser Didaktik.
- Ein engagiert geschriebener u. praxisbetonter Leitfaden für Studenten u. Lehrer der Mathematik und Informatik,
- für Lehreraus- u. Lehrerfortbildner und alle, die sich über Stellung u. Inhalte, Gegenwart u. Zukunft, Chancen u. Risiken dieses jg. Faches informieren wollen.
- Die Didaktik mit der Diskette.

Arbeitsbuch dBASE III Plus/IV
Von G. SCHEU

- Grundlegendes Einführungswerk für Schule und Weiterbildung/Umschulung.
- vielseitige Anwendungsbeispiele, Programme, Aufgaben (u. deren Lösungen auf Diskette);
- öffnet den Zugang zu Datenbanksystemen durch Erlernen u. Benutzen des ASSIST bzw. des CONTROL-CENTER;
- ein Aufforderungs- u. Mitmachbuch, Lernen durch Üben.

Arbeitsbuch. 144 S. Zahlr. Abb. DM 24,80 Juni 1991 (4690)
Diskette. Sämtl. Dateien u. Programmbeispiele. Lösungen sämtl. Aufgaben, weitere zusätzl. Dateien u. Programme. 5,25". DM 36,– Juli 91 (4691)

Kostenrechnung lernen/lehren mit Multiplan 4.0

Schritt für Schritt Kostenarten-, -stellen- u. -trägerrechnung lernen mit Multiplan 4.0.
- Der Kurs simuliert in 12 Einheiten ein Wirtschaftsjahr mit der Erfassung, „Verbuchung", Zurechnung, Auswertung der Kosten bis zur Kalkulation;
- reichlich illustriert, übersichtl. gestaltet, methodisch gelungen;
- für die kaufm. Aus- u. Fortbildung in Schule, Betrieb, Weiterbildung.

Schülerbuch. Von U. MÜLLER / K. VÖLKSEN. 144 S. Zahlr. Abb./Tab., Aufgaben. DM 29,80. März 91 (4550)
Lösungsband, ca. 144 S. Herbst '91. Ca. DM 29,80 (4551); Abgabe nur zus. mit einer **Diskette,** Einzellizenz, je DM 30,–; 5,25" (45521), 3,5" (45522). Klassen-/Schul-/Institutslizenz auf Anfrage (5,25" 45525; 3,5" 45526).

Datenverarbeitung für techn. Berufe. Von DIETER KELLER

Dieses Einsteigerbuch vermittelt auf geschickte Weise durch seine Anlage als Informations- und Arbeitsblätter die Grundlagen der Computertechnik.
Von der Arbeitsweise einer EDV-Anlage, über Computersysteme, den Umgang mit Computern (Dateien und Dateiverzeichnis unter MS-DOS, Startvorgang, MS-(PC-) DOS-Befehle, Fehlermeldungen) bis zu Einsatzmöglichkeiten von Software sowie den Grundlagen der Programmierung wird der Schulstoff der Datenverarbeitung/Informationstechnik umfassend und anschaulich behandelt.
Das Schülerarbeitsbuch hat Lehrbuchcharakter und sorgt über die vielen Aufgaben (in Form von Lückentexten) für hohe Schülermotivation. 112 Seiten. DIN A4. Zahlr. Abb. u. Aufgaben. DM 19,80. Jan. 1990. (5320)
Die Lösungsausgabe umfaßt die Arbeitsblätter und enthält zusätzlich Vorschläge für die Lösung sämtlicher Aufgaben. 112 Seiten. DIN A 5. Zahlr. Abb. DM 24,80. Jan. 1990. (5321)

Neben der Schülerausgabe 5320 ist ab Juni 1991 eine auch an Berufsschulen zugelassene fachbezogene Ausgabe lieferbar mit dem Titel:

Datenverarbeitung für metalltechnische Berufe

Schülerarbeitsbuch. 80 Seiten. DIN A 4. Zahlr. Abb. u. Aufgaben. DM 17,80. Juni '91.
Auch in Bayern lernmittelfrei. (5324)
Das **Lösungsband** 5321 (s.o.) paßt durch den neuen Beilagebogen 5323 auch zur fachbezogenen Ausgabe 5324.

Informatik verstehen und anwenden

Das erfolgreiche Lehr- u. Übungsbuch.
Von P. SIEBERT/D. FRANKE/B. STEINMETZ.
- Wichtige Technik steht im Mittelpunkt dieses Lehrbuches: Intel 8086/8088/80286; MS-DOS; TURBO PASCAL 4.0; Wordstar/Multiplan/dBASE/Auto Cad.
- Aufgrund der techn. Schwerpunktbildung besonders geeignet für weiterführ. techn. Schulen u. Weiterbildung,
- Leicht verständliche Lehrtexte, geschickte Anwendungs- u. Programmierbeispiele, zahlr. anschauliche Abb. erleichtern das Verständnis.
- Grundlegend-theoretisch; vor allem praxis- u. anwendungsbezogen; eine grundlegende Einführung für techn. Berufsbilder.

Lehrbuch. 198 Seiten. 87 Abb. DM 29,80. Aug. 1989. Bereits 2. Aufl. Okt. 1990. (5331)
Diskette. TURBO-PASCAL 4.0. Lösungen aller Aufgaben. DM 36,– (5332)

Arbeitsbuch Datenschutz

- Einführung von U. GIERTH für Lernende u. Unterweisende;
- auf neuestem Stand, neueste Gesetze (Dez. 90) sind voll berücksichtigt;
- sach- u. lernzielgemäß aufbereitetes Lernmaterial, Aufgaben, Beispiele aus der Erfahrungswelt des Lerners.

2. Aufl. Febr. 91. 160 S. DM 24,80. (4637)

Starthilfe AUTO-CAD 10.0

Grundlegendes, für Einsteiger bestimmtes Lern-, Übungs- u. Anwendungsbuch;
- behandelt in verständl. Sprache u. übersichtl. Anordnung die Grundlagen von CAD/CAM;
- großformatig (DIN A 4); linke Lehrspalte: Übungstexte, Abb. usw.; rechte Spalte: Anwendungsbeispiele;
- für die Berufsschule, Lehrerausbildung sowie Weiterbildungs-/Umschulungsmaßnahmen.

Arbeitsbuch. Von D. KELLER: 48 Seiten. DIN A 4. DM 16,80. Juli 1991 (5326)
Arbeitsbuch mit Lösungen. 48 Seiten. DIN A 4. DM 19,80. Aug. 1991 (5322)

FERD. DÜMMLERs VERLAG, Postfach 14 80, 5300 BONN 1